中国金融四十人论坛
CHINA FINANCE 40 FORUM

致力于夯实中国金融学术基础，探究金融领域前沿课题，引领金融理念突破与创新，推动中国金融改革与发展。

通胀之辨
全球经济将走向何方?

蔡昉 主编

中信出版集团 | 北京

图书在版编目（CIP）数据

通胀之辨：全球经济将走向何方？/蔡昉主编. --
北京：中信出版社，2024.4
ISBN 978-7-5217-6300-3

Ⅰ.①通… Ⅱ.①蔡… Ⅲ.①通货膨胀－研究 Ⅳ.
①F820.5

中国国家版本馆 CIP 数据核字（2024）第 006540 号

通胀之辨：全球经济将走向何方？
主编： 蔡昉
出版发行：中信出版集团股份有限公司
（北京市朝阳区东三环北路 27 号嘉铭中心　邮编　100020）
承印者： 北京通州皇家印刷厂

开本：787mm×1092mm 1/16　　印张：22.75　　字数：265 千字
版次：2024 年 4 月第 1 版　　　　　印次：2024 年 4 月第 1 次印刷
书号：ISBN 978-7-5217-6300-3
定价：79.00 元

版权所有·侵权必究
如有印刷、装订问题，本公司负责调换。
服务热线：400-600-8099
投稿邮箱：author@citicpub.com

"中国金融四十人论坛书系"专注于宏观经济和金融领域，着力金融政策研究，力图引领金融理念突破与创新，打造高端、权威、兼具学术品质与政策价值的智库书系品牌。

中国金融四十人论坛是一家非营利性金融专业智库平台，专注于经济金融领域的政策研究与交流。论坛正式成员由40位40岁上下的金融精锐组成。论坛致力于以前瞻视野和探索精神，夯实中国金融学术基础，研究金融领域前沿课题，推动中国金融业改革与发展。

自2009年以来，"中国金融四十人论坛书系"及旗下"新金融书系""浦山书系"已出版190余部专著。凭借深入、严谨、前沿的研究成果，该书系已经在金融业内积累了良好口碑，并形成了广泛的影响力。

目　录

前　言 / I

第一篇　大变局下的全球通胀

01　全球在大变局中将进入高成本时代 / 003

02　"大流行"后的全球通胀：成因、风险与中国应对 / 009

03　逆全球化对通胀的影响 / 035

04　为全球滞胀到来做好准备 / 039

05　多重因素引致全球经济滞胀风险 / 078

06　全球会迎来新一场"滞胀危机"吗 / 084

07　不一样的通胀 / 094

第二篇　美国通胀高企与货币政策应对

08　通胀之约：美国新通胀是怎样炼成的 / 109

09　通胀"宽"度已达 1980 年：美国通胀的另一个视角 / 124

10　全球高通胀和货币政策转向 / 140

11　仅靠一轮紧缩，美联储是无法驯服通胀的 / 149

12　美联储的通胀教训 / 155

13　逆全球化对美国物价的影响与分析 / 179

14　美国"大滞胀"再思考 / 189

15　硅谷银行事件：想象一下美联储的视角 / 213

第三篇　中国通胀隐忧与货币政策展望

16　中国通胀形成机制的观察 / 229

17　中国如何应对通胀回升 / 252

18　通胀背后，需求与供给的均衡 / 259

19　全球滞胀与产业链重构下的中国机遇 / 266

第四篇　通胀的风险与未来走向

20　美欧及全球滞胀：历史经验与现实风险 / 273

21　全球面临经济衰退而非金融危机，宏观政策的三大挑战 / 291

22　在全球蔓延的通胀会形成一场国际金融危机吗 / 305

23　通胀周期下，全球金融将如何抉择 / 314

24　通胀推手会随经济衰退而去吗 / 322

25　全球通胀分析框架、前景研判及政策启示 / 328

26　后疫情时代的全球通胀前景与中国应对 / 337

27　全球滞胀可能步入下半场 / 344

前　言

在纷繁复杂的经济中，通胀问题始终是一个不容忽视的核心议题，它关系着货币价值、物价水平、经济稳定和民生福祉，不仅在经济学理论中占据着核心地位，而且牵动着不同经济体的货币政策走向。

2020年新冠疫情之后，沉寂多年的通胀魅影悄然在美欧发达国家浮现，并渐次展开，愈演愈烈，成为影响全球经济金融市场的重要因子。这令已习惯于三低（低利率、低通胀、低增长）组合的人始料未及。人们惊诧于金融危机之后发达经济体多轮量化宽松措施都未能推升的通货膨胀率为何在疫情之后异军突起。疫情究竟改变了什么？疫情后的世界与之前究竟有何不同？通胀水平高企究竟是暂时的还是长期的？未来通胀能否回到原来的水平？发达经济体宽松货币政策的"放"与"收"如何影响全球经济金融市场？中国该如何应对？全球市场未来将走向何方？

回答上述问题便是本书创作的初衷。我们希望能对这一轮突如其来的通胀的特点与变化有所观察和分析，从而帮助读者加深对国际政治经济格局变化的理解，并从中获得一些知识和经验。

全书共分四篇。第一篇分析全球通胀的演变与规律，试图反映导致通胀变化的普遍性和长期性问题。我们发现，本轮全球性的通胀走高绝不仅仅是传统货币政策推升的产物，其背后反映了全球化逆转、地缘政治、供应链问题、技术进步放缓、人口老龄化、贸易保护主义，乃至绿色转型等一系列结构性因素的影响。

第二篇以在本轮通胀高企中表现最突出的美国为视角，详尽分析美国通胀上涨的原因及其货币政策应对。通过横纵对比详尽分析美国本轮通胀走高的原因，我们发现美国通胀既有宽松财政与货币政策对需求端的助推作用，也有新冠疫情这一巨大外生性冲击导致的供应端干扰，地缘政治因素则加剧了供应端的紧张，拖延了供应链修复进程，可以说美国是全球通胀演变下的一个典型缩影。对于其货币政策应对，一方面史无前例的量化宽松和零利率政策令美国经济在疫情后率先复苏；另一方面美联储也因"暂时论"而受到诟病，并因激进加息对实体经济和银行系统造成一定影响而受到指摘。

第三篇的视角回到中国，讨论中国的通胀形成机制、中国应对通胀的策略以及全球背景下中国的机遇和挑战。在本篇中，可以了解中国过去40年经济快速增长过程中通胀形成机制中的结构性变化，过去10年中国保持低位通胀的原因，以及疫情对中国经济与通胀的影响。

第四篇是对全球通胀形势、经济前景、政策挑战和应对策略的深入分析，包括货币政策的挑战及前景、国际货币体系的可能变化、全球经济的风险和展望等，希望能反映通胀的变化趋势并对未来风险变化做出展望。

有人说，经济就像被蒙住眼睛的经济学家包围着的大象，每个蒙着眼睛的人关于大象的描述取决于他们所碰触的那部分，因为经济学家在面对复杂的经济问题时，往往只能从自己的角度和专业领域出发，对问题进行局部的观察和分析，因此很难得到一个全面的认识。为此，我们采用文集的形式，撷取中国金融四十人论坛多位成员的相关研究成果，通过多方位多角度的研究分析，以图更加接近真相本身。

书中绝大多数文章成稿于2022年，有的甚至更早，彼时全球通胀之火正熊熊燃烧。然而，经济世界瞬息万变，在美欧央行重拳出击之下，如今市场最想弄清楚的问题已经从"加息多少基点"变成"何时降息"，书中的观点与叙述之词有些已经过时，甚至判断疏漏，毕竟谁都没有上帝视角，但是对通胀问题的探讨与辨析仍有意义。眼下，这一轮全球通胀似已偃旗息鼓，但最新的美国通胀数据反映出其核心通胀仍具黏性，通胀率年内重回2%并非易事。显然，对通胀问题的探讨远未到结束之时。

见证历史，理解现状，展望未来。希望本书能够为政策制定者、经济研究者以及所有关心全球经济走向的人士提供有价值的参考，并带来一定启发。在此，感谢所有为本书撰写提供支持的专家，期待与您一起探索这个充满变数而又激动人心的时代。

编者

2024年3月

第一篇

大变局下的全球通胀

01

全球在大变局中将进入高成本时代[1]

一、新冠疫情带来的全球通胀给学界提出了新挑战

新冠疫情带来的大停滞和随之而来的全球通货膨胀给宏观经济学界提出了强烈的挑战。一方面,按照以往所有宏观预测模型和方法,都没有预测到当前的通货膨胀形势。这次全球通货膨胀,特别是欧美通货膨胀、发达国家通货膨胀,基本具有超预期性,超越了美联储、欧洲央行和英格兰银行前期所有的宏观模型所做的价格预测。从传统的奥肯定律和菲利普斯曲线看,经济增长、失业与通货膨胀之间的关系明显发生了很大的偏差,即使在短期,失业与通货膨胀率也不处于同一条曲线下。这里就暗含了一个很重要的传统推论:疫情导致了强烈的结构性冲击和预期性

---

[1] 本文作者:刘元春,CF40(中国金融四十人论坛)成员,上海财经大学校长。本文发表于《国际金融》,2022年第5期。

大调整。因此，专家预测出现群体性偏误，这使我们需要对传统理论进行思考。

另一方面，对于如何解决这种预测失误，以及如何探究当前通货膨胀的形势和根源，学界没有共识，分歧很大。西方经济学者之间的大争论，以及欧洲学者和一些发展中国家学者之间的大争论，表现为这些问题：当前通货膨胀带来的冲击是不是短期性的？疫情是核心原因，还是过量的刺激政策是核心原因？疫情之后通货膨胀的基本模式就会回归到过去的常态吗？当前的冲击会不会由结构性冲击转换成非结构性冲击，特别是在预期上产生重大影响？

这两年研究通货膨胀最重要的一个成果在于，大家对于预期性通货膨胀进行了异质性的构造，这种构造出现了很奇特的现象——不同行为主体的预期是不一样的，不同行为主体对于总体通货膨胀预期的作用也不一样。最近的实验表明，专业经济学家预测当前全球通货膨胀率为 3.7% 左右，但是对几千名企业家进行抽样调查后得出全球通货膨胀预期是 4.1%，对普通居民进行调查后得出通货膨胀预期是 4.7%。最后发现，专家最不准，老百姓最准。

这凸显了几个很重要的研究方向：不同的行为主体对于通货膨胀预期的作用方式是什么？在整个通货膨胀过程中的作用和地位是什么？以往，专家的通货膨胀预期很重要，比如美联储的点阵图就是由宏观经济学家做出的对于未来的预测和对于利率的判断。通过对各个中央银行高级经济学家的预测进行统计发现，他们有系统性偏误，但最新发现是老百姓的预测和预期很准，最准的是妇女对未来通货膨胀的预期，原因是妇女经常做家务、经常购物，她们对很多经常购买的物品的价格变化非常敏感，并且对这些物品的变化非常关注。经济学家们对于为什么常态下专家的作用很大，非常态下居民的作用很大感到疑惑，很多团队也在研究这个很有趣的问题。

另一个很重要的成果叫作"通货膨胀自我实现机制"。通俗地讲就是，人们认为要通货膨胀了，就有可能真的通货膨胀了。根据这个理论，如果让老百姓天天感受通货膨胀的压力，媒体天天宣扬通货膨胀的状况，有可能世界真的就会迎来通货膨胀。因此，一些专家建议中央银行与老百姓进行更好的沟通，说服他们相信通货膨胀不会变。这个研究成果很可能把传统经济学中"预期"这个黑匣子打开，透视清楚通货膨胀预期发生结构性变化的规律。

当然，在非常时期需要有非常智慧。因此，在解决未来两个变局加速期、关键期的很多问题时，可能需要一些创新型智慧，对于世界通货膨胀的这种认识也可能处于一个知识更新、预测范式革命的阶段。至少在这样一种变局阶段、大时代阶段，我们需要有更好的研究和专业的态度，如此才能够看清未来。

二、当前通胀的历史相似性与全球进入高成本时代

现在美国和欧元区的物价水平，均达到了近30年的新高。历史的轮回会不会重现？我们经常说，虽然历史会重现，但穿的是不一样的衣服，踏着不同的旋律，遵循不同的逻辑。这一轮俄乌冲突导致的大宗商品价格的变化，与当年中东战争导致的能源危机以及20世纪70年代和80年代初的发达国家高达两位数的

通货膨胀率好像有相似之处。从表象来看，新冠疫情导致的社会大停摆是这次通货膨胀发生的核心原因，也是一个表象特征。这个表象特征来源于新冠疫情冲击产生的供需两端的不平衡，与常态状况下完全不一样。社会全面停摆后，供给和需求出现了深度下滑，在这个过程中，各个国家都在进行大量救助，采取非常规政策。比如，欧美大量非常规政策惠及家庭、中小企业，从而使很多家庭的收入没有减少，并且美国在 2020 年、2021 年的整体消费水平没有下降，这是在其他国家很难见到的一点。美国的消费水平还在持续增长，但供给出现断裂，如果疫情得到全面控制，需求就会井喷式出现，被疫情抑制的各种需求会大面积爆发。但供给瓶颈、地缘政治和各种劳动力市场的变异，以及供需两端恢复的速度完全不匹配，导致目前价格水平大幅度上涨。

事实上，如果深究，没有这场疫情，世界会怎样演变？我想提出一个重要的观点：人类世界已经进入一个大时代，这个大时代不仅是逆全球化的时代、地缘政治恶化的时代，同时从经济学的角度来看，它还是一个高成本时代。

第一，人类即使摆脱了新冠疫情的冲击，病毒仍与人类共存，新冠疫情一定会给人类增加防护成本、健康成本，这个成本就像"9·11"恐怖袭击事件直接导致全球安保成本急剧上涨一样。虽然这些成本在核算角度部分是 GDP（国内生产总值）的收益，但大家一定要认识到，这就是一种成本。如果没有新冠疫情，我们不会支付这些成本，不会有大量的物资、人力进行这些领域的生产和服务。

第二，逆全球化带来的影响。逆全球化不是新冠疫情导致的，而是整个世界格局发生变化的产物。中美贸易冲突直接使各个国家对于传统分工体系，也就是过去30年以垂直分工为主体的供应链、价值链的构建进行了全面反思，世界必须更加注重安全而非单纯的效率。各个国家都在构建自己的内部大循环，都在对关键技术、核心技术制订"备胎"计划。因此，我们一定会看到全球分工的重构，全球供应链会由短变宽，各种"备胎"计划会源源不断地推出。这些举措一定会导致全球资源配置效率的下降和成本的上升。即使疫情停止，也会看到逆全球化的现象没有停止，反而可能在大国博弈中加速，这个加速会导致各国生产成本增加。

第三，《巴黎协定》之后，各国签订的碳达峰、碳中和的目标协议直接使全球进入了绿色转型的新时代。绿色转型很重要的一点是，要将过去各种乱排放、大量排放通过成本显化进行技术替代，减少对全球气候的干扰。因此，所有的绿色转型首先是一个成本概念，其次是一个技术创新概念，最后才是一个绿色转型之后的收益效用分配概念。在全球碳达峰、碳中和目标基本实现的过程中，很明显的就是绿色成本会大幅上涨，很多国家绿色金融的增长速度都是两位数，这些国家把这项指标作为一项很重要的政绩，但是这表明世界经济的成本在急剧增长。

第四，地缘政治恶化。过去几十年里，在战争逐步减少时，大国之间的博弈、区域之间的冲突已经变得常态化，因此地缘政治带来了防务成本的增长。虽然防务成本增长有可能在短期成为GDP，但是大量的防务成本，特别是战争消耗的成本一定是人类的负担，而不是人类进步的动力。

第五，高债务时期。如果按照现有的产权格局承认债务的必须偿还性，那就必须想一想解决办法。人类历史上解决债务有两种很重要的方法：一是大危机，通过破产来解决债务关系；二是大通胀，国家通过大规模发钞票，通过征收通货膨胀税来解决政府的债务。

这五大因素再加上全球老龄化导致的劳动力短缺，就大致可以得出一个结论：人类在未来一段时期将在这种大变局中步入高成本时期。这种高成本，一方面会导致经济增长速度的下降，另一方面会转换成通货膨胀，这是我们必须从根本逻辑上去体会的。

三、中国在大趋势中的战略格局

在这种背景下，我们再来思考中国的战略定位，就会得到未来中国经济发展可能充满希望的结论。为什么？中国作为全球制造业中心、创新中心，在整个供应链上有着独特的地位。面对未来高成本和高通货膨胀的时代，它的战略定位又会发生很大的变化，而这种变化对于我们来讲，很可能是一个新的战略机遇期。简单来讲，俄罗斯2022年的通货膨胀率为12%，欧洲为5.8%，美国为7.9%，土耳其、南非的通货膨胀率高达两位数，而我国的通货膨胀率依然维持在2%。在这种竞合关系中，中国的出口仍然会维持欣欣向荣的局面，中国超大市场经济体将进一步发挥它的作用，这是我们进行战略性考虑时必须关注的。当然，还有很多战略性考量，包括大宗商品价格上涨对于结构性的冲击，要考虑这种通货膨胀过程对于困难群体的冲击，以及如何加强对它们的保护。我们在思考世界问题时首先要看到大趋势，以及大趋势背后的推动力，要看到中国在大趋势中的战略格局。

02

"大流行"后的全球通胀：
成因、风险与中国应对[①]

新冠疫情严重危害了公众的生命健康安全，阻碍了正常的社交活动，并且迅速演变为一场全球性金融和经济危机。世界卫生组织将新冠疫情视为21世纪人类所面临的最大挑战。

新冠疫情对全球经济的深刻影响之一，表现为各国物价水平的大幅波动。疫情暴发之初，全球经济活动陷入停滞，各国的通货膨胀率相比于疫情前大幅下降。自2020年1月至2020年5月，发达经济体GDP加权的CPI（消费价格指数）同比增长率由1.83%降至0.07%，新兴经济体GDP加权的CPI同比增长率由5.33%降至3.12%。

此后，随着疫情得到初步控制，复工复产有序推进，加上各国大规模财政和货币政策的刺激，全球经济在总需求的拉动下迎

[①] 本文作者：谭小芬，CF40青年论坛会员，北京航空航天大学经济管理学院金融学院教授；王欣康，中央财经大学金融学院博士生。本文发表于《国际金融》，2022年第7期。

来复苏。理论上，历次金融危机后的复苏过程总是伴随着一定程度的物价攀升。然而，已有研究表明，与历次危机事件相比，此次新冠疫情是史无前例且独一无二的。2021年11月（新型冠状病毒被世界卫生组织正式命名为"COVID-19"后的第22个月），GDP加权的全球CPI同比增长率达到4.94%，美国的当月CPI同比增长率更是达到6.81%，创近40年来的新高。以2008年全球金融危机后的复苏型通货膨胀为对照，本轮"大流行"后的全球通货膨胀，无论是在价格涨幅还是在持续时间上，都远超10余年前（见图2.1）。

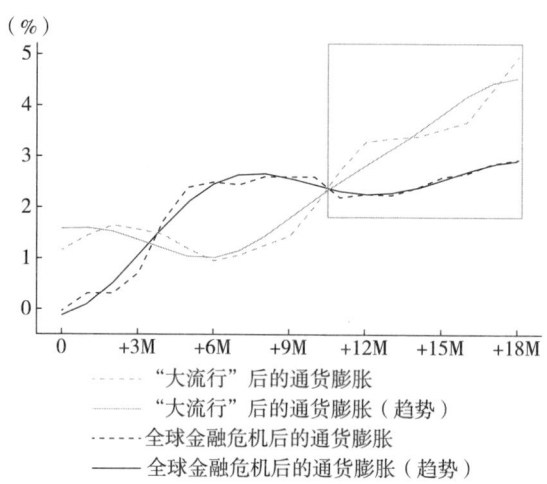

图2.1 本轮"大流行"与2008年全球金融危机后的通货膨胀对比

注：图中M表示月份数量。图中虚线为全球GDP加权的通货膨胀水平，实线为小波去噪后的趋势项。样本国家和地区包括美国、欧元区、日本、英国、加拿大、澳大利亚、韩国、丹麦、以色列、瑞典、瑞士、中国、印度、巴西、俄罗斯、印度尼西亚、波兰、哥伦比亚、马来西亚、墨西哥、南非和土耳其。"大流行"后的通货膨胀0时点选取2020年5月，全球金融危机后的通货膨胀0时点选取2009年7月。
资料来源：Wind（万得）。

新冠疫情背景下的全球通货膨胀增加了全球经济复苏的诸多不确定性，并且给各国的宏观经济政策制定带来严重挑战。对此，本文从多个角度入手，系统梳理了新冠疫情后全球通货膨胀的形成原因，在此基础上分析了其给全球以及中国经济带来的风险，最后结合中国国情提出应对全球通货膨胀的方案。

一、全球通胀的成因

通货膨胀是指一定时期内经济中商品和服务价格普遍上涨的现象（Abel and Bernanke，2005）。通常来说，通货膨胀的形成会受到供需因素、货币因素以及预期因素的驱动。在新冠疫情发生后，全球通货膨胀形成的主要原因包括供需结构性失衡、大宗商品价格上涨以及超宽松财政和货币政策。

（一）供需结构性失衡

理论上，在一个完全竞争、不考虑金融因素且无摩擦的环境中，价格水平将仅取决于经济当中的供给与需求，供给端或需求端的冲击将直接影响均衡价格。在新冠疫情暴发初期，为防止疫情的进一步扩散，各国政府纷纷采取限制社交距离、停工停产以及封锁城市等措施。受到供给端和需求端的双重影响，各国经济活动陷入停滞，失业率攀升。2020年第三季度以来，随着疫情的传播得到初步控制，全球经济呈现出U形复苏的态势。然而，疫情发生后总供给与总需求非对称修复带来的供需结构性失衡，成为全球通货膨胀的重要推手。

随着各国政府逐步取消各类限制性措施，全球经济需求端迅速修复，基本回归疫情前水平，以服务业为主的第三产业迎来了一轮报复性增长。以住宿和餐饮业为例，美国的住宿和餐饮业 2020 年第三季度的行业生产总值相较于第二季度增长了 44.1%，中国的住宿和餐饮业 2020 年第三季度的行业生产总值相较于第二季度增长了 28.6%。此外，新冠疫情还在一定程度上改变了居民的消费习惯（Kantur Özcan，2021），以线上办公和餐饮外卖为代表的无接触消费得到广泛普及，进而形成了新的消费需求。2020 年第二季度以来，全球消费者信心迅速修复，在消费需求的拉动下，总支出完成了 U 形增长。以美国为例，美国的季度加权消费者信心指数从 2020 年第二季度的 89.97 回升至 2021 年第四季度的 112.90，基本达到疫情前的水平；美国的消费总支出从 2020 年第二季度的 12.99 万亿美元增加至 2021 年第四季度的 16.35 万亿美元，增幅为 25.87%。在消费的拉动下，美国按支出口径统计的季度 GDP，也从 2020 年第二季度的 19.48 万亿美元增加至 2021 年第四季度的 23.99 万亿美元，增幅为 23.15%（见图 2.2 左）。

然而，受到供应瓶颈的影响，全球经济供给端的修复显著滞后于需求端。供应瓶颈是指，下游企业对上游企业所生产的投入品需求远超其能够生产和交付的最大供给（BIS，2021）。在疫情暴发初期，来自需求端和供给端的双重压力使全球供应链压力指数骤升（见图 2.2 右）。此后，随着疫情得到初步控制以及各国复工复产进程的推进，供应链压力指数逐步回落，一些疫情暴发初期积压的订单得以顺利进港并清缴。然而，短暂的回落却无法逆转后疫情时代全球供应紧张的局面，全球供应链压力指数自 2021 年以来迅速上升，甚至超过疫情初期的水平，形成供应瓶颈。

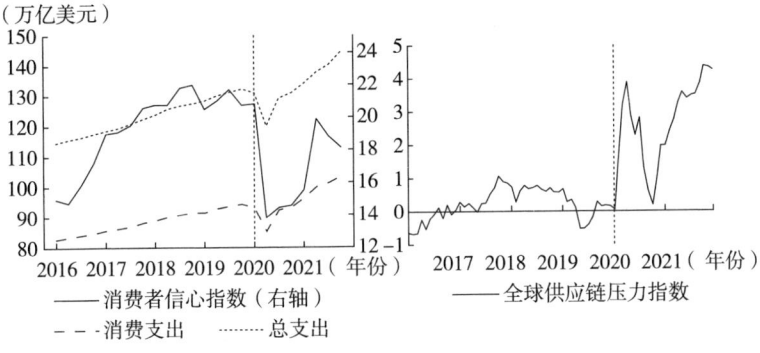

图 2.2　供需结构性失衡

注：美国的消费及总支出数据对消费者信心指数进行季度加权处理，全球供应链压力指数通过对全球主要经济体的国际空运成本进行修正。

资料来源：美国经济分析局，纽约联邦储备银行。

全球供应瓶颈的成因主要包括疫情发展不确定性、各国经济复苏的异质性以及贸易保护主义。首先，由于德尔塔和奥密克戎变异毒株的出现，疫情发展的不确定性激增。为防止变异毒株的"二次流行"，各国政府在取消一部分限制性政策的基础上保留了诸如设定入境隔离以及货运延迟交付等措施，这些限制性措施在一定程度上降低了全球经济活动的效率，往返于不同国家之间的船只被迫排队数日才能进入港口，堵塞了整个供应链的配送，导致交货时间推迟、贸易运输成本飙升。根据 Sea-Intelligence（海洋情报海事分析公司）的估计，拥有全球 11.5% 运力的船舶不得不因为港口拥堵和交付延误而退出市场。其次，由于医疗卫生体系和生物医药技术水平的差异，各国在遭受疫情冲击后的复苏弹性存在异质性。在疫苗普及程度较高、医疗卫生体系较为完善的国家，复苏弹性往往更大，在全球产业链分工的视角下，这些国家通常扮演着消费国的角色。而以越南、印度等制造业集中的国家为代表的工业国，由于医疗卫生水平较低，加上对病毒的恐慌与医疗挤兑的影响，产能严重受限，进而加剧了全球供应紧张的局面。最后，贸易保护主义思潮在新冠疫情的特定背景下持续发酵。由于疫情后国际经济往来的成本陡增，为最大限度降低疫情对本国经济的冲击，各国在后疫情时代倾向于寻求能够替代全球供应链的国内方案，即全球供应链的"再国有化"（Bonadio et al., 2021）。这一转型成本的存在扩大了供给缺口，并进一步延缓了总供给的修复速度。

迅速修复的总需求与供应瓶颈共同导致的全球经济供需结构性失衡，成为"大流行"后全球通货膨胀的重要驱动因素。通常来说，危机后的经济复苏往往伴随着对耐用品等资本密集型产品的强劲需求（BIS，2021），而这些商品的生产成本对全球供应链状况的敏感性较高。面对供应瓶颈带来的额外成本，企业将倾向于制定更高的价格。由此，全球经济供需结构性失衡迅速演变为全球性的通货膨胀。

（二）大宗商品价格上涨

大宗商品价格会对各国的经济金融活动，特别是新兴经济体产生显著影响（Reinhart et al., 2016；Drechsel and Tenreyro, 2017；Fernández et al., 2017；谭小芬等，2018）。理论上，大宗商品价格的繁荣会通过贸易渠道、金融渠道以及预期渠道影响全球通货膨胀水平。当大宗商品，尤其是作为主要工业原材料的石油价格飙升时，企业通过进口这些原材料进行生产的成本增加，大宗商品价格的上涨将通过贸易渠道带动最终的消费品价格，引发 CPI 上涨（Chen，2009；Neely，2015）。金融渠道是指大宗商品价格的繁荣短期内会增加贸易部门的资产净值，通过资产负债表渠道增加其对于银行信贷的可获得性，进而通过金融加速器效应引发经济过热（Shousha，2016；Alberola and Benigno，2017）。此外，由于大宗商品价格相较于一般商品而言对实际经济活动的反应更为敏感，大宗商品价格的波动往往领先于其他商品（Gospodinov and Ng，2013），因此，当其大幅波动时将修正公众的通货膨胀预期，进而带动实际的通货膨胀。

受到供应瓶颈、能源转型以及全球流动性过剩的影响，大宗商品价格自 2020 年第二季度开始大幅上涨（见图 2.3）。以原油为例，美国西得克萨斯中质油（WTI）期货价格从 2020 年 4 月 1 日的 20.31 美元/桶飙升至 2021 年 12 月 31 日的 75.21 美元/桶，涨幅达到 270%；天然气期货价格从 2020 年 4 月 1 日的 1.58 美元/百万英热单位飙升至 2021 年 12 月 31 日的 3.73 美元/百万英热单位，涨幅达到 136%。首先，由于各国为应对疫情传播而推出限制性措施，使国际贸易往来的运输成本增加、效率变低，投入品的相对短缺使企业被迫减缓生产、挤压订单，反过来进一步加剧了供应瓶颈现象，并助推了上游成本向下游商品价格的传导。其次，能源的低碳化转型已经是近年来各个国家之间达成的基本共识。美国总统拜登在 2021 年 11 月 15 日正式签署了总额约 1.2 万亿美元的《基础设施投资和就业法案》，气候变化与能源转型是该法案的主题之一，法案明确授权 95 亿美元用于氢能开发。中国也不断明确碳达峰、碳中和的中长期目标，承诺在

2030年前实现碳达峰，在2060年前实现碳中和。在能源转型的背景下，各国政府逐步降低了对化石燃料生产的投资和补贴，叠加疫情后经济复苏对于能源产品的旺盛需求，共同促成了能源价格的飙升。

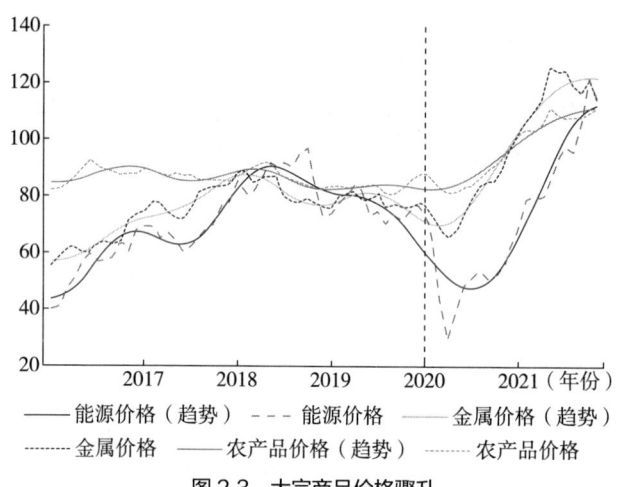

图2.3 大宗商品价格骤升

注：根据40种大宗商品的价格数据，基于特定权重，得到能源、金属与农产品的月度价格指数。图中虚线为原数据，实线为小波去噪后的趋势。

资料来源：世界银行大宗商品价格数据库。

纵观近几个世纪的全球经济史，大宗商品价格总是呈现出周期性繁荣与萧条的趋势（Kilian，2009；Jacks，2013；Jacks and Stuermer，2020），周期的转换往往与地缘政治事件、供需关系、经济周期以及金融周期有关。由于疫情发展的不确定性与能源转型的不可逆性，大宗商品价格很有可能在新冠疫情后开启了新一轮的繁荣周期，而大宗商品价格的趋势性上移将增加全球通货膨胀长期走势的不确定性。滤除大宗商品价格中的高频波动成分，从更长的时间跨度来看，某些大宗商品的繁荣与萧条周期可以长达数十年,因此也被称为"超级周期"(Erten and Ocampo,2013;Fernández et al.,2020)。在供应链中断与能源低碳转型的背景下,大宗商品特别是能源类商品的价格是否会开启新一轮的"超级周期",需要进一步观察与研究。

(三)超宽松的财政和货币政策

货币主义经济学家弗里德曼强调,通货膨胀本质上是一种货币现象。新冠疫情发生以来,为应对经济衰退与金融市场动荡,各国纷纷实行超宽松的财政和货币政策,为在疫情中蒙受损失的企业和个人提供财政支持,并且通过大幅降息与常态化量化宽松(QE)等手段,为市场提供流动性(见图2.4),货币超发成为引起全球通货膨胀的另一个重要因素。

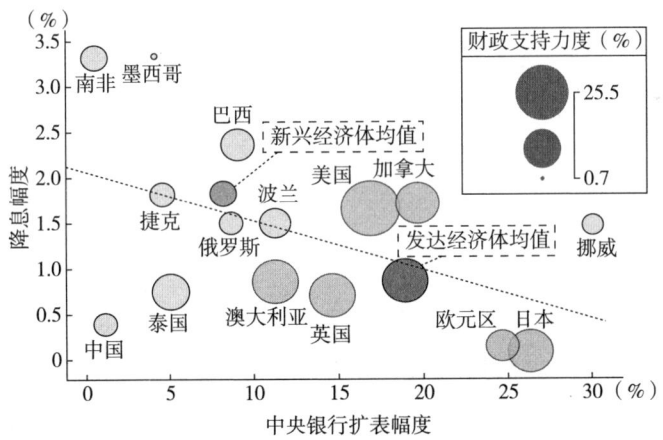

图2.4 新冠疫情以来各国超宽松的货币政策

注:时间跨度为2020年第一季度至2021年第二季度。
资料来源:国际货币基金组织,各国中央银行数据库。

图 2.4 中，气泡大小表示新冠疫情以来各国的财政支持力度（以各国政府应对新冠疫情的财政净支出/各国 2020 年的 GDP 衡量），发达经济体应对疫情的财政净支出占 GDP 的比重超过 15%（16.2%），其中，美国、英国和澳大利亚为财政净支出占比最高的经济体，分别达到 25.5%、16.2% 和 16.1%，新兴经济体应对疫情的财政净支出占 GDP 的比重超过 5%（5.9%）。各国政府大规模财政刺激造成了全球债务规模的激增与财政赤字率的飙升。2020 年，全球债务规模激增至 226 亿美元，单年增幅达到 28%，为二战以来之最，债务存量占全球 GDP 的比重已达到 256%。

图 2.4 中的气泡分布反映了疫情以来各国实行的超宽松货币政策（降息幅度以各经济体的三个月同业拆借利率下降幅度衡量，中央银行扩表幅度以各经济体中央银行总资产增加幅度/各经济体 2020 年的 GDP 衡量）。总体上看，发达经济体中央银行的平均扩表幅度（18.8%）高于新兴经济体（8.2%），而新兴经济体利率的平均下降幅度（1.8%）则高于发达经济体（0.8%）。产生这种差异的原因在于，受长期低利率与零下限约束的影响，在不引入负利率政策的前提下，中央银行很难通过传统的降息政策刺激经济，而只能通过以量化宽松为代表的非常规政策手段进行（Hamilton and Wu, 2012；Bernanke, 2020）。疫情后主要发达经济体中央银行的常态化量化宽松势必造成中央银行资产负债表规模的显著增加。具体看，2020 年第一季度至 2021 年第二季度，挪威银行、日本银行和欧洲央行为扩表幅度最大的中央银行，分别为 30.1%、26.2% 和 24.6%；南非、墨西哥和巴西为短期利率下降幅度最大的经济体，降息幅度分别为 3.3%、3.2%

和 2.4%。

全球无风险利率在过去数百年经历了趋势性下降，低利率环境使增加财政支出和保持较高财政赤字率的成本变低（Blanchard，2021）。在现代货币理论的支撑下，财政政策与货币政策的边界愈加模糊（Stephanie，2020；Mankiw，2020）。以美联储为代表的发达经济体中央银行，通过大规模印发货币增持政府债券，实行财政赤字货币化。在功能性财政思想的驱动下，财政货币赤字缺乏对于通货膨胀的足够约束。耶鲁大学经济学家罗奇曾明确指出，美联储应当为新冠疫情后的通货膨胀负主要责任。

二、全球通胀的风险

持续攀升的通货膨胀率将给全球经济带来诸多不确定性（IMF，2021）。理论上，随着各国逐步退出超宽松的宏观经济政策，总需求的下降将在一定程度上缓解通货膨胀压力。然而，受供应链中断、劳动力成本上升以及能源转型的影响，全球经济在供给冲击的驱动下面临短期通货膨胀发展为长期持续性通货膨胀的风险，进而还可能引发因美联储货币政策转向带来的跨境资本流向逆转风险和全球贫富差距进一步扩大的风险。

（一）短期通胀发展为长期持续性通胀的风险

可控、温和的通货膨胀并不会产生高昂的经济成本，其危害程度远小于通货紧缩（Benhabib and Spiegel，2009）。为避免持续低通货膨胀对经济的负面影响，美联储主席鲍威尔在 2020 年杰克逊霍尔会议上宣布，将其政策框架修改为平均通货膨胀目标制，即允许经济中的通货膨胀率在一定时期内高于其设定的 2% 的目标。然而，当经济长期持续高通货膨胀时，由于"鞋底成本""菜单成本"的存在，持续上涨的物价水平会对经济增长造成显著的负面影响，高通货膨胀带来的税收扭曲与财富再分配还会在一定程度上加剧社会贫富分化。当居民的通货膨胀预期随持续性的高通货膨胀攀升时，恶性通货膨胀与滞胀的发生将产生严重的经济后果。历史经验表明，宏观政策制定者为使经济摆脱持续高通货膨胀所需付出的代价是高昂的。本文认为，全球供应链的持续中断、劳动力成本上升、能源转型以及逆全球化，将增加全球经济陷入长期持续性通货膨胀的风险。

首先，全球供应链在短期内难以修复。随着经济一体化的发展，各国在全球供应链中扮演着不同角色的同时又高度依赖彼此。这就导致其中某一环节的阻滞将迅速传导至整个供应链并外溢至供应链上的各个国家，即全球供应链在面对外部冲击时会呈现脆弱性。供应链的修复往往需要各个国家之间的政策协调。新冠疫情发生以来，由于不同国家之间的复苏进程存在显著差异，各国政策协调一致的成本变高，从而使供应瓶颈问题难以在短期内解决。Sea-Intelligence 认为，供应瓶颈问题将进一步恶化，并且没有任何改善的迹象。

其次，由于疫情发展的不确定性以及长周期视角下的全球人口老龄化，劳动力成本的上升将增加全球长期通货膨胀压力。随着德尔塔和奥密克戎变异毒株的出现与"二次流行"，疫情发展的不确定性降低了就业人口的返工意愿。劳动力市场中，返工意愿的降低加剧了企业，尤其是制造业企业的劳动力短缺，进而引发均衡工资水平上涨。美国的职位空缺率和制造业企业劳动力的每小时平均收入自2021年以来显著上升（见图2.5左），职位空缺率从2021年1月的0.47%上升至2021年11月的0.66%，制造业劳动力每小时平均收入的同比增长率从2021年1月的3.53%上升至2021年11月的4.85%，显著高于疫情前的水平。同样，美国居民对于未来一年的工资涨幅预期中值也从2021年3月的2.04%上升至2021年12月的2.97%（见图2.5右）。工资涨幅预期的提升将进一步加剧就业市场的供应短缺并提升实际工资水平。当工资水平及其预期较高时，一方面，消费者预期到可支配收入随工资上升，会提高其消费水平进而增加社会总需求；另一方面，当企业预期到其雇用成本上升时，会倾向于设定更高的产品价格。物价水平的上涨又进一步增加了劳动力对于高工资的需求，形成工资-价格螺旋式通货膨胀。此外，随着各国人口老龄化，全球人口总增长率从2014年的1.2%下降至2020年的1.02%；全球14~65岁的人口数量占总人口的比重也从2014年

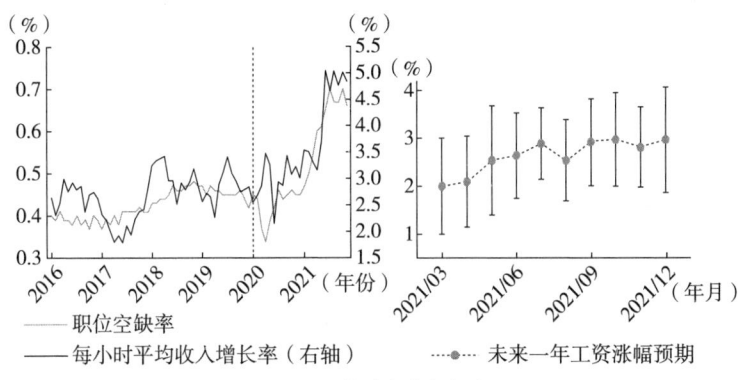

图2.5 劳动力成本上升

资料来源：世界银行大宗商品价格数据库，美国劳工统计局，纽约联邦储备银行消费者预期调查数据。

的 65.58% 下降至 2020 年的 65.20%。随着全球主要经济体纷纷步入老龄化社会，中青年劳动力的短缺将系统性抬升企业的人力资源成本，进而增加更长周期下的全球通货膨胀压力。

此外，能源转型造成的碳密集型能源价格上涨将在相当长的周期内影响全球通货膨胀水平。在全球低碳转型的共识下，各国政府开始逐步降低对于化石燃料生产的投资和补贴，供应短缺使主要能源产品的价格开始趋势性上升。已有研究表明，在未来相当长的时间内，全球的清洁能源规模都无法匹配经济发展的正常需求（Schnabel，2022）。根据欧盟的统计数据，可再生能源目前仅占总能源消耗的 20% 左右。根据以往的历史经验，能源价格驱动的供给冲击通常是短暂的，因此，中央银行往往不需要施加额外的政策反馈。然而，由于对清洁能源的大规模使用在短期内无法完成，低碳转型将在相当长的时间里增加全球通货膨胀压力。英格兰银行行长安德鲁·贝利曾表示，能源转型可能永久性地导致家庭面临更高的能源价格，并且对于长期通货膨胀前景感到非常不安。

事实上，在学界和业界的已有研究中，对于本轮通货膨胀持续时间的估计并不统一。美联储主席鲍威尔此前曾公开表示，此轮全球通货膨胀是暂时的，并且不需要额外的政策反应。然而，他却在随后改口称高通货膨胀的持续时间比预期要长，并且强调美联储将在未来通过缩减资产购买规模和加息来对抗通货膨胀。这表明，本轮通货膨胀的持续时间与演进路径仍然存在很大的不确定性，因此，需要格外关注短期通货膨胀发展为长期持续性通货膨胀的风险。

（二）美联储货币政策转向带来的跨境资本流向逆转风险

在美元主导的国际货币体系下，美联储的货币政策会通过多重渠道产生广泛的国际溢出效应，并且会显著影响新兴经济体的经济金融状况与宏观政策制定（Fratzscher，2012；Bruno and Shin，2015a，2015b；Farhi and Maggiori，2018；Miranda-Agrippino and Rey，2020；Chari et al.，2021；谭小芬等，2019）。随着经济全球化的发展，流入和流出新兴经济体的跨境资本，特别是跨境组合投资规模显著上升（BIS，2021）。理论上，当发达经济体的中央银行，特别是美联储的货币政策立场较为宽松时，充裕的流动性将推动跨境资本涌入新兴经济体；低利率环境造成的发达经济体与新兴经济体利差扩大，还会进一步拉动跨境组合投资流入新兴经济体的股票及债券市场。当美联储的货币政策立场转为紧缩时，海外跨境资本会在推动和拉动因素的共同作用下流出新兴经济体；此外，美联储货币政策转向带来的投资者风险偏好改变，也会在一定程度上加速资金的撤回。

新冠疫情的冲击造成了流入新兴经济体跨境资本的大幅波动。2020年第二季度以来，在全球经济复苏步伐加快的驱使下，涌入新兴经济体的跨境资本，尤其是组合投资规模迅速增加。然而，随着美联储货币政策转向信号的日渐明晰，这种趋势在2021年以来发生逆转（见图2.6）。海外资本流入主要新兴经济体股票和债券市场的资金规模在2020年第二季度至第四季度分别为1214亿美元、268亿美元和916亿美元。然而，自2021年开始，海外资本转为流出，第一季度流出主要新兴经济体的跨境组合投资规模达到881亿美元，第二季度和第三季度的流出规模分别为140亿美元和506亿美元。造成跨境资本流向逆转的主要原因，可能是美联储货币政策转向步伐的加快。根据利率期限结构理论，收益率曲线的中长端可以在一定程度上反映市场对于未来利率走向的预期，而美国10年期国债收益率自2020年第三季度开始稳步抬升，说明在全球通货膨胀的背景下，公众对于美联储收紧货币政策的预期已经形成。

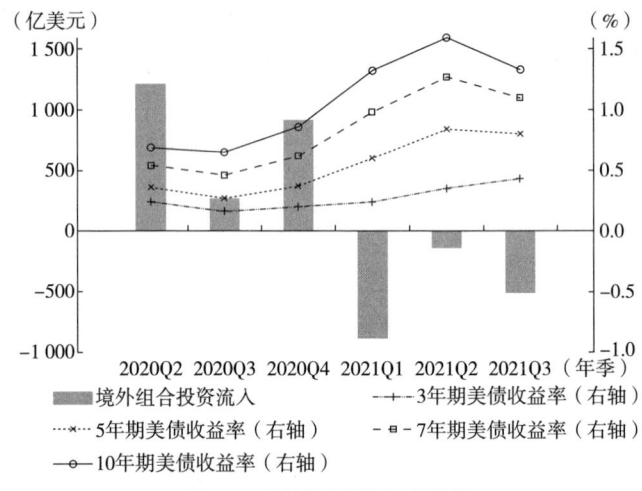

图2.6 跨境组合投资流向逆转

注：Q表示季度。样本国家包括中国、印度、印度尼西亚、马来西亚、菲律宾、泰国、波兰、土耳其、南非、阿根廷、巴西、智利、哥伦比亚和墨西哥。本文对美债收益率进行了季度加权处理。

资料来源：CEIC（环亚经济数据有限公司）国际收支数据库，美联储。

通常来说，资本流动水平对于宏观经济的影响只有达到一定阈值才能显现：稳定的跨境资本流动不会对一国的经济和金融稳定造成破坏性影响。只有跨境资本的极端波动或者趋势性逆转，才会损害和威胁宏观经济金融的稳定。2014年美联储宣布缩表引发缩减恐慌，造成大规模的跨境资本撤出新兴经济体，进而造成新兴经济体的资产价格下跌和货币贬值。在新冠疫情暴发后通货膨胀压力上升的背景下，为维持本国物价水平的稳定，美联储收紧货币政策几乎已成定局。因此，需要关注美联储货币政策转向带来的跨境资本流向逆转的风险。

（三）全球贫富差距进一步扩大的风险

通货膨胀往往具有财富再分配效应，并且会导致高收入家庭与低收入家庭之间贫富差距的扩大（Albanesi，2007）。通常来说，贫困家庭与富裕家庭的消费篮子存在显著差异：贫困家庭会将更多的可支配收入用于能源、食品等基础商品，而富裕家庭则更多地用于服务消费。新冠疫情发生后的通货膨胀对不同收入水平的消费者产生了不同的影响（见图2.7）。宾夕法尼亚大学的估算表明，通货膨胀使美国最富有的家庭（在所有接受调查的家庭中收入排前5%）的总消费支出增加了6%，但却使最贫穷的家庭（在所有接受调查的家庭中收入排后20%）的总消费支出增加了6.8%。产生这种异质性影响的一个重要原因是，贫困家庭和富裕家庭之间消费篮子的差异以及此轮不同消费品价格上涨幅度的差异。受到大宗商品价格飙升的驱动，美国的能源价格涨幅达到33%，而其他商品的涨幅则相对温和。由于能源产品和食品饮料等属于消费篮子中的必需品，因此在贫穷家庭的消费支出中占比更大。根据估算，受通货膨胀的影响，美国最富有的家庭增加的消费支出中能源消费支出占4.8%，而对于美国最贫困的家庭来说，这一数字却达到了7.9%。此外，受政府为控制疫情传播而制定的一系列限制性措施的影响，收入相对较低的体力工作者和车间工人等将遭受更大的损失。

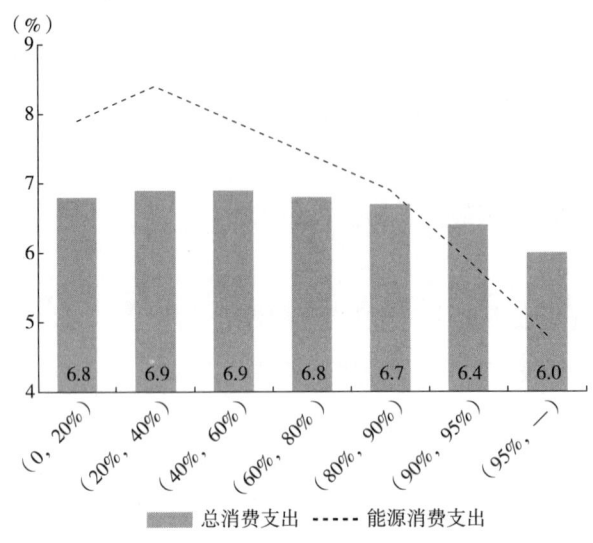

图 2.7　通货膨胀的财富再分配效应

注：数据以 2019 年的消费篮子为基准，计算在 2021 年 12 月物价水平下的支出增加百分比；横轴代表收入水平的不同分位数，（0，20%）代表收入排名后 20% 的消费者，以此类推。

资料来源：宾夕法尼亚大学沃顿预算模型官网。

从广义上看，全球通货膨胀还拉大了贫穷国家和富裕国家之间的差距。首先，由于农产品价格的持续走高，贫穷国家居民将在全球通货膨胀中遭受更大的损失。这是因为低收入国家的消费者平均要将四成以上的消费支出用于食品，远高于富裕国家的消费者。其次，已有研究表明，流入新兴经济体的跨境资本在后疫情时代变得更加挑剔，青睐于经济复苏更加迅速、制度框架成熟以及金融市场更加发达的新兴市场国家（BIS，2021；OECD，2021），从而进一步拉大了不同国家之间的贫富差距。最后，新冠疫情暴发后的全球通货膨胀还会导致不同产业结构国家之间的财富再分配，飙升的能源价格会使能源出口国获益，但会给能源进口国带来更大的损失。

三、中国应对全球通胀的方案

新冠疫情冲击对中国经济造成了极为不利的影响（蔡昉等，2021）。随着经济全球化迈入新阶段，对全球性公共卫生危机的治理与应对已成为世界各国的国家战略需求（张辉等，2021）。本文认为，针对新冠疫情发生后全球通货膨胀带来的风险，中国应当着重从以下三个方面入手，建立科学的应对方案：一是警惕输入型通货膨胀，平衡稳增长与控通胀；二是加强跨境资本异动监测，防范化解外部金融风险；三是关注弱势群体，避免社会分化程度加剧。

（一）警惕输入型通胀，平衡稳增长与控通胀

2020年，中国成为仅次于美国的全球第二大进口国，尤其对原油和铁矿石等工业原料、大豆和豆油等饲料粮，以及高端芯片和光刻机等精密仪器的进口依赖程度更高。全球供应瓶颈以及大宗商品价格飙升，势必会加剧我国输入型通货膨胀风险。

事实上，2021年以来，我国PPI（生产价格指数）显著上升，并且有逐渐向终端消费品传导的趋势（见图2.8）。受原油价格、运输成本飙升以及能源低碳转型的影响，PPI的月度同比增长率从2021年1月的0.3%上升至2021年12月的10.5%，为近10年来最高。尽管居民CPI的月度同比增长率总体保持稳定，

但是仍然从 2021 年 1 月的 –0.3% 上升至 12 月的 1.5%。理论上，因为企业的生产和销售存在一定的周期，所以 PPI 向 CPI 的传导往往存在时滞。由于 PPI 持续处于高位，PPI 向 CPI 的传导已经开始体现在部分生产周期较短的商品上。清华大学基于互联网在线数据的分类消费价格指数显示，2021 年以来，在金银制品的驱动下，我国其他用品及服务的价格涨幅达到 3.07%；生活用品及服务和食品烟酒的价格涨幅也分别达到 2.82% 和 2.72%。展望未来，随着 PPI 和 CPI 剪刀差的收敛，上游产品价格可能会进一步传导至中下游消费品，增加通货膨胀压力。

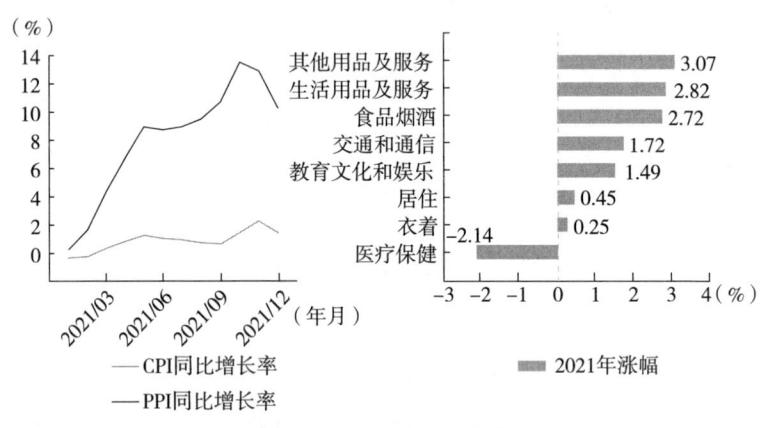

图 2.8 中国通货膨胀走势

注：该指标运用在线大数据实时捕捉技术，能够反映不同消费品篮子价格水平的高频变化（刘涛雄等，2019）。
资料来源：国家统计局，清华大学。

新冠疫情对我国的经济增长造成了显著的负面冲击。2021 年 12 月我国的消费品零售总额增速仅为 1.7%，居民收入平均增速为 6.9%，远低于新冠疫情前的平均水平。这说明新冠疫情对于中国经济的影响可能是长期的。全球通货膨胀导致我国的通货膨胀压力也在持续上升，在后疫情时代，中国经济可能会陷入某种意义上的"类滞胀"困局。在此背景下，一方面，我国应当警惕输入型通货膨胀；另一方面，应处理好稳增长与控通胀的关系。

首先，应当高度重视产业链、供应链畅通问题。供应链中断是新冠疫情发生后全球通货膨胀的重要驱动因素，作为世界第一大出口国和第二大进口国，中国势必会受到全球供应瓶颈的影响。国际货运效率低下以及运输成本的飙升，将严重干扰我国企业的正常运转，并会带来长期持续性的通货膨胀压力。对此，一方面应当将产业链、供应链的安全稳定置于国家战略的高度，增强产业链、供应链抵御外部冲击的能力，在全球经济供需结构性失衡的背景下，巩固和提升我国在全球供应链中的地位；另一方面，应当加强国际合作，形成共同维护全球供应链稳定的合作体系。在后疫情时代，通过相对畅通的产业链、供应链，进一步激发我国的外贸活力，以缓解由全球供应瓶颈引发的输入型通货膨胀压力。

其次，作为宏观调控"双支柱"的财政政策和货币政策，应当结合自身特点，充分协调联动。具体来说，财政政策应当发挥更大的作用。鉴于疫情冲击的非对称性，不同行业、不同人群遭受的损失存在显著差异。低收入人群与小微企业往往会受到更大的负面影响，甚至因此背上沉重的债务负担。由于财政政策具有精准定向、传导时滞短的特点，可以在后疫情时代发挥更大的作用。在稳增长与控通胀的双重背景下，应当适度扩大财政赤字规模，并且引导专项资金支持保障房建设等经济中的薄弱环节，安排财政支出更加积极有为。货币政策应当配合财政政策。货币政策作为一种总量政策工具，不具备针对性，不能限定特定时间，且有较长的政策时滞，理论上并不是应对疫情冲击的最优选择。此外，在"类滞胀"的困局下，货币政策还面临防范物价水平过快上涨等多重约束。有鉴于此，后疫情时代我国货币政策应当以配合积极财政政策为主，以灵活适度的方式为市场提供必要的流动性，并且提高前瞻性，稳定市场通货膨胀预期。

（二）加强跨境资本异动监测，防范化解外部金融风险

中国对全球跨境资本流动的影响显著上升，是后金融危机时期跨境资本流动的重要特征。随着经济体量的增加、金融制度的完善以及对外开放水平的不断推进，中国对于全球金融市场的融入程度不断加深，中国的经济金融状况对于全球金融周期和全球资本流动的影响程度也在显著上升（Miranda-Agrippino and Nenova，2021）。海外资本流入中国的规模占流入新兴经济体总规模的比例从2010年的30.1%上升到2020年的39.2%；而流入中国股票和债券市场的组合投资规模占比，更是从2010年的8.2%飙升至2020年的72.1%。可以说，中国的股票和债券市场成了疫情以来全球跨境组合投资的主要流向。可以预期，随着中国金融市场的双向开放，中国应对大规模跨境资本双向流动的压力将进一步增大。

2020年第二季度以来，大规模的境外投资涌入中国的股票和债券市场（见图2.9）。2020年第二季度和第三季度，流入中国的境外组合投资规模分别为1 164亿美元和1 528亿美元，第四季度激增至3 489亿美元，其中流入中国股票市场的境外资金规模达到2 633亿美元。然而，这种情况却在2021年发生逆转：随着投资者对美联储加息预期的形成，2021年前两个季度，中国的境外组合投资流入规模骤降至743亿美元和801亿美元，相较于2020年第四季度，降幅超过75%；而在2021年第三季度，境外组合投资由净流入转为净流出，当季的境外股票投资净流出达到804亿美元。跨境资本的大进大出，在一定程度上引起了金融市场资产价格的大幅波动，在大规模资本涌入的影响下，沪深300指数从2020年4月1日的3 675点飙升至2020年12月31日的5 211点，涨幅达到41.7%；而随着跨境资本的大规模回撤，沪深300指数从2021年1月4日的5 267点下跌至2022年1月21日的4 779点。尽管影响股价波动的因素是复杂的，但是极端资本流动可能是重要的原因之一。

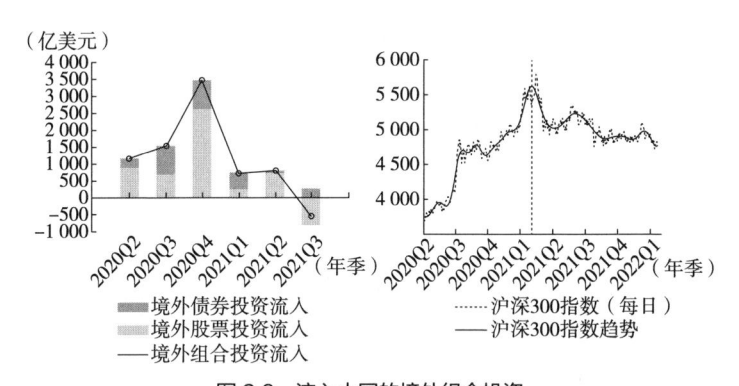

图2.9 流入中国的境外组合投资

注：沪深300指数数据通过对沪深300指数的原始数据进行小波降噪，得到趋势项。
资料来源：国家外汇管理局，CEIC中国经济数据库。

极端资本流动会显著影响一国的经济金融状况，特别是境外资本由流入转为流出的突然逆转，往往会造成本国金融市场资产价格的大幅波动和本国货币的贬值压力，甚至影响货币政策的独立性，即使实施浮动汇率制度的国家也不能幸免（Rey，2015）。持续的高通货膨胀迫使美联储更快地退出宽松货币政策，在中国经济面临"需求收缩、供给冲击、预期转弱"三重压力的背景下，中美货币政策在加速分化，类似于2014年的情况。"缩减恐慌"将增加跨境资本大规模撤出中国的风险。本文认为，后疫情时代防范跨境资本大进大出带来的外部金融风险，关键在于提高对跨境资本异动的预警精度，增强一揽子配套措施的前瞻性，避免导致事后补救而付出高昂成本。尽管跨境资本流动的趋势和波动存在诸多不确定性，尤其对于极端资本流动事件来说，发生或者不发生，具有很强的随机性。但对中国来说，在历次极端资本流动事件的背后，往往存在一些共同的驱动因素，例如，美联储货币政策的转向、全球流动性状况的改变或者国内外资产价差的变化等。因此，可以运用人工智能和大数据的手段，在现有的"三支柱"调控框架下，引入更多对中国跨境资本极端波动会产生系统性影响的"逆周期因子"，构建基于规则的跨境资本监管政策框架，在坚持推动制度型开放与避免过度行政干预的基础上，通过更加透明、规则、可预期的政策手段，防范由极端资本流动事件引起的风险跨境传染和放大。

（三）关注弱势群体，避免社会分化程度加剧

统计数据显示，中国的基尼系数近10年来持续处于高位，而且我国的实际贫富差距可能更大（李实，2021；罗楚亮和陈国强，2021）。新冠疫情发展的不确定性以及通货膨胀压力的攀升，会在一定程度上加剧社会分化。

2021年以来，我国PPI的持续上涨意味着企业，尤其是上游企业生产成本增加。新冠疫情发展的不确定性意味着上游企业缺乏稳定、可预期的未来现金流，迫于生产压力，这些企业可能会选择降薪甚至裁员的手段，以避免遭受更大的损失。而降薪和裁员的首要对象就是有效生产率低、可替代性强的"低端劳动力"。由于"低端劳动力"议价能力较弱，往往会遭受更大的损失甚至失业。值得注意的是，农民工群体是我国制造业，更是批发零售业的重要劳动力来源。农民工的最大特点是流动性强（蔡昉等，2021），而疫情的反复以及各省区市对出行的限制性措施，则严重影响了人口的跨区域流动，因此对于农民工群体的返工与就业伤害极大。与之相对应的是，在数字化办公的普及下，"中高端劳动力"蒙受的损失则相对温和，甚至能够在通货膨胀的财富再分配效应下获益。此外，在终端消费品方面，本文的分析表明，我国的生活用品和食品价格涨幅相对较快。由于贫困人口往往需要将更多的支出用于以上两类生活必需品，因此也势必在物价上涨过程中付出更高的成本。富裕家庭由于资产配置方式更加丰富，同时拥有更高的金融素养，往往可以通过一定的对冲方式规避风险，甚至跑赢通货膨胀。

我国的贫富分化在一定程度上是经济长期高速增长带来的次生结果，缩小贫富差距也注定不可能在短期一蹴而就。然而，在后疫情时代全球通货膨胀压力陡升的背景下，政策取向至少应当向弱势群体适度倾斜，防止社会分化的进一步加剧甚至失控。具体来说，首先，应当保证物价的基本稳定，尤其是食品、生活用品和住房等生存必需品的价格。这就要求在综合运用宏观调控政策刺激总需求的同时，把握政策的力度，寻求更长周期内最优的财政和货币政策安排。其次，宽松的财政政策应当更加关注中低收入人口与欠富裕家庭，通过财政支出保障其基本的生活消费需求，满足其应有的劳动获得感，在控制社会分化加剧的基础上，激发中低收入人群对于我国经济增长的贡献度。最后，应当秉持科学防疫的态度，在充分研究病毒传播特点与危害程度的基础上，寻求防疫和保证经济正常运转之间的平衡，充分释放中国经济增长的潜力，以最小的防疫成本实现后疫情时代中国经济的高质量发展。

03

逆全球化对通胀的影响[①]

高通货膨胀在诸多发达经济体重现,不仅让各国中央银行感到意外,而且迅速成为人们对经济的首要担忧。虽然紧缩的货币政策难以避免,但结构性因素在目前通货膨胀抬头的情况下的作用也值得关注。具体而言,除了新冠疫情导致供应链中断、俄乌冲突加剧能源价格和食品价格冲击等因素外,决策者还必须更明确地认识到逆全球化会带来的通货膨胀后果。

在 2008 年全球金融危机爆发前的 20 年里,全球化趋势似乎势不可当。全球贸易量的增速是全球 GDP 增速的两倍。由于亚洲、拉丁美洲以及中欧和东欧诸多国家的改革与开放——其中中国的改革开放成果最为突出,许多产品的生产在全世界重新布局。

这一时期的高速全球化,特别是中国融入世界贸易和投资,

[①] 本文作者:汪涛,CF40 特邀研究员,瑞银证券中国首席经济学家;魏尚进,CF40 学术顾问,哥伦比亚大学金融学教授。本文作于 2022 年 7 月,发表于《复旦金融评论》第 16 期。

不仅大大提高了世界各国商品供应的多样性，也大大降低了许多国家商品的价格和家庭消费的成本。例如，过去几年里，当美国的全年通货膨胀率在2%左右徘徊时，商品通货膨胀率通常会在–1%左右。1990—2008年，美国从工业化国家进口的制成品价格上涨了33%，而从发展中国家进口的产品价格仅上涨了3.4%。对于某些商品，如果中国的出口占美国的进口比重较高，其价格的上升程度就会低一些，甚至会出现价格下降的现象。世界市场上也有一种"中国价格效应"（The China Price Effect）的说法：对于某一商品，只要中国企业成为全球的主要生产者，其价格往往就会出现下降。

中国之所以能帮助各国控制价格上升，是因为其持续的经济改革以及随之而来的跨国企业投资。中国在2001年加入WTO（世界贸易组织）时，将其平均关税从20世纪90年代初的40%以上降至15%左右，随后几年又降至8%左右。市场化改革和进入世界市场的机会让中国企业迅速成长起来。

与此同时，中国鼓励外国直接投资的政策、低廉的劳动力成本和相对良好的基础设施，吸引了跨国企业，推动中国成为最大的直接投资目的地之一和"世界工厂"。在过去30年的大部分时间里，外资企业的出口占到中国出口总额的1/3，有时甚至达到1/2。

发达国家在全球化过程中通过低成本进口产品取代更昂贵的国内产品，除了直接享受到低价进口商品的好处之外，也以全球化为理由间接削弱了工人的议价能力，从而让国内生产的商品也能保持相对较低的价格。

反全球化的声音一直存在，2017年特朗普就任美国总统后挑起对多国的贸易争端，特别是在 2018—2019 年对美国从中国进口的产品加征关税的行动，给全球化带来了沉重打击。

特朗普的行为直接或间接地推高了美国的物价。直接影响是，美国家庭现在必须为中国制造的商品支付更多的费用。间接后果包括，美国从其他国家进口的商品和服务因竞争减少而出现价格上涨。

拜登政府由于担心被指责对华软弱，迄今未取消特朗普在任期间的关税。相反，由于对国家安全的担忧和地缘政治局势变得更加紧张，过去几年美国和其他国家的逆全球化压力有所增加。

受到美国种种措施的启发和影响，许多其他国家近年也引入了进口关税或其他贸易壁垒，从而导致类似美国的价格上涨压力。美国和包括欧盟国家在内的一些国家，计划通过补贴激励企业将生产搬回国内或将供应链转向"友岸"，这也可能导致其国内商品价格上涨。

"逆全球化"的说法现在已转化为实际政策，其推升通货膨胀的后果只会随着时间的推移而显现。2019 年，英格兰银行货币政策委员会前委员福布斯提出了一个关键问题：如果之前的全球化带来反通货膨胀效应，使全球主要中央银行更容易追求和维持低通货膨胀，那么目前日益加剧的逆全球化是否会产生背道而驰的效果？

如果逆全球化势头不受控制地继续下去，各国中央银行可能需要更严格地收紧货币政策。一个国家的逆全球化措施可能会促使其他国家效仿，扭曲全球生产和贸易模式，使每个国家的情况都变得更糟。因此，世界需要一些全球性规则，来规范这些措施，最合乎逻辑的做法是通过 WTO 和 G20（二十国集团）来承担规范工作。

WTO 的规则改革或 G20 层面的合作，通过限制逆全球化的泛滥可以降低由逆全球化带来的通货膨胀影响，从而降低各国中央银行猛踩刹车以治理通货膨胀的必要性，也有助于减少全球经济衰退的可能性，或者至少使最终的衰退得以减轻。

04

为全球滞胀到来做好准备 ①

1965年11月17日，英国政治家伊恩·麦克劳德在英国议会发表讲话（Nelson and Nikolov，2004）：

我们现在处于两个世界里最坏的情形——不只是通货膨胀或经济停滞，而是两个都有。我们处于一种"滞胀"的情况。历史，在现代语言中，真的正在被创造。

伊恩·麦克劳德没能够活着看到他所创造的"滞胀"成为一个流行词。他于1970年6月20日就任英国财政大臣，一个月后的7月20日死于任上，年仅56岁，是迄今为止英国在任时间最短的财政大臣，而受到多数人关注的滞胀要到20世纪70年代中

---

① 本文作者：郭凯，中国金融四十人研究院执行院长、高级研究员；朱鹤，中国金融四十人研究院研究员；杨悦珉，中国金融四十人研究院青年研究员。本文作于2022年6月。

后期才发生。本文写作时，"滞胀"这个词正好是56岁。但和它的创造者的命运恰恰相反，滞胀在56岁时面对的将不是骤然死亡，更可能的是卷土重来。

根据世界银行的数据（见图4.1），20世纪70年代中期至80年代前期，是"低增长、高通胀"的滞胀时期，全球通货膨胀水平平均接近11%的高位，全球经济增速仅为3%，并且经历过两轮明显的衰退。20世纪80年代中期至全球金融危机前的20多年，是"高增长、低通胀"的大缓和时期，全球通货膨胀水平回落至6.1%，经济增速则上升至3.4%。2008年全球金融危机后至新冠疫情暴发的10多年，是"低增长、低通胀"的长期停滞时期（Summers，2014），全球经济平均增速仅为2.7%，通货膨胀水平进一步回落至3.2%。在过去两年多受新冠疫情冲击之后，全球经济很有可能即将面对滞胀的卷土重来，也就是新一轮的"低增长、高通胀"组合。

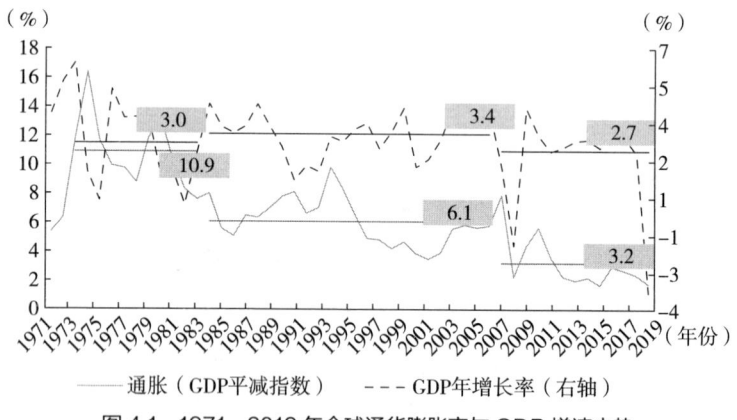

图4.1 1971—2019年全球通货膨胀率与GDP增速走势

资料来源：世界银行WDI（世界发展指标）数据库。

接下来，本文首先将回顾 20 世纪 70 年代滞胀的经验教训，然后描述近期增长和通货膨胀的情况，接下来分析为什么全球可能面临新一轮滞胀，最后讨论对我国的影响和政策建议。

一、20 世纪 70 年代滞胀：供给冲击和错误的货币政策应对

（一）一些基本事实

20 世纪 70 年代的滞胀最为突出的例子是美国，但事实上当时不少主要经济体都经历了较高水平的通货膨胀和较为疲弱的增长。从时间上看，滞胀特征比较突出的时间是从 1973 年第一次石油危机爆发至 20 世纪 80 年代初。

美国经济在 20 世纪 70 年代呈现出明显的"两高一低"特征。其中，"两高"为"高通胀"与"高失业率"，"一低"为"低增速"。美国在 20 世纪 60 年代的年均实际 GDP 增速为 4.5%（见图 4.2），至 70 年代滑落至 3.2%。通货膨胀率从 20 世纪 60 年代中期不及 2% 的水平，到 80 年代初接近 15%。失业率在 20 世纪 60 年代末一直在 3.5% 的低位徘徊，但到整个 70 年代，美国的年均失业率高达 6.2%。

其他主要的 OECD（经济合作与发展组织）经济体也呈现出类似的趋势。对比欧盟、英国、日本和德国四大经济体在 20 世纪七八十年代的表现，英国的滞胀情况最为严重，德国的表现最为平稳（见图 4.3）。英国在两次石油危机期间都出现了比较严重的衰退，滞胀风险突出。英国 1974 年和 1980 年的 GDP 增

图 4.2　1955—2000 年美国的通货膨胀、增长和失业情况（季度）

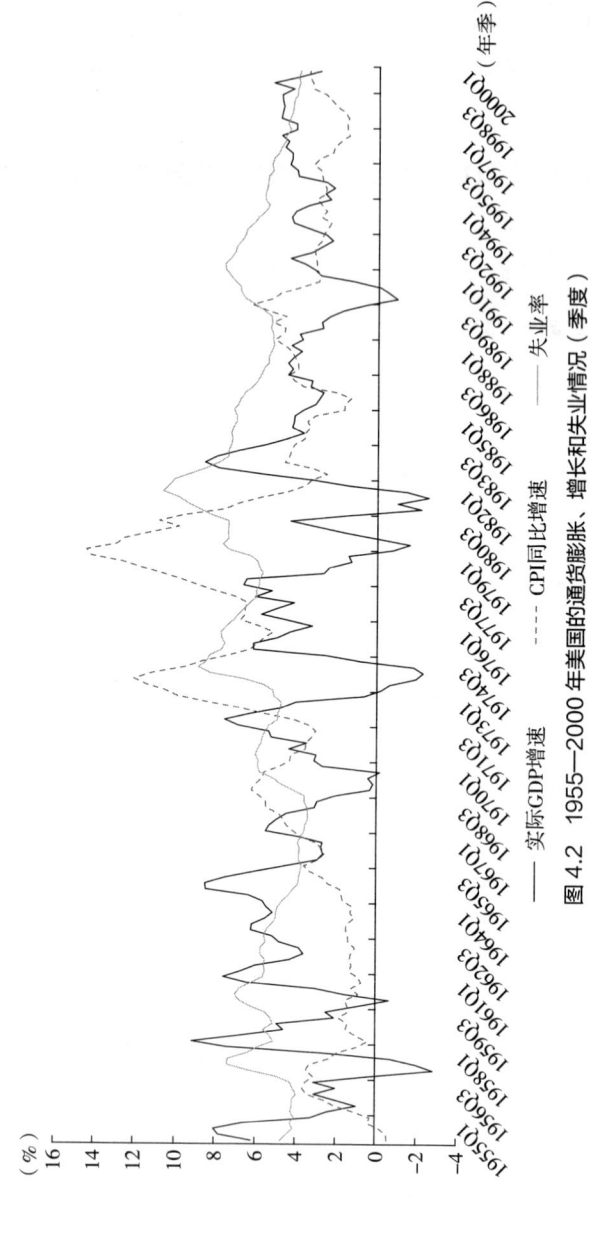

资料来源：美国劳工部，美联储，美国经济分析局。

速均降至 −2% 以下，通货膨胀水平在 1975 年飙升至 24.2%，在 1980 年达到了 18.0% 的高位。欧盟也出现了两次比较明显的高通货膨胀和衰退趋势，但程度均弱于英国。日本在两次石油危机时期呈现出不同的表现。在第一次石油危机时期，日本的 GDP 增速和通货膨胀率在 1974 年分别达到 −1.2% 和 23.2%，滞胀程度不亚于英国。但在第二次石油危机时期，日本的 GDP 增速和通货膨胀率在受冲击当年（1980 年）仅为 2.8% 和 7.8%，并在次年恢复至 4.2% 和 4.9%，几乎没有呈现出明显的滞胀风险。相对而言，德国在两次石油危机期间的表现最为稳定，两次石油危机时期的通货膨胀率始终保持在 5% 左右，没有明显的滞胀风险。

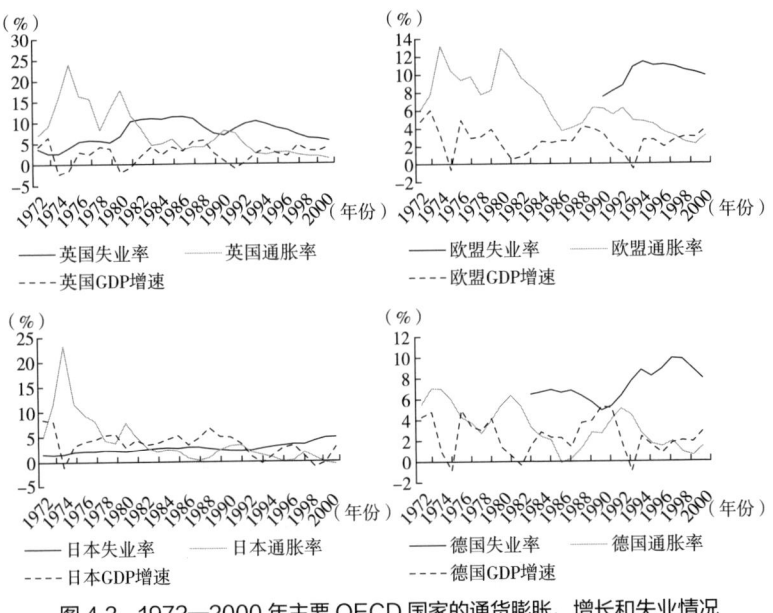

图 4.3　1972—2000 年主要 OECD 国家的通货膨胀、增长和失业情况

资料来源：世界银行 WDI 数据库。

（二）滞胀发生的经验教训

尽管对 20 世纪 70 年代出现滞胀的原因仍然存在分歧，但学术界总的来说还是达成了共识。从理论的角度说，滞胀的发生需要两个必要条件。

第一个必要条件是负面的供给冲击。负面的供给冲击引发总供给收缩，进而导致产出下降、失业增加，同时通货膨胀升高。在供给冲击的情况下，产出和价格反向而行，"滞"和"胀"才会同时发生。这与通常的需求冲击不同，总需求冲击下，产出和价格同向变动，"滞"则不"胀"，"胀"则不"滞"。

20 世纪 70 年代的供给冲击，主要是两次石油危机和粮食价格危机导致的。在第一次石油危机中，1973 年 10 月，阿拉伯石油禁运导致欧佩克原油价格暴涨 300%。根据布林德和拉德（Blinder and Rudd，2008）的研究，美国因为以国内原油为主导，炼油商购置成本（RAC）仅翻了一番。传导至零售端的能源价格上涨 45%（年化），并最终在宏观层面直接推动美国 PCE（个人消费支出）通货膨胀率上升 2.5 个百分点。20 世纪 70 年代末的中东战争带来了第二次石油危机，原油价格再次飙升，1978—1981 年 RAC 指数上涨了两倍，但能源价格上涨对宏观通货膨胀率的贡献较第一次更弱，持续时间也更短。

与此同时，两次石油危机期间都伴随着大规模的粮食价格危机，诱发因素包括恶劣天气和农业病害等。第一次粮食价格危机冲击较大，食品价格指数在 1973—1974 年分别同比上升 20.1% 和 12.1%，对总体通货膨胀的影响分别为 4.5 个百分点和 3 个百分点。在 1978—1980 年发生的第二次粮食价格危机冲击较弱，但食品价格同比增速也保持在 10% 左右的高位，其间对通货膨胀的影响为 1.7~2.0 个百分点。

此外，能源和食品价格的上涨还向其他商品和服务的价格传导，推高美国国内的核心通货膨胀率。根据布林德和拉德（2008）的测算，在 1973—1974 年，食品和能源价格对核心 CPI 通货膨胀率贡献了 2.5 个百分点，对核心 PCE 通货膨胀率贡献了 1.5 个百分点。在 1978—1980 年，供给冲击对 CPI 和 PCE 核心通货膨胀率的贡献均超过 3 个百分点。两次供给冲击消退后，通货膨胀仍高于冲击前的水平。

第二个必要条件是货币政策应对失误。如果仅仅是供给冲击，冲击一旦过去，经济应该较快恢复正常增长，通货膨胀也应该回归常态。但 20 世纪 70 年代的滞胀前后长达 10 余年，不少发达国家的通货膨胀率达到两位数，而且滞胀最终是因为沃尔克强势收紧货币政策，以及出现了从二战后到那时为止最严重的一次衰退才得以终结。这种现象并非单靠供给冲击就能够解释的。事实上，对于货币主义者而言，任何通货膨胀最终都是货币现象，没有货币政策的失误，高通货膨胀不可能出现，所谓滞胀也就不可能发生。

学术界对以美联储为代表的中央银行为什么犯错和犯了什么错有不同的假说（Bordo and Orphanides，2013），但最终的结论似乎都是美联储 20 世纪 70 年代的货币政策在通货膨胀面前显得过于宽松，最终导致通货膨胀预期失控，因此，尽管经济增长乏力，但通货膨胀始终处于高位，也才有了滞胀。

衡量美联储的政策错误有很多方式，一个简单的方法（也是"事后诸葛亮"的做法）就是，比较一下美联储实际采用的政策利率与根据泰勒规则（并且已经知道所发生的一切之后）倒推出来的政策利率之间的差距。

从图4.4可以看出，虽然有效联邦基金利率在整个20世纪70年代一直处于上升区间，但一直显著低于基于泰勒规则估算的政策利率。这反映出美联储虽然看似在收紧货币政策，但加息的幅度根本达不到抑制通货膨胀的水平，货币政策滞后于通货膨胀曲线，货币政策事实上仍过于宽松。这样的结果是，通货膨胀未能受到有效控制，通货膨胀预期也无法有效锚定，因此不断走高。图4.5是格伦和米德尔多普（Groen and Middeldorp, 2003）倒推出的10年期通货膨胀保值债券（TIPS）的隐含通货膨胀率，可以作为通货膨胀预期的一个衡量指标。非常明显，整个20世纪70年代美国的通货膨胀预期处于失锚状态，特别是在20世纪70年代末至80年代末，通货膨胀预期呈飙升态势。最终，时任美联储主席保罗·沃尔克数次激进加息，将联邦基金利率大幅提升至20%以上，才得以真正收紧货币政策，最终压下通货膨胀、重建信誉，但也付出了极大的代价，美国经济陷入二战后到那时为止最为严重的衰退，失业率一度高达10.8%。

与美联储相对比的是德国中央银行。德国一样面对石油危机和粮食危机带来的能源和食品价格高涨，但德国并没有在20世纪70年代经历高通货膨胀，经济增长尚可。拜尔等（Beyer et al., 2013）比较了德国中央银行和美联储、英格兰银行的货币政策，发现德国中央银行的政策事后看是始终严格遵循泰勒原则的，政策利率保持了非常强的连续性，对偏离通货膨胀目标的增长差具有很强的纠正倾向，但对产出缺口的反应并不显著，也就是说，主要原因在于德国中央银行始终坚持把控制通货膨胀作为最重要的任务。井户（Ito, 2013）对日本银行的行为也进行了

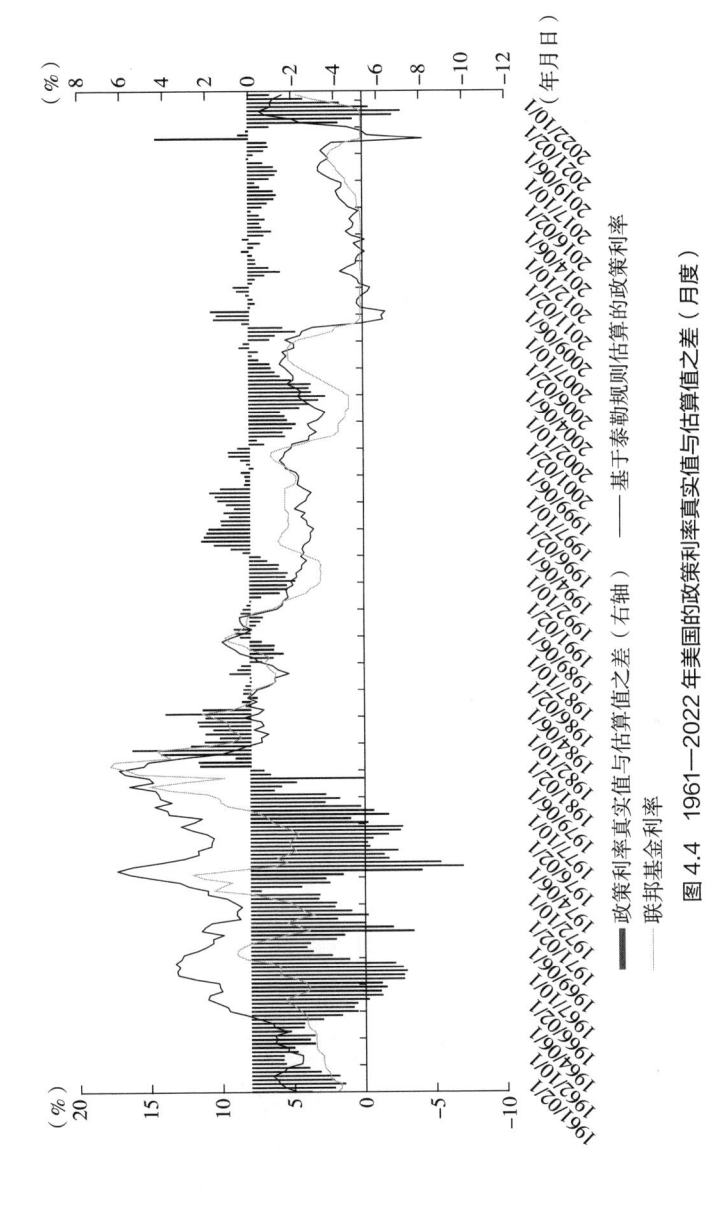

图 4.4 1961—2022 年美国的政策利率真实值与估算值之差（月度）

资料来源：美联储，费城联邦储备银行。

04 为全球滞胀到来做好准备

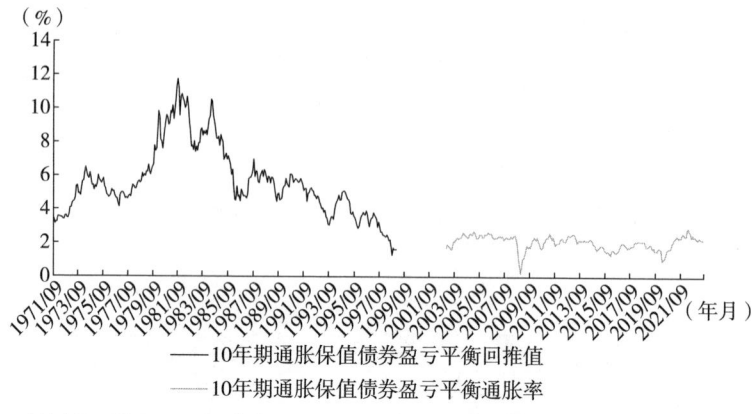

图4.5　1971—1998年与2003—2022年美国的通货膨胀预期估算（月度）
资料来源：Groen and Middeldorp（2003），圣路易斯联邦储备银行。

回顾，认为日本银行在第一次石油价格危机期间容忍了通货膨胀的上升。从图4.6可以看出，日本贴现率在通货膨胀上升至9.4%的高位后才有所反应。但在第二次石油价格危机期间也采取了锚定通货膨胀目标的货币政策，在通货膨胀趋势尚未显性化时就及时介入，使通货膨胀没有出现像第一次那样的飙升情形。由此可见，面对类似的供给冲击，货币政策应对的对与错，对于事后的结果会有非常大的不同。

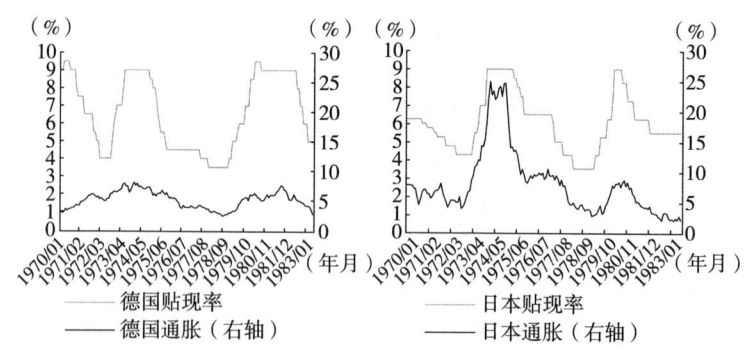

图4.6　20世纪70—80年代德国与日本的政策利率和通货膨胀走势
资料来源：IMF IFS，OECD。

048　　通胀之辨：全球经济将走向何方？

回顾20世纪70年代的滞胀，不仅是因为这可能是经济史上仅有的带有全球性质滞胀的案例，也是因为当前全球经济面对的问题与20世纪70年代有一些类似之处。虽然不少分析人士仍然觉得"这一次会不同"，但有一点也许是明确的——全球经济现在确实面临着现实的滞胀风险。

二、即将到来的全球滞胀？

本文所说的全球滞胀，指的是在中长期的时间范围内（例如未来2~5年）全球经济处于较低增速和较高通货膨胀的状态。这有别于在经济周期的时间尺度内（例如未来6个月至1年）短暂出现经济减速和通货膨胀高企并存的状态。换言之，本文所说的滞胀，描述的是一种中长期的持续状态，既不是周期转换时增长下行和通货膨胀上行短期走势的错位与交叉，也不排除其间会出现短期的恢复性增长和通货膨胀下行。

从对各种因素的分析看，全球滞胀的可能性已经显著增加。而且在当前的国际政治经济格局下，似乎很难有很好的办法来降低这种风险。

（一）全球通胀处于多年来的高位，经济减速已经难以避免

伴随着新冠疫情的持续性影响，以及俄乌冲突、发达国家政策进一步收紧、需求端热度消退等因素，全球的"滞"与"胀"倾向进一步加深。

从"滞"的角度看，主要国际机构近期纷纷下调全球GDP增

速，显示出对未来经济走势的悲观预期。世界银行 2022 年 6 月 7 日发布的《全球经济展望》报告，将 2022 年的全球 GDP 增速从年初预测的 4.1% 下调至 2.9%。其中，发达经济体的 GDP 增速从 3.8% 下调至 2.6%，新兴经济体的增速从 4.6% 下调至 3.4%。6 月 8 日，OECD 将 2022 年全球经济增长预期从之前的 4.5% 下调至 3%，同时预计 2023 年全球经济增长将进一步放缓至 2.8%。

分国别来看，俄乌冲突爆发后，主要国际机构对欧洲的增长前景更偏悲观。国际货币基金组织在 2022 年 4 月下调了主要经济体在 2022 年的经济增速预测值，其中对德国、欧元区、日本和英国的下调幅度较大，分别为 1.7 个百分点、1.1 个百分点、0.9 个百分点和 1.0 个百分点，对美国、中国和印度的调整幅度相对较小，分别仅为 0.3 个百分点、0.4 个百分点和 0.8 个百分点。世界银行在 2022 年 6 月的预测中进一步下调了对主要经济体的增速预测，欧元区、日本、印度、美国和中国分别较年初的预测值下降 1.7 个百分点、1.2 个百分点、1.2 个百分点、1.1 个百分点和 0.8 个百分点（见表 4.1）。

表 4.1　2022 年上半年国际货币基金组织与世界银行
对全球主要经济体实际 GDP 增速的预测

主要经济体	IMF《世界经济展望》				世界银行《全球经济展望》			
	2022 年实际 GDP 增速（%）		2023 年实际 GDP 增速（%）		2022 年实际 GDP 增速（%）		2023 年实际 GDP 增速（%）	
	1 月预测值	4 月预测值	1 月预测值	4 月预测值	1 月预测值	6 月预测值	1 月预测值	6 月预测值
美国	4.0	3.7	2.6	2.3	3.7	2.6	2.6	2.4
欧元区	3.9	2.8	2.5	2.3	4.2	2.5	2.1	1.9
德国	3.8	2.1	2.5	2.7				

续表

主要经济体	IMF《世界经济展望》				世界银行《全球经济展望》			
	2022年实际GDP增速（%）		2023年实际GDP增速（%）		2022年实际GDP增速（%）		2023年实际GDP增速（%）	
	1月预测值	4月预测值	1月预测值	4月预测值	1月预测值	6月预测值	1月预测值	6月预测值
英国	4.7	3.7	2.3	1.2				
日本	3.3	2.4	1.8	2.3	2.9	1.7	1.2	1.3
中国	4.8	4.4	5.2	5.1	5.1	4.3	5.3	5.2
印度	9.0	8.2	7.1	6.9	8.7	7.5	6.8	7.1

资料来源：国际货币基金组织，世界银行。

从"胀"的角度看，2022年4月，全球通货膨胀水平高达7.8%，这也是自2008年全球金融危机以来的最高水平。全球主要经济体的通货膨胀率从2021年初开始快速爬升，发达经济体和新兴经济体分别从2021年1月的0.5%和3.1%，上升至2022年4月的7.0%和9.4%。其中，发达经济体的通货膨胀水平处于40年来的历史高位。从主要发达经济体的表现来看，美国、德国和英国的通货膨胀率分别从2021年1月的3.8%、2.4%和2.5%，上升至2022年4月的8.4%、7.0%和7.3%。自2022年3月俄乌冲突爆发以来，各大经济体的通货膨胀走势更趋陡峭。

分商品类别看，2022年5月，世界银行的能源价格指数高达160.9，这也是全球金融危机以来的最高水平，同比增长86.5%。全球食品价格指数达到了159.0的历史高点，同比增长24.6%。全球能源和粮食价格指数走势如图4.7所示。从主要商品价格来看，2021年3月至2022年2月，全球布伦特原油和天然气价格的月均水平同比涨幅分别高达87%和187%，玉米和小麦价格的月均水平同比涨幅分别为 56% 和 26%。自 2022 年 3 月俄乌冲突爆发以来，天然气价格和小麦价格进一步飙升。2022 年 3—5 月，天然气价格和小麦价格的月均水平同比涨幅分别高达 252% 和 125%（见图 4.8）。

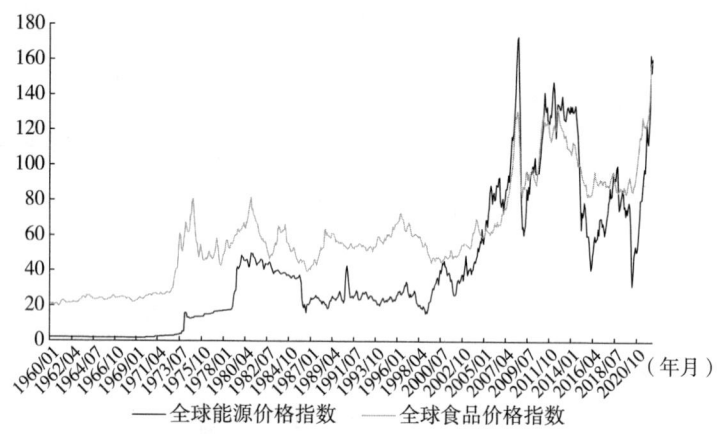

图 4.7　全球能源和粮食价格指数走势（2010 年 =100，月度）

资料来源：世界银行，Wind。

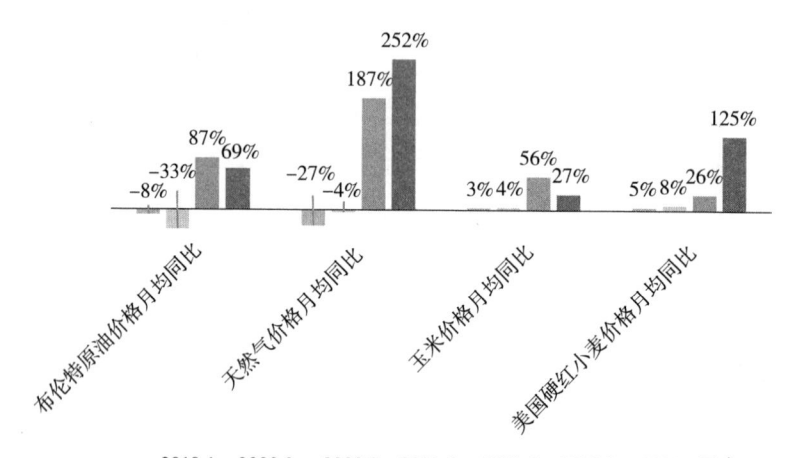

图 4.8　全球主要能源和粮食类别价格同比走势

资料来源：世界银行，Wind。

从房价走势来看，根据国际清算银行的估算，按实际价格计算，当前全球房价比金融危机后的平均水平高出27%，其中发达经济体和新兴经济体分别高出37.0%和19.2%。分国别来看，印度、加拿大、德国、美国和土耳其的实际房价涨幅均超出金融危机时期平均水平的50%。新冠疫情暴发后，全球房价增速更是显著高于2010年以来的趋势（见图4.9）。2021年第四季度，全球实际房价同比增长虽然较第三季度略有放缓至4.6%，但仍处于历史高位，发达国家的实际房价增速甚至连续多个季度超过7.5%。朱鹤和孙子涵指出，目前部分欧洲国家的房价甚至已明显偏离基本面。

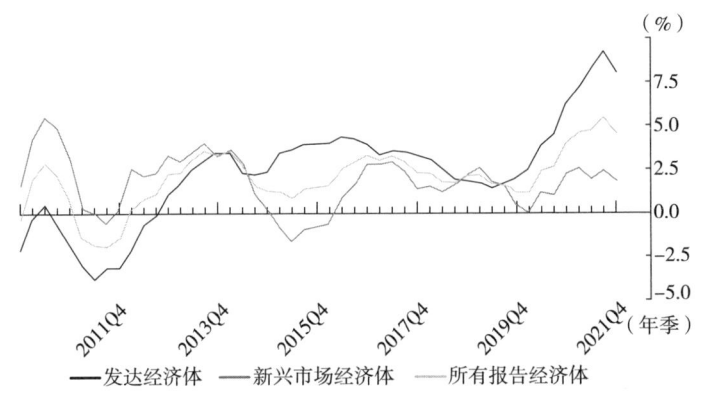

图4.9 2010年以来全球及主要经济体的实际房价总体走势（较去年同期）
资料来源：国际清算银行。

如果仅仅是经济周期转变过程中暂时出现高通货膨胀和经济减速，虽然也会给经济和宏观政策带来不少困难，但走出这种短期痛苦的代价不会太大，可能就是一次正常的经济衰退。如果运气好，甚至可能实现"软着陆"。但根据前文对20世纪70年代滞胀的描述，全球经济目前处于供给冲击和（很可能）错误的货币政策应对的组合之下，因此陷入持续滞胀的风险大大提高。

（二）供给侧的完美风暴

从供给侧看，全球经济正在面临短期和中长期供给冲击的完美风暴。就短期的供给冲击而言，主要来自两个方面。

一方面是新冠疫情的影响及其对全球产业链产生的短期冲击。新冠疫情暴发两年多以来，一直从各种层面影响全球产业链的正常运转。第一，各国为控制疫情所采取的措施对人流和物流都不可避免地产生了影响。图4.10是牛津大学新冠疫情政府应对追踪系统（OxCGRT）计算的政策反应强度指数所衡量的各国疫情防控程度。从五大主要经济体的情况来看，亚洲两国的防疫强度明显高于欧美国家，而且各国都保持着或高或低的疫情防控措施，仍未回到疫情前的状态。

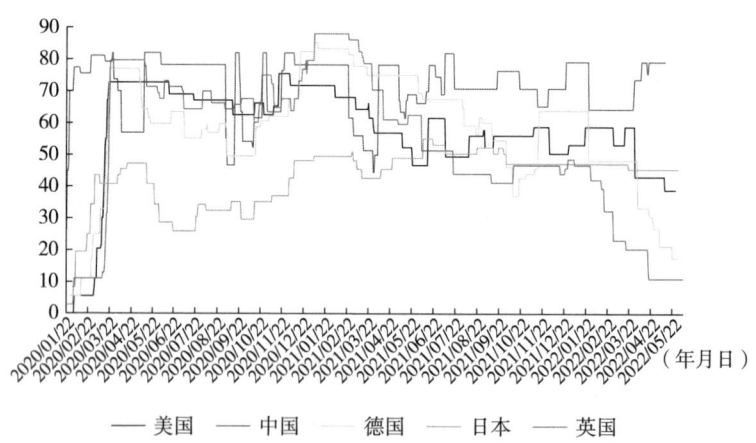

图4.10 五大主要经济体防疫政策强度走势

资料来源：OxCGRT。

第二，新冠疫情对劳动力市场产生了持久的影响。新冠疫情对劳动力市场造成的磁滞效应会在相当长的时间内影响劳动力供给，许多劳动力因为疫情退出劳动力市场或者推迟返回工作。以美国为例，相较于劳动力市场的旺盛需求，供给端增长乏力。2022年1月美国劳动参与率回弹至62.2%的疫情后高位，并在此后一直保持在62%之上。但与疫情前（2020年2月）63.4%的水平相比，美国的劳动参与率仍然存在一定的缺口（见图4.11）。与之相对应的是，企业面临劳动力短缺的困境，美国职位空缺率自2022年以来始终保持在7%及以上的历史高位，远高于疫情前（2020年2月）4.4%的水平。劳动力市场供需面临严重失衡，中短期内压力难以释放，将持续推升通货膨胀。

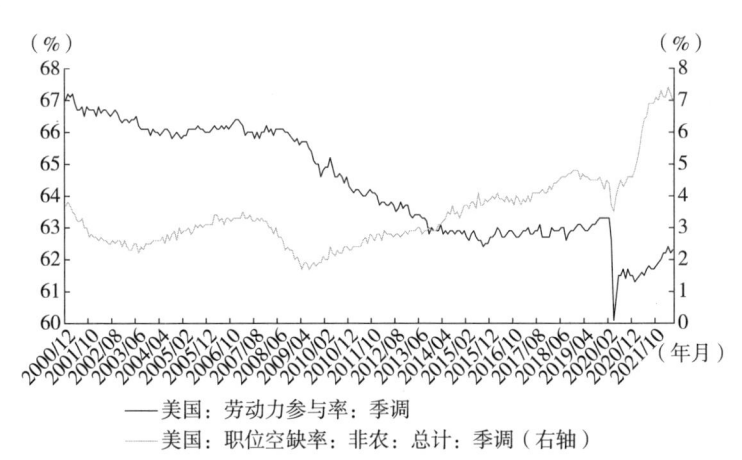

图 4.11 美国劳动参与率与职位空缺率走势

资料来源：美国劳工部。

第三，新冠疫情发生后集装箱短缺和港口拥堵等因素带来海运价格暴涨和时间拉长。疫情暴发导致全球运力吃紧，供需极度失衡使运价不断攀升。根据航运咨询公司德鲁里（Drewry）编制的世界集装箱运价指数（WCI）走势，疫情暴发后，全球集装箱运价持续飙升，并在2021年10月一度达到10 377.2的历史高点。近几个月来虽然有所回落，但也远高于疫情前的水平。从运输时间来看，由于疫情发生后各国采取各类防控及相关措施，所以全球主要港口都面临严重拥堵。Sea-Intelligence的数据显示，疫情暴发后，全球船舶的平均延误天数从疫情前的4天左右拉长至6~8天（见图4.12）。

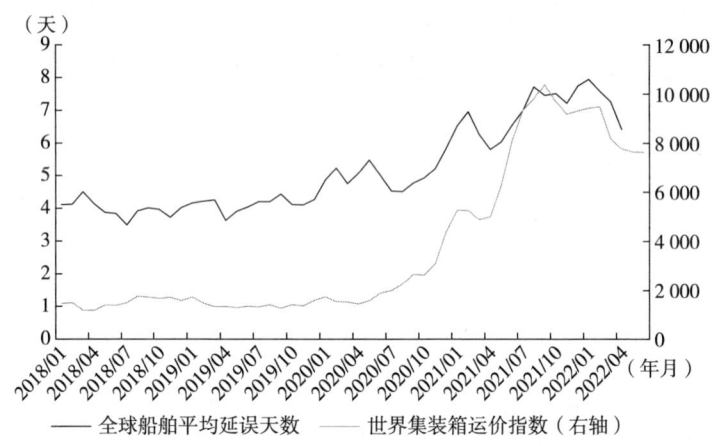

图4.12　2018—2022年全球船舶平均延误天数与中国国际航运费用走势
资料来源：Sea-Intelligence，Drewry。

第四，芯片短缺及其带来的广泛影响等。受新冠疫情冲击，全球芯片短缺压力从2020年中期开始出现。图4.13显示了Susquehanna Financial Group（萨斯奎汉纳金融集团）测算的全球芯片平均交付周期（芯片从订购到交付的时间），可以看出从2020年下半年开始交付周期明显拉长，2022年5月达到27.1周的历史高位，远高于疫情前15周左右的平均水平。芯片短缺的影响最先集中在汽车行业。随着2020年下半年封控解除，汽车行业的反弹快于预期，而疫情发生后，许多芯片提供商纷纷将原本汽车行业的闲置产能转向电子设备等行业，导致汽车行业面临严峻的芯片供给冲击。根据美国白宫一份报告（White House，2021）中的数据，芯片短缺会使全球汽车制造业在2021年的损失高达1 100亿美元，并导致汽车制造商减产近400万辆。与此同时，芯片短缺开始扩大到其他部门。全球有多达169个行业都在一定程度上受到了芯片短缺的打击，覆盖了包括钢铁产品、混凝土生产、空调制造、啤酒生产在内的诸多领域。

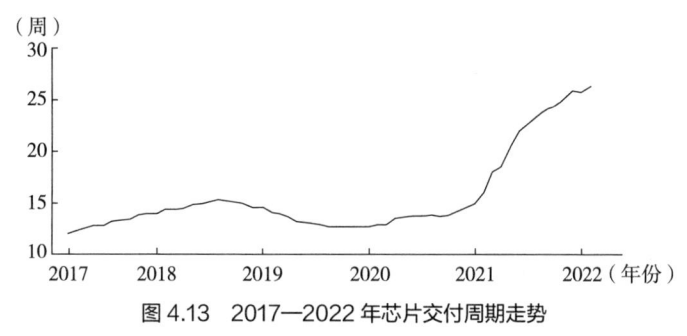

图4.13 2017—2022年芯片交付周期走势

资料来源：Susquehanna Financial Group。

综合来看，全球产业链在新冠疫情暴发后就一直处于较大压力。图4.14是纽约联邦储备银行发布的全球供应链压力指数，该指标汇集了27个变量，包括全球运输成本和来自七个经济体的区域制造业调查的数据，跟踪1998—2022年供应链压力的变化。该指数在疫情后急剧上升，并在2021年底一度达到4.38的峰值，直至2022年初全球供应链压力才有所缓解。由于俄乌冲突和新冠疫情的反弹延长了交货时间，该指数从3月开始又重新上升。这些对物价的影响都可以看成供给侧的冲击。正因为这些冲击看似都是因疫情而起，似乎也会随着疫情逐步消退而恢复正常，也一度让美联储等主要中央银行认为通货膨胀是暂时的。

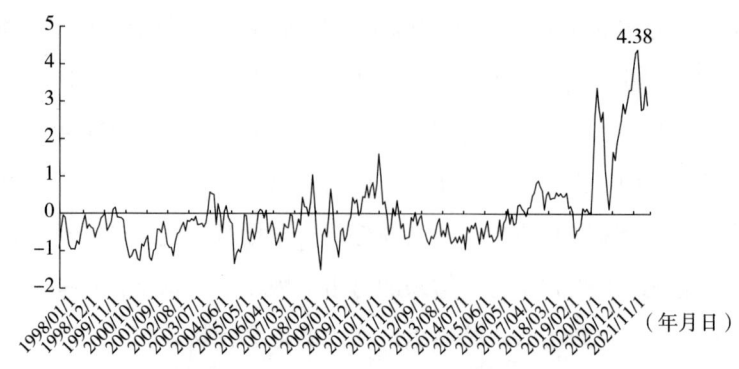

图4.14　1998年以来全球供应链压力指数走势
资料来源：纽约联邦储备银行。

另一方面是俄乌冲突引发的全球能源和粮食等问题。俄罗斯是全球主要的油气生产国之一，俄罗斯和乌克兰均是世界主要的粮食、油料作物、化肥及金属原料生产国与出口国。如图4.15所示，俄罗斯和乌克兰主要商品类别的出口份额占比均超过10%，天然气、小麦、大麦、钯等商品的出口在全球出口中的占比超过20%。

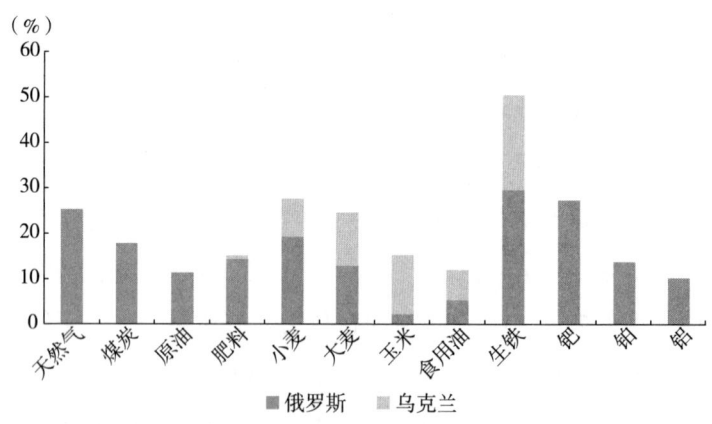

图4.15　2020年俄罗斯与乌克兰主要商品出口占全球总出口的比重
资料来源：世界银行。

部分国家对两国的进口依赖度极大。欧洲高度依赖俄罗斯的天然气和原油。根据欧洲统计局的数据，欧盟12%的石油和8%的天然气进口均来自俄罗斯。多国对乌克兰部分农产品的进口存在较大依赖。如表4.2所示，部分国家和地区从乌克兰进口的粮食在国内总进口中的占比超过50%，部分甚至达到80%~90%。俄乌冲突无疑加剧了全球短期能源和粮食的供给压力。

表4.2 2020年部分国家和地区对部分乌克兰农产品的进口依赖度

小麦		玉米		葵花籽油	
摩尔多瓦	91.8%	马达加斯加	89.0%	尼日尔	96.7%
黎巴嫩	81.2%	白俄罗斯	68.7%	肯尼亚	77.9%
卡塔尔	64.0%	立陶宛	67.7%	中国台湾	77.5%
突尼斯	49.3%	利比亚	64.3%	荷兰	76.7%
利比亚	48.3%	中国	55.8%	贝宁	76.2%
巴基斯坦	47.9%	荷兰	50.9%	阿联酋	75.6%
印度尼西亚	28.7%	突尼斯	50.5%	斯里兰卡	75.1%
马来西亚	26.2%	以色列	39.8%	摩尔多瓦	74.7%
埃及	25.6%	葡萄牙	38.6%	印度	74.4%
孟加拉国	25.2%	斯里兰卡	34.4%	卡塔尔	72.3%

资料来源：联合国粮食及农业组织。

俄乌冲突爆发后至2022年5月底，布伦特原油和欧洲天然气价格较2月分别上涨了17.4%和9.6%，5月单月同比增长分别为235%和65.2%。从主要粮食的价格走势来看，全球（软）小麦、玉米和大麦的价格在3月均出现两位数的环比高速增长（见表4.3），欧盟同类农产品价格的增幅甚至还要高出世界平均水平10%以上。4月环比增幅虽然大幅回落，但同比增速仍然远高于俄乌冲突爆发前的水平。

表4.3　2022年2—4月欧盟和全球主要农产品价格环比与同比变化

种类	欧盟主要粮食价格变化						全球主要粮食价格变化					
	2月		3月		4月		2月		3月		4月	
	环比	同比	环比	同比	环比	同比	环比	同比	环比	同比	环比	同比
软小麦	−1%	19%	40%	65%	2%	78%	2%	33%	33%	63%	−3%	56%
硬小麦	−7%	59%	−2%	58%	−2%	63%	3%	20%	26%	77%	3%	79%
玉米	3%	16%	43%	61%	−4%	59%	6%	18%	15%	36%	4%	31%
大麦	2%	23%	42%	74%	1%	90%	1%	21%	31%	62%	−2%	65%

资料来源：欧盟理事会。

2022年6月8日，联合国秘书长全球危机应对小组（GCRG）发布第二份关于粮食、能源和金融体系的最新报告。报告指出，粮食、能源和金融渠道之间也开始相互作用，形成恶性循环。譬如更高的能源价格（特别是柴油和天然气），加剧了化肥和运输成本，两者推升粮食生产的成本，导致农业产量下降，甚至进一步强化了食品价格的上涨，这些又加剧了整体的通货膨胀趋势。总的来说，这一轮原油、天然气和粮食价格的上涨，与触发20世纪70年代滞胀的石油危机和粮食危机相比毫不逊色（见图4.16）。

但更让人担心的可能是，从中长期供给侧的图景来看，情况更加不容乐观，这里至少有六个方面的原因。

第一，全球生产率的增长已经持续多年放缓，目前尚未看到逆转的力量。图4.17描述了全球范围内的生产率走势。可以看到，2008年全球金融危机爆发以来，不管是发达经济体还是新兴经济体，生产率增长均陷入急剧、全面的放缓，且连续多年处于低迷之势（Dieppe，2021）。对于全球生产率放缓的具体原因有很多解释，但似乎没有理由认为这一趋势在新冠疫情后会发生根本变化。

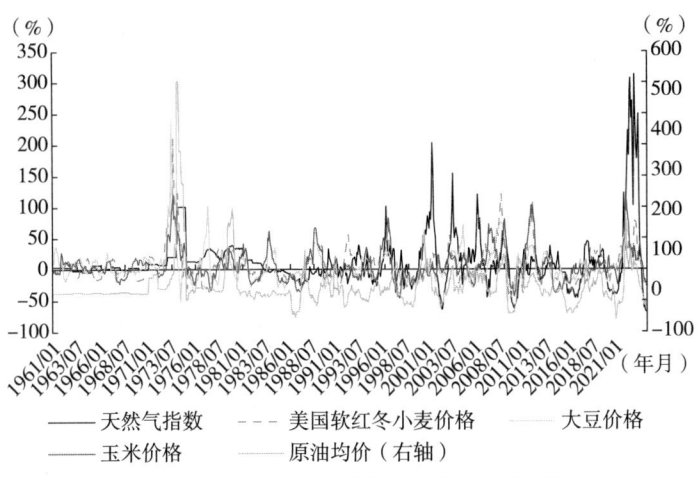

图4.16　1961—2022年主要能源和粮食价格同比增长趋势

资料来源：世界银行。

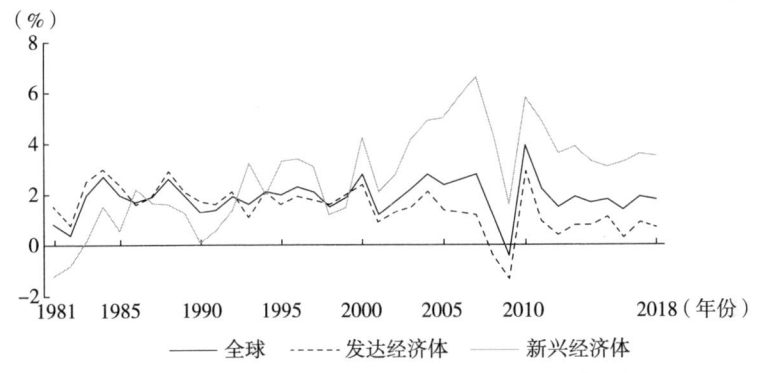

图4.17　全球、发达经济体和新兴经济体的生产率走势

资料来源：Dieppe（2021）。

第二，全球化自2008年之后就开始变缓，这一趋势还将继续，目前还有去全球化的动向。全球化从二战后开始酝酿，并在20世纪80年代加速发展，但在2008年全球金融危机后大幅放缓甚至逆转，《经济学人》将这一现象称为"慢球化"。图4.18从贸易开放度的角度衡量了全球化的进程。可以看到，全球贸易

开放指数在 2008 年经历了二战以来的首次下滑并一直延续至今。安特拉斯（Antras, 2020）指出，全球化的放缓和逆转体现在多个方面，不仅包括贸易，也包括全球价值链相关的贸易和跨国投资收缩，甚至包括跨境资本流动的放缓。新冠疫情的暴发无疑进一步冲击了以跨境贸易和全球价值链联系为代表的全球化进程，全球化放缓似乎仍将继续，甚至可能出现去全球化。

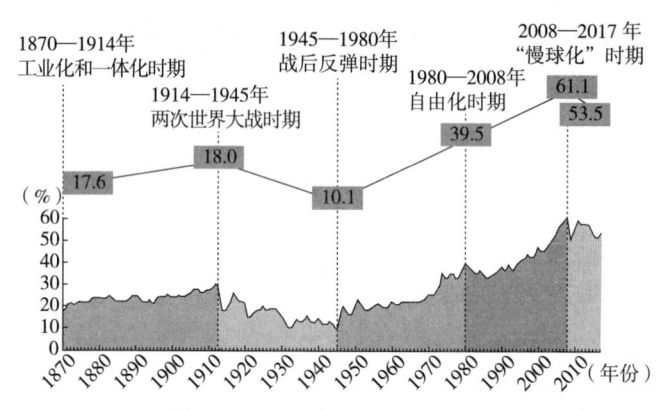

图 4.18 1870 年以来的全球化趋势

资料来源：PIIE, Our World in Data。

第三，全球贸易和技术体系的碎片化。首先，区域贸易协定层出不穷，部分贸易安排基于地缘政治考虑而非经济考量。达杜什（Dadush, 2022）指出，中美之间不断加深的地缘政治和安全分歧、WTO 争端解决机制失效以及成员一再对规则的破坏，使世界各国纷纷诉诸 WTO 以外的其他安排以寻求贸易关系的可预测性。例如，《区域全面经济伙伴关系协定》（RCEP）正式批准后，拜登政府在 2022 年推出"印太经济框架"，试图在亚洲地区形成一个将中国排除在外的新贸易区，意在把控亚太地区的经贸主导权。1948—2021 年正在生效的区域贸易协定及相关走势见图 4.19。

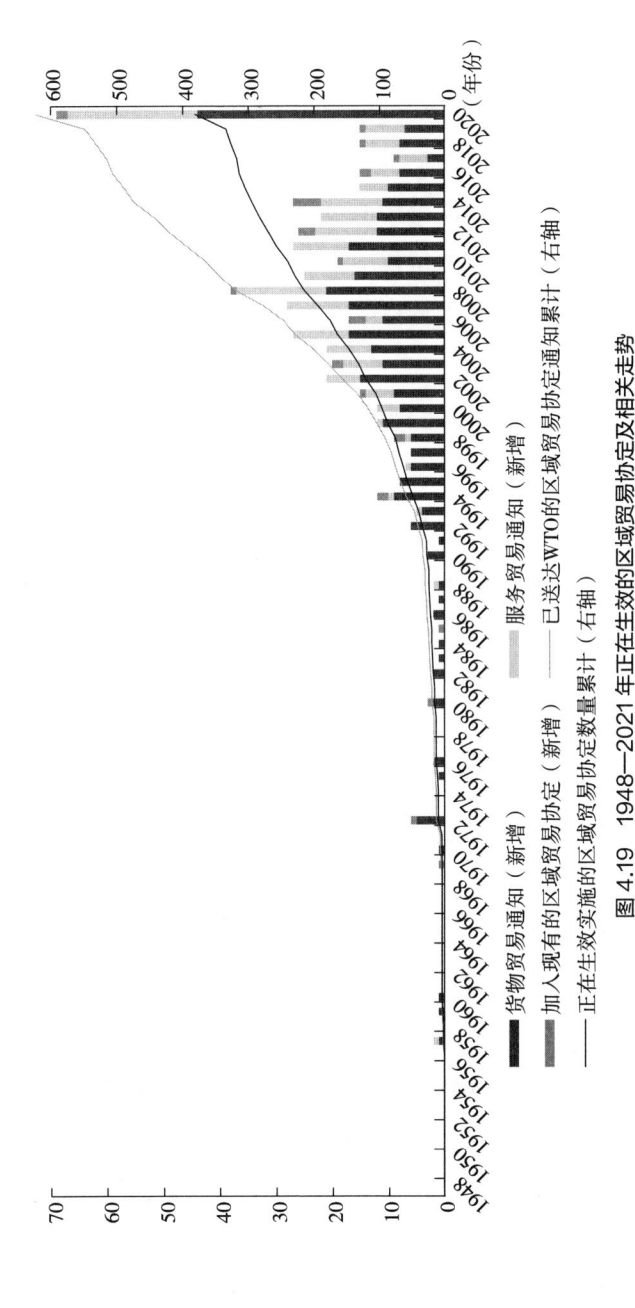

图 4.19 1948—2021 年正在生效的区域贸易协定及相关走势

资料来源：WTO, Regional Trade Agreements Information System。

其次，新冠疫情暴露了全球产业链和供应链过度集中的脆弱性，越来越多的国家和企业的供应链决策开始更基于安全而非效率的考量。具体体现为两个方面的特征：一方面，全球供应链从原来以"即时管理"（Just-in-Time）为基础，向强调"以防万一"（Just-in-Case）模式转变，区域化、近岸化和本土化特征凸显，客观上提高了生产过程中原材料、生产运输和劳动力等各类成本；另一方面，俄乌冲突的爆发使地缘政治因素在供应链决策中的地位更趋突出。近期，西方国家大力鼓吹"友岸外包"，敦促跨国企业将更多业务转向友好国家，以保障重要原材料和零部件的供给渠道，这不仅意味着西方国家将面临结构性的物价上涨和利润下降，还将进一步加剧全球经贸体系的分化。

最后，以美国为首的西方国家近年来在制裁和贸易摩擦中越来越频繁地采用出口管制与技术封锁。譬如在近期的对俄制裁中，美国商务部大幅扩充"外国直接制造产品规则"（FDPR），在军工及其他核心技术方面对俄实施再出口管制，并限制第三方主体向俄出口含有美国成分的技术和设备。该规则最早在2020年5月被用于对华为的制裁，也是中美在5G（第五代移动通信技术）领域竞争日趋白热化的一个缩影。自2018年以来，美国对华为、中兴密集实施技术制裁，以期对中国的5G实现全方位的封锁和打击。2021年，美国总统拜登召开"半导体联盟"会议，试图建立一个没有中国参与的芯片开发制造体系，从而在高科技领域与中国进行切割。频繁且不断升级的制裁，也对全球技术贸易造成显著冲击。根据世界银行的数据，2019年，全球高技术出口从2018年的2.91万亿美元下降至2.85万亿美元。而在此前两年，全球高技术出口同比增长分别高达19.47%和9.19%。

无论是贸易、供应链还是技术，将安全与政治考量置于经济效率之上，势必造成全球经贸和技术体系的碎片化，全球生产率和经济增长也将受到不可逆转的冲击。世界贸易组织 2022 年 4 月的一份报告指出，由于俄乌冲突的溢出效应，地缘政治因素驱动的贸易体系渐趋分散化。在最极端的情形下，即世界经济永久性地分化为两大集团，在未来 10~20 年，全球经济产出损失将达到 5%，相当于约 4.4 万亿美元。

第四，人口老龄化。从图 4.20 可以看出，当前全球面临较严峻的老龄化形势，全球 65 岁及以上人口的占比已经从 1960 年的 4.97% 上升至 2020 年的 9.32%。主要发达经济体的老龄人口占比基本超过 15%。古德哈特在《人口大逆转》一书中表示，当大量人口进入劳动力市场时，对供给的促进超过对需求的提升，是一个去通货膨胀的力量。但当人口老龄化导致越来越多的人口退出劳动力市场时，这种动态将反转——对供给的拖累超过需求的下降，因此是一个抬升通货膨胀的力量。

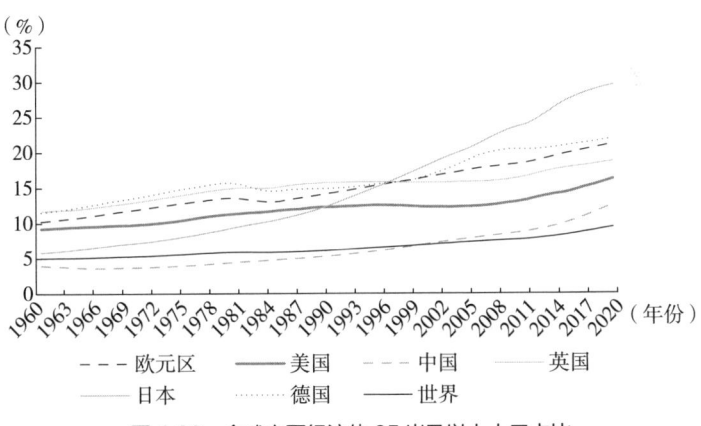

图 4.20 全球主要经济体 65 岁及以上人口占比

资料来源：世界银行。

第五，低碳转型。低碳转型的本质是能源转型。在重大技术尚未实现突破时，过渡时期将面临类似能源价格冲击的效果。以电力行业为例，虽然从单位成本来看，太阳能和风能已经实现了"电网平价"，即每千瓦时的发电成本和传统能源相差无几。国际可再生能源署甚至表示，风力发电成本比最便宜的煤电成本还要低 20%~27%。但若考虑到供电系统的稳定性，不管是调峰所需要的传统能源，还是大规模地增加储能电池供应，都大大增加了运行成本，导致绿色溢价为正。米尔斯（Mills，2021）估算，若要达到传统机器所需的电量并持续数年，需要的太阳能、风能和电池组合的投资成本大约是传统电力的 3 倍。仅在美国电网层面，12 小时电量的存储成本就将达到 1.5 万亿美元左右。若效仿德国的做法，即保持大致相同的常规发电的影子电网作为备份，这种解决方案的成本也相当高昂。反映在消费端，德国普通居民的电费要比美国普通居民高出 300%。这也意味着，若没有革命性的技术进步，各国在能源转型过程中将持续面临结构性的通货膨胀压力。

第六，中国的经济转型。过去 20 年，中国融入全球经济并实现快速增长，生产率大幅提升，并逐步奠定了世界工厂的地位。中国的崛起也是全球供给增加和生产率提升最重要的来源。如图 4.21 所示，中国在全球贸易和 GDP 总量中的占比从 2000 年的 2.57% 和 3.6% 上升至 2020 年的 11.5% 和 17.4%，同期人均 GDP 相较世界平均水平的比值从 17.3% 上升至 95.6%。2019 年，中国制造业产出在全球的占比从 2004 年的 8.7% 上升至 28.7%，比第二名的美国高出将近 12 个百分点。近年来，中国正在经历从高速增长向高质量增长的经济转型，产业重心从制造业转向服务业（张斌，2021），增长驱动从出口导向转向内需拉动。这也意味着，虽然中国对世界经济的影响仍然举足轻重，但很难像过去 20 年那样迅速提高全球供给和生产率，稳定全球物价的能力边际上逐步减弱。

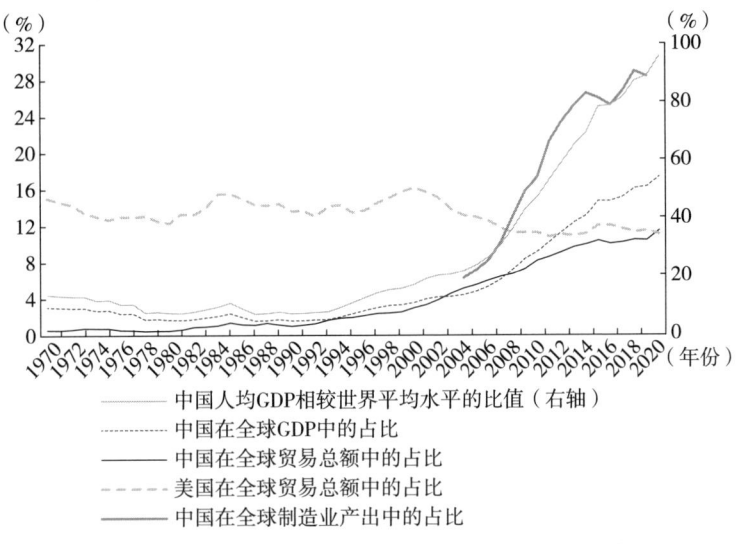

图 4.21　1970—2020 年中国在全球经济中的影响力走势

资料来源：世界银行。

上述这些短期和中长期的因素事实上形成了一个对增长和通货膨胀负面冲击的完美风暴。如果说 20 世纪 80 年代中期以来到全球金融危机时期的全球经济是一个顺风航行的状态，所以才为"大缓和"创造了适宜的条件，那么未来相当长的时间里，全球经济可能都要处于逆流而上的状态。滞胀并非必然会到来，前提是货币政策不能重新犯 20 世纪 70 年代的错误。但至今为止的迹象似乎是，主要发达经济体的中央银行行动迟缓，这就使滞胀的风险大大增加。

（三）（很可能）错误的货币政策应对

尽管现在断言主要发达经济体，特别是美联储，会重复20世纪70年代的错误可能有点武断，但至少到目前为止的各种迹象并不能让人感到乐观。这里面有货币政策框架的问题，有实际操作的问题，也有客观上的限制条件，使美联储等中央银行即使在主观上有决心避免错误，在客观上也未必能真正实现。

从货币政策框架上说，主要中央银行刚刚用上打上一场战争的兵书。全球金融危机之后，主要发达经济体的中央银行面对的主要矛盾是"低增长、低通胀"的长期停滞状态，是传统货币政策工具的空间面临零利率下限的局限，是各主要发达经济体的通货膨胀水平长期低于各中央银行的通货膨胀目标的现状（见图4.22）。因此，新冠疫情发生前主要发达经济体的中央银行担心的不是过高的通货膨胀，而是无论采取怎样宽松的货币政策，都几乎没有通货膨胀。经济虽然一直在复苏，但看上去总是不温不火。货币政策最担心的是没有足够的政策空间和手段来刺激经济以避免通货紧缩。

为此，美联储和欧洲央行在过去几年都进行了货币政策框架审查，并且对原来的货币政策框架进行了调整。美联储把通货膨胀目标由"2%"变成了"平均2%"，欧洲央行把通货膨胀目标由"接近但低于2%"变成了"以2%为中心"的对称目标。这些看似技术性的微调，实际上是重大的货币政策框架调整，特别是美联储的政策框架。美联储的本身用意是在通货膨胀持续低于目标时，可以采取更为激进的政策并容忍一段时间更高的通货膨胀水平。正是在这样的货币政策框架下，美联储在2021年看到通货膨胀上行的迹象时，不仅没有紧张，反而认为这是平均通货膨胀目标制下的应有之义，所以就应该按兵不动。结果事实是美联储远远落后于通货膨胀曲线，而且面临着非常尴尬的境地——公开放弃平均通货膨胀制会造成新的市场困惑，坚持平均通货膨胀制已经不可能。对美联储这样的中央银行，如果说不清楚自己的货币政策框架是什么，影响会相当致命。

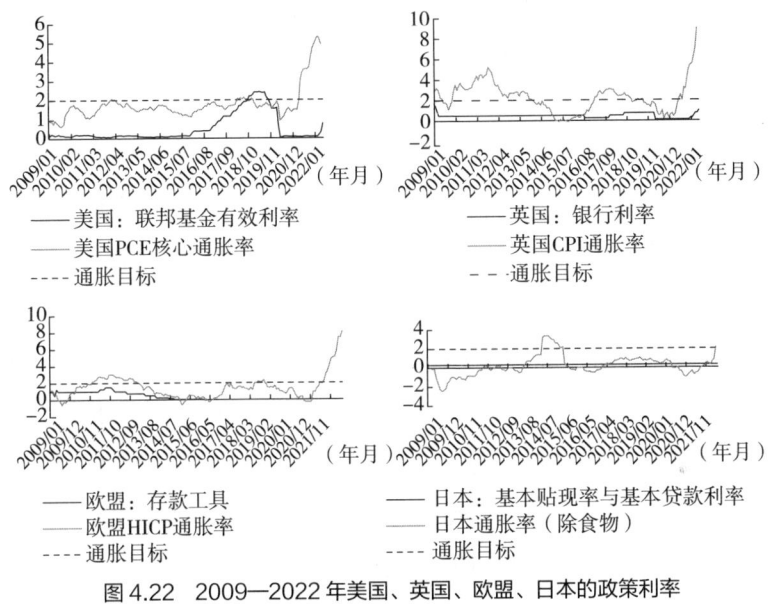

图4.22　2009—2022年美国、英国、欧盟、日本的政策利率和中央银行关注的通货膨胀率

注：HICP表示调和消费价格指数。
资料来源：圣路易斯联邦储备银行，美国经济分析局，英格兰银行，英国国家统计局，欧洲央行，日本银行，日本统计局。

从政策实践看，主要发达经济体的中央银行高度滞后于通货膨胀。面对40年来最高的通货膨胀，美联储直到2022年3月还在继续进行量化宽松并维持零利率，欧洲央行决定7月才停止量化宽松然后加息25个基点。主要发达经济体的中央银行中走在最前列的英格兰银行，目前的政策利率也仅为1%，而英国的通货膨胀水平目前是9%。尚未面对通货膨胀冲击的日本银行则仍在坚持高度宽松的货币政策和收益率曲线控制。尽管多数主要发达经济体的中央银行都在收紧货币政策或者即将收紧货币政策，但实际的情况是，这些经济体的实际政策利率都高度为负，因此货币政策只是从极度宽松变成了高度宽松而已，类似于把脚从油门上稍稍抬起，踩的还是油门而不是刹车。用更数量化的方式看这个问题，如果把2022年5月美国的联邦基金利率与基于泰勒规则测算的政策利率进行比较，联邦基金利率比基于泰勒规则的利率要低600~700个基点。上一次美联储在面临高通货膨胀时还在大脚踩油门是什么时候？对了，是20世纪70年代的滞胀时期。

从现实约束看，主要发达经济体的中央银行较快收紧货币政策面对更多掣肘。有一些乐观的观点认为，只要美联储等中央银行拿出一点点沃尔克在20世纪70年代末和80年代初的勇气，通货膨胀并不难控制。现实情况是，主要发达经济体的中央银行收紧货币政策面临的约束要远高于沃尔克所面对的情形。

例如，美国联邦政府的净债务大约为20万亿美元，家庭的住房按揭贷款大约有11万亿美元，这两项加在一起相当于GDP的约150%。美国的利率中枢每上升1个百分点，联邦政府要增加2 000亿美元的利息支出，占GDP的1%。家庭要为房贷多支付1 000亿美元的利息，而且新的购房需求也会受到影响。欧洲央行面临的困境更为复杂，欧元区的利率中枢如果上升1%，意大利等经历过欧债危机的国家的利率水平会上升更多，欧元区可能面临新的内部分化和市场分割，而欧洲央行任何试图消除这种市场分割的努力，又很可能与对抗通货膨胀的措施存在矛盾。这些中央银行加息和缩表可能伴随金融稳定风险，金融市场和外汇市场波动，资本流动的异动和对新兴经济体的溢出效应与反溢，都会对主要发达经济体的中央银行收紧货币政策造成现实的约束，收紧货币条件可能远没有想象中简单。

（四）如果这一次不同

有观点认为，当前尚不构成经典的滞胀情形。一方面，近年来全球能源强度大幅下降，削减了供给端的冲击。另一方面，对比20世纪70年代，美国的通货膨胀预期尚未出现失控现象，经济基本面也相对强劲。针对当前的通货膨胀形势，美联储等中央银行也有能力通过及时作为控制风险。在这一类观点看来，本轮全球通货膨胀尚难演变为典型意义上的滞胀情形。

第一，能源强度在过去50多年里大幅下降，稀释了能源价格冲击的不利影响。能源强度是指能源消耗与产出的比重，可以用来衡量能源综合利用效率和经济体对能源的依赖度，也可以用来衡量能源价格波动对于整体通货膨胀水平的影响程度。能源强度越高，意味着能源供需变化对整体经济的影响越大，能源价格波动对核心通货膨胀的传导效应也越强，反之亦然。

20世纪中期至今，得益于生产效率提升、产业发展和清洁能源利用等因素，全球整体能源强度急速下降。如图4.23所示，截至2020年，全球的单位GDP能耗量仅为15千瓦时/亿美元，远低于20世纪70年代119千瓦时/亿美元的年均水平。特别是石油的能源强度在过去50多年里大幅下降，1970年的年均水平为 178 千瓦时 / 亿美元，到 2020 年仅为 6 千瓦时 / 亿美元。这也意味着，相较于 20 世纪 70 年代，能源价格冲击对通货膨胀水平和经济的影响程度已大幅削弱。

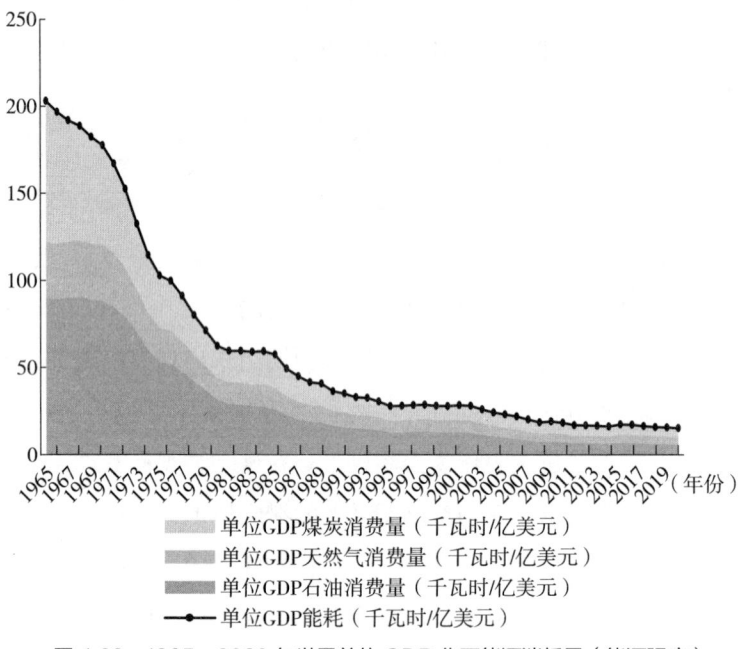

图 4.23　1965—2020 年世界单位 GDP 化石能源消耗量（能源强度）

资料来源：BP Statistical Review of World Energy，联合国人口机构，世界银行。

第二，当前的通货膨胀预期相较 20 世纪 70 年代仍然比较稳定，且主要发达经济体的中央银行已经建立了反通货膨胀的信誉。从前文图 4.5 美国 10 年期通胀保值债券盈亏平衡通货膨胀率走势来看，虽然 2022 年以来有所上升，但总体仍然低于 3%，说明金融市场的通货膨胀预期仍然较好地被锚定。从图 4.24 密歇根大学调查的通货膨胀预期值可以看出，近一年多来，美国的通货膨胀预期虽然有所上升，从 2020 年 12 月的 2.5% 上升至

2022年4月的5.4%，但从幅度来看，相较于20世纪70年代末通货膨胀预期超出10%的失控走势，目前的通货膨胀预期尚未失控。最为重要的是，美联储等主要发达经济体的中央银行自20世纪80年代以来建立了良好的反通货膨胀机制，市场信誉良好，使这些中央银行有较高的概率不用太大的代价就能控制住通货膨胀。

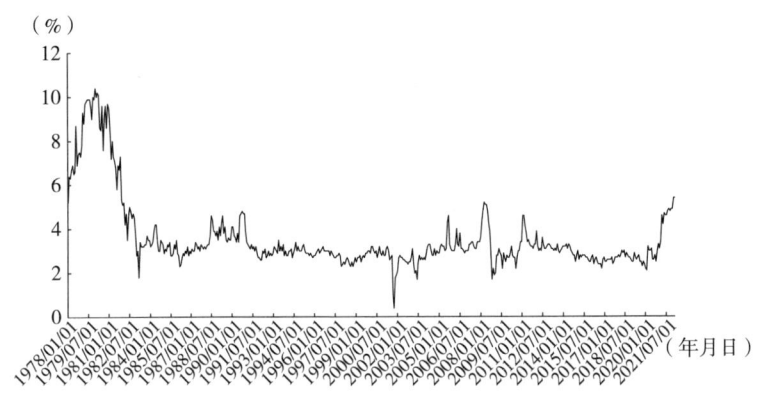

图4.24　1978—2021年美国通货膨胀预期走势

资料来源：密歇根大学，圣路易斯联邦储备银行。

第三，当前美国的基本面良好，短期来看尚无"滞"的风险。如图4.25所示，不同于20世纪70年代两次石油危机时期美国经济"高通胀"和"低（负）增长"并存，美国经济近期的表现则呈现出有"胀"无"滞"的特征——虽然通货膨胀从2021年下半年开始急速上升并连续8个月超过5%，但经济仍保持强劲增长，2022年第一季度增速较前三个季度略有放缓至3.5%，但仍远高于2019年第四季度的2.6%。总体来看，美国目前的基本面表现较为强劲，居民资产负债表比较健康，劳动力市场火爆，仍有保持一段时间增长的潜力。

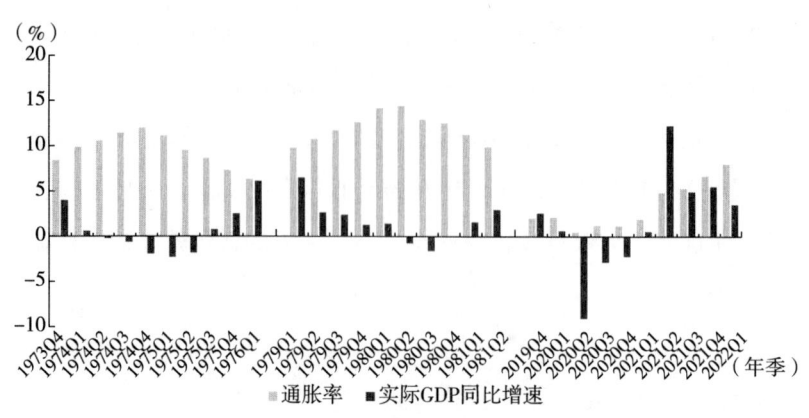

图 4.25　两次石油危机时期及近期通货膨胀和实际 GDP 增速走势（季度）
资料来源：美国经济分析局，美国劳工部。

以上这些原因都有道理，也说明滞胀并非必然发生。但近期的数据和金融市场动向似乎都在提示，滞胀的风险不能忽视。

三、影响和政策建议

如果主要发达经济体陷入滞胀，会通过多种渠道对我国产生影响，因此必须早做准备。

第一，我国会面临输入型滞胀风险。我国是能源、大宗商品和农产品的重要进口国，深度融入全球产业链，输入型滞胀风险很高。我国经济很可能正在面对资产负债表受损的宏观扩张乏力局面，输入型滞胀会进一步加剧我国宏观经济管理所面对的复杂情况，并限制宏观政策空间。

第二，新兴市场经济体面临资本外流、汇率贬值和债务压力，间接影响我国。主要发达经济体为应对滞胀风险需持续加息。全球持续多年的低利率环境很可能切换为未来几年相对较高的利率环境，这将导致许多新兴市场经济体一边要面对滞胀的情况，一边还可能发生资本外流、汇率贬值乃至债务危机。我国是最大的新兴市场经济体，不排除会感受到类似的压力。同时，参与共建"一带一路"的国家和我国周边的国家多是发展中国家，这些国家出现问题会影响我国对外债权和投资的安全，我国还会面对更多对外重组债务和提供新融资的诉求。

第三，一些国家社会分化加剧，甚至发生社会动荡，我国外部环境更加复杂化。滞胀情况下，一边是经济增长乏力，失业增加；另一边是各种商品和服务价格上涨，居民实际收入下降，储蓄缩水。这种状态如果持续一段时间，社会中相当一部分人群会受到严重的负面影响，并引发社会问题。一些国家会出现社会分化加剧甚至社会动荡的情况，使我国面临更加复杂和难以预测的外部环境。

第四，民粹主义和逆全球化可能会加速。美国不少政客已经试图把通货膨胀的缘由归于国外因素（例如俄乌冲突、中国的疫情防控措施等），或者归于公司的贪婪、垄断或者逐利行为（例如石油公司和航运公司的暴利）。如果真的发生滞胀，为平息民众的不满，同时又面临缺少较好办法的情况，民粹主义的政策和逆全球化的做法很有可能会加速抬头，这些做法最终是饮鸩止渴，将会加剧滞胀，但在短期却可能成为西方政客的权宜之计。

鉴于滞胀会带来较为严重的负面影响，而且滞胀发生的可能性已经不能忽略，有必要在政策上做好应对准备。

一是抓住未来6个月左右的时间窗口，加大宏观政策力度，全力稳住国内经济大盘。当前我国通货膨胀水平温和，出口继续保持增长，汇率双向浮动，跨境资金流动基本平衡。美国等国的通货膨胀水平虽然较高，但经济仍然处于扩张状态。这种比较适宜的国内外经济环境使我国可以相对从容地运用宏观政策。应该充分利用当前这个仍然相对有利的时间窗口，逆周期的宏观政策要加大力度，财政政策可考虑追加支出，货币政策应更注重价格工具，同时酝酿出台针对资产负债表受损的专门政策，全力稳住国内经济大盘。

二是保持人民币汇率的灵活性，同时密切监测资本流动的异常情况。当前，人民币汇率有序调整，双向浮动，发挥了国际收支自动稳定器的作用，汇率的波动起到的是稳定经济大盘的作用。未来一段时间，各种国内外的扰动会比较多，但方向和强度难以判断，应该允许人民币汇率根据这些力量的推动自主调节，自动平衡国际收支。同时，也要充分意识到汇率如果过度或者无序波动会带来不稳定，密切监测资本流动的异常情况，防止羊群效应和踩踏行为。

三是探索更多多边债务重组机制。新冠疫情、主要发达国家中央银行收紧货币政策、能源和粮食价格大幅上涨以及可能发生的滞胀，有较高概率会引发部分新兴市场和发展中国家的债务危机，债务重组难以避免。现有的多边债务重组机制虽然不是我国参与建立的，但有着进行债务重组的成熟做法和诸多经验，也为国际货币基金组织、世界银行等我国作为主要成员的多边机构所认可。我国可以探索更多多边债务重组机制，并充分利用多边机制下赋予的双边谈判的灵活性，趋利避害，维护国家利益。

四是要充分考虑我国在全球重要商品市场的系统重要性。我国是全球最大的农产品生产国和消费国，是全球最大的原油进口国，是全球许多大宗商品的最大买家，也是全球最大的制造品出口国。因此，我们在采取稳定国内供应和物价措施时，要充分考虑我国的系统重要性，注意可能的外溢效应和回溢影响。

五是继续坚定推动改革开放。解放和发展生产力是对冲滞胀最为根本的办法。我国一方面面临着从高速增长向高质量增长的转型需要；另一方面处于世界百年未有之大变局中，外部环境复杂严峻。但只要坚持改革开放，坚持做好自己的事情，我们就能最大限度地释放改革红利，提高生产率，促进技术进步，最终推动中国经济行稳致远，并带动全球经济远离停滞和通货膨胀。

05

多重因素引致全球经济滞胀风险[①]

全球金融危机以来，虽然主要经济体的中央银行采取了前所未有的非常规宽松货币政策，但经济复苏缓慢，政策效果远逊于预期。2013年，美国前财政部长萨默斯重新提出了由汉森于1939年首创的长期性停滞假说，引起各方高度重视。世界经济进入以"低增长、低通胀、低利率"为特征的"新常态"（New Normal），并引发了"新中性"（New Neutral）、"新平庸"（New Mediocre）等关于经济态势的广泛讨论。然而，自新冠疫情在全球暴发以来，高通货膨胀不期而至，全球增长动力愈显不足。国际货币基金组织已在2022年多次下调全球经济增长预期，同时上调通货膨胀预测并重申高通货膨胀预计将持续更久。由于总需求政策偏误和供给冲击叠加，全球经济很可能再次陷入"低增

---

① 本文作者：李宏瑾，CF40青年论坛会员，中国人民银行研究局处长。本文发表于《中国社会科学报》，2022年10月19日。

长、高通胀"的长期滞胀困局。

一、欧美新货币政策框架放任通胀高企

新冠疫情暴发后，在财政政策和货币政策双扩张的共同推动下，欧美发达经济体快速复苏，财政政策重新在宏观调控中发挥更大的作用，这与全球金融危机后主要依赖货币扩张的政策应对完全不同。由于新冠疫情对经济社会造成了全方位冲击，各方很容易就经济刺激方案达成共识。2020年，美国财政预算赤字率从2019年的4.6%迅速上升至14.9%，政府部门杠杆率也从2019年的103.6%上升至131.5%。类似地，2020年欧元区、日本的赤字率也由上一年的0.64%、3.03%分别上升至7.21%、8.95%。正是在强有力的财政刺激下，美国居民和企业资产负债表所受冲击较小，针对家庭和小企业的财政补贴措施极大地促进了消费需求扩张和物价上升。随后，各国财政刺激明显减弱，消费需求日渐放缓。2021年和2022年，美国财政预算赤字率分别降至12.4%和5.8%，2021年末，政府部门杠杆率也降至122.2%。类似地，欧元区、日本2021年财政赤字率也分别降至5.47%、7.42%。同时，受政治等因素的干扰，美国财政刺激空间明显受限。2022财年美国财政预算支出为6万亿美元，较2021财年下降1.2万亿美元。随着财政刺激力度下降和各项补贴政策逐步退出，再加上物价高企，作为美国经济最主要支撑的家庭消费需求明显放缓。2022年3月以来，美国零售和食品服务总额同比增速降至个位数，7月季度环比增速出现年内首次下降，8月仅环比增长0.29%。

基于全球金融危机应对经验并为财政刺激融资，主要中央银行应对行动更果断，政策力度更大。不过，出于对长期性停滞和持续低利率束缚货币政策空间的担忧，欧美发达经济体的中央银行都对货币政策框架进行了广泛审查，进而采用更加重视就业、提高通货膨胀容忍度等新的货币政策框架（如美联储的平均通货膨胀目标制，欧洲央行的对称性通货膨胀目标）。由此，以美联储为代表的主要中央银行都有意无意地忽视了通货膨胀风险。

在通货膨胀已显现苗头的2021年初，美联储始终认为通货膨胀是"暂时"的，当年6月CPI持续上升，美联储仍坚持将通货膨胀高企归咎为疫情冲击导致的商品成本上升。直至2021年底通货膨胀形势已非常严峻，美联储才不得不开始政策转向，2022年3月和6月开始分别加息、缩表。但欧美劳动力市场已呈现工资–价格螺旋上升态势，中央银行政策紧缩步伐已远远落后于通货膨胀上升速度，而在新的货币政策框架下容忍高通货膨胀，将不可避免地进行政策超调。20世纪70年代"大通胀"的经验表明，中央银行瞻前顾后的政策立场，只能导致政策的时间不一致性问题更加突出和物价更快上涨。为了重塑政策信誉，中央银行只能以更大的成本来治理通货膨胀，而这很可能以经济衰退为代价。

二、全球供给端冲击异常加剧滞胀风险

一是疫情冲击和俄乌冲突加剧全球供应链危机。疫情暴发直接影响跨国跨境货物运输和仓储保管，以海运为代表的物流成本急剧上升，对全球供应链造成巨大冲击，供求失衡导致物价大幅

上升。此外，俄罗斯是全球最主要的大宗商品出口国，乌克兰则是世界农产品主要出口国，两国的持续冲突给国际能源和粮食市场带来巨大冲击，并直接影响了全球能源安全，天然气价格暴涨导致输入型通货膨胀高企，几乎是20世纪70年代两次石油危机的重演。

二是经济全球化倒退趋势加快。20世纪80年代以来，经济全球化进程明显加快，以中国为代表的广大新兴经济体融入世界市场，各类生产要素资源在全球范围内优化配置，极大促进了生产率的提高，对抑制发达经济体通货膨胀发挥了重要作用。不过，经济全球化收益在各国内部的分配并不均衡，发达经济体收入分配失衡和阶层差距拉大导致反经济全球化的民粹主义兴起。特别是全球金融危机进一步加剧了阶层分化，全球货物和服务贸易总额占GDP的比重在2008年达到60.7%的高点后明显回落，2020年已降至52.1%。2020年以来的新冠疫情暴发和俄乌冲突则进一步加剧了这一倒退趋势。经济全球化倒退意味着生产要素在全球配置和流动的成本将明显上升，各国都不得不努力寻求供应链本地化，以保证经营更具弹性。同时，这意味着随着国际分工优势消失和市场竞争下降，资源配置效率将进一步恶化，商品成本则明显上升，从而导致各国经济增速下降和商品价格大幅上涨。

三是人口和劳动力市场结构持续恶化。人口老龄化对经济社会发展的负向冲击是很多发达经济体面临的严峻问题。随着高等教育的日益普及，人力资本积累的速度明显放缓，进一步制约了经济增长潜力。除了人口数量和质量的变化，劳动力市场结构也发生了明显变化，劳动参与率和工作时间的下降趋势不利于产出和物价稳定。20世纪90年代中期以来，美国女性劳动参与率呈持续下降态势，男性劳动参与率也随着"婴儿潮"一代进入退休阶段而逐步下降。同时，全球金融危机以来，全球平均工作时间明显减少，人口数量对经济的影响进一步恶化。劳动力供给减少将推升工资报酬，养老保障支出增加将加大社会福利支出负担，不利于生产率提升，这都将导致全球经济增长放缓和物价水平上升。

四是应对气候变化政策的短期冲击。为实现碳中和目标，主要发达经济体采取了大量应对气候变化的政策，欧洲央行还将气候变化因素纳入新的货币政策框架，在公司债券购买、抵押品框架、信息披露要求和风险管理方面采取相应措施。不过，一方面，在技术尚未取得重大突破的情况下，为实现既定碳中和目标需要进行大量投资并替代尚未达到使用年限的资产，创新性技术应用在短期内可能给产出带来较大负面影响。另一方面，碳排放权交易或碳税等价格型手段会在短期加剧能源供求导致的紧缩效应，推高通货膨胀预期。目前，除美国之外的主要发达经济体采取的一系列低碳转型措施，已导致碳价大幅上升，间接推升了相关能源和大宗商品价格，从而导致物价全面上涨。可见，气候应对政策至少在短期内加剧了经济脆弱性。由于俄乌冲突持续胶着，欧洲正面临日益严重的能源危机，进一步加剧了经济滞胀风险。

全球经济面临长期滞胀风险加大，作为最大的发展中国家，中国难免受到不同程度的冲击。为此，我们应坚决贯彻落实党中央、国务院决策部署，按照"疫情要防住、经济要稳住、发展要安全"的精神，既要正视困难，更要坚定信心，主动果断作为，积极应变克难，统筹疫情防控和经济社会发展，深化改革开放，保障基本民生，着力稳定宏观经济大盘。今后，在继续实施好稳健货币政策的同时，进一步发挥财政政策的作用，加强财政政策和货币政策相协调；适当加大汇率波动政策容忍度，充分发挥其宏观经济自动稳定器的作用；完善跨境资本流动宏观审慎管理，密切监测国际资本流动异常情况，做好政策应对预案；坚定不移地推进高水平对外开放，为推动完善全球治理贡献中国力量。

06

全球会迎来新一场"滞胀危机"吗[①]

2020年以来，新冠疫情引发了全球范围内的供需冲击，导致全球经济活动大幅下滑，经过多轮货币和财政刺激政策，各国和各部门出现不同程度的复苏。2021年以来，部分国家物价水平抬升，带动全球的通货膨胀预期升温，而2022年的地缘政治冲击进一步恶化本已脆弱的供应链，加剧了全球大宗商品上涨态势，欧美等发达国家和部分新兴经济体通货膨胀问题日益严重。需要指出的是，从结构上看，各国的通货膨胀成因并不完全一致——欧洲面临的初级产品供给冲击和美国的需求膨胀显然导致了在不同增长状态下的通货膨胀。一个显而易见的事实是，货币紧缩是控制通货膨胀的主要手段；一个不那么显而易见的事实是，推动经济增长并非货币政策的职能，微观面改革——立足于

[①] 本文作者：陆磊，CF40成员，中国人民银行副行长。本文发表于《北大金融评论》，2022年第13期。

定价机制的货币体系和居民可支配收入的税收政策组合，才是解决可能的滞胀问题的基本出路。

一、滞胀风险不可一概而论：当前全球通胀兼具同步性和异质性特征

（一）通胀的同步性

全球整体通货膨胀水平不断抬升，经济衰退风险加剧。世界银行2022年6月发布的《全球经济展望》指出，乌克兰危机爆发以来，叠加新冠疫情的持续冲击，全球经济可能进入一个长期增长疲弱和通货膨胀上升的时期，预计全球经济增长将从2021年的5.7%下降到2022年的2.9%，远低于2022年1月预期的4.1%。根据国际货币基金组织统计的全球229个经济体的通货膨胀数据，截至2022年9月4日公布了7月CPI同比增速的经济体有71个，其中CPI低于5%的经济体仅有11个（占比16%），而CPI超过10%的经济体有32个（占比45%）。

欧美发达经济体通货膨胀水平升至近40年以来的高位。OECD发布的G7（七国集团）和OECD国家整体通货膨胀率在2022年7月分别达到7.6%和10.2%，分别为1982年6月和1988年8月以来的最高水平（7.5%和9.6%）。2022年4月所有发达经济体的通货膨胀水平均已超过中央银行设定的通货膨胀目标[1]；近1/3的发达经济体在2022年5月通货膨胀率超过10%，较2021

---

[1] 资料来源：世界银行。

年末大幅增加（根据 OECD 的数据计算）。分国别看，2021 年以来，英国和欧元区通货膨胀率持续较快上升，于 2022 年 7 月分别达到 10.1% 和 8.9%；美国通货膨胀率从 2020 年 7 月开始出现上升，于 2022 年 6 月达到 9.1% 的历史高位后，在 7 月小幅回落至 8.5%；日本通货膨胀率最为平稳，2022 年 7 月略升至 2.6%（见图 6.1）。

尽管我们笼统地说发达经济体普遍面临通货膨胀压力，但事实上通货膨胀的程度和冲击各不相同。美国的问题是前期大力度量化宽松政策形成的高通货膨胀与低失业率组合，而欧洲面临的主要问题是在长期持续的低增长基础上承担着乌克兰危机所形成的能源粮食型供给冲击。日本的情况更加特殊，属于长期处于"收益率曲线控制"下的低利率、低物价、较低增长的流动性陷阱情形，当前仅仅属于物价低速反弹状态。因此，美国的核心问题是通货膨胀，这在拜登总统的年度国情咨文中有清晰表述，因此也就成为货币当局的主要任务；欧洲与日本的问题是长期衰退，这成为欧洲央行和日本银行在利率政策上更为小心谨慎的现实基础。

（二）通胀的异质性

新兴经济体通货膨胀水平分化明显，部分国家通货膨胀形势严峻。新兴经济体由于资源禀赋和经济韧性的差异而具有不同的防通货膨胀能力。部分资源型经济体显然可以在 2022 年的能源粮食通货膨胀中获利，但另外一部分经济体则由于高度依赖全球供应链而面临恶性通货膨胀风险。根据世界银行的数据，2022

年4月新兴经济体通货膨胀率升至9.4%，为2008年全球金融危机以来的最高水平，但国家间的分化较为明显，部分脆弱新兴经济体出现恶性通货膨胀风险。一方面，宏观经济政策较为合理、经济韧性相对较强的金砖国家通货膨胀压力相对较小。例如，金砖国家整体通货膨胀形势可控，虽然巴西和俄罗斯通货膨胀水平出现上升，但印度、南非和中国都较为平稳。另一方面，宏观调控能力弱、政治局势和通货膨胀预期长期不稳定的经济体面临巨大的通货膨胀压力。2022年以来，阿根廷、土耳其和斯里兰卡等国出现了极端的通货膨胀现象，7月通货膨胀水平分别飙升至71.0%、79.6%和60.8%（见图6.1）。

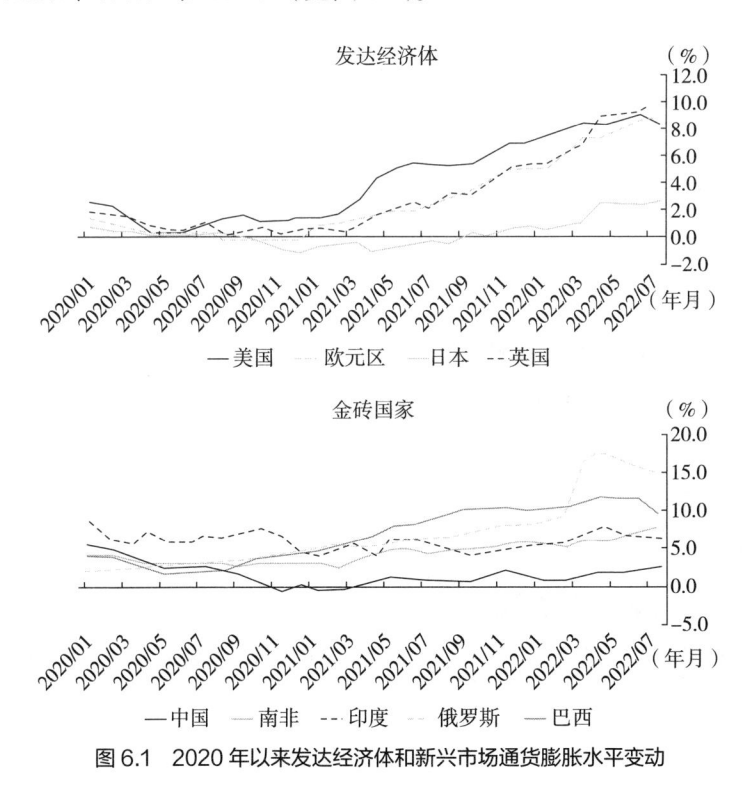

图6.1 2020年以来发达经济体和新兴市场通货膨胀水平变动

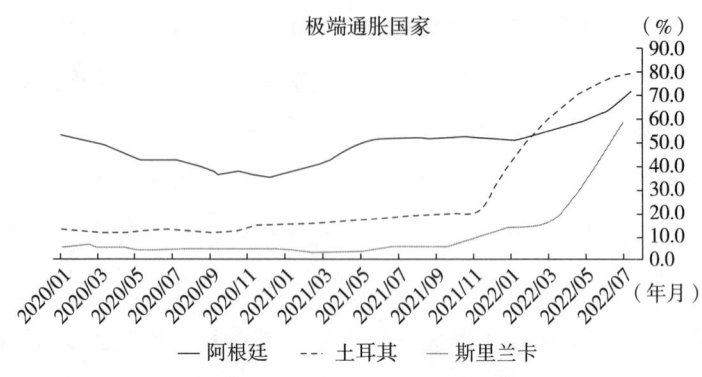

图 6.1 2020年以来发达经济体和新兴市场通货膨胀水平变动（续）
资料来源：Wind.

二、货币现象还是供给冲击：通胀的成因及另外的解释

关于本轮全球性通货膨胀，一般的成因分析往往集中于两点。一是立足于需求侧，即名义物价水平上涨主要是短期供给冲击叠加超量需求刺激导致的。这一分析的出发点基于弗里德曼的经典论断——"无论何时何地，通货膨胀都是货币现象"，认为当前的通货膨胀也是前一阶段宽松货币政策所形成的必然后果。二是立足于供给侧，即短期物价的快速上行主要是由于地缘冲突所形成的初级产品供应链断裂。恰如20世纪70—80年代的两次石油危机，天然气和小麦供给紧张造成了突如其来的冲击和此后持续的生产与生活成本上升压力。应该说，两种看法都有道理。

需求侧假说的证据来自美国与英国的通货膨胀和失业组合。以美国为例，自新冠疫情暴发以来，美国两届政府的财政支出极尽扩张①，将国家债务规模推至30万亿美元以上，2021财年的财政赤字率为14.3%，接近国际警戒线3%的5倍；美联储开启无限量化宽松，将联邦基金利率目标区间下调至0%~0.25%，并将法定存款准备金率下调至0%，同时，美联储开启危机工具箱，用货币基金借贷便利、商业票据融资便利等工具为影子银行体系提供流动性支持。同时值得注意的是，发达经济体的劳动力市场紧张，失业率普遍处于疫情前水平或更低，并且相对于以往的复苏，职位空缺率持续处于高位。2020年以来，美国和英国的贝弗里奇曲线②已经向外偏移③，这意味着在相同的失业水平下，市场较以前提供了更多的工作机会，这表明劳动力供给意愿的普遍下降。可以说，至少在美国、英国和可观测的澳大利亚、加拿大等经济体，描述通货膨胀与失业负相关关系的菲利普斯曲线依然存在且斜率陡峭，这可以解释为什么美联储在果断加息以应对通货膨胀的问题上毫不手软——毕竟不必过度担心失业问题。

供给侧假说的证据主要来自欧洲。供给瓶颈推动大宗商品价格上升，导致成本增加。能源价格通货膨胀预期和实际通货膨胀都有显著的长期影响。欧洲依赖能源进口，2022年以来的地缘政治发展和供给中断导致能源价格出现飙升，对欧洲的经济稳定形成重大的负面影响。例如，部分对俄罗斯能源依赖度高的东欧经济体受供应链中断的影响，爱沙尼亚、立陶宛等国2022年

---

① 例如，特朗普政府于2020年通过总额约2.5万亿美元的经济刺激法案和援助法案，拜登政府于2021年3月和11月分别通过总额为1.9万亿美元的疫情纾困法案和1.2万亿美元的《基础设施投资和就业法案》。
② 贝弗里奇曲线描述了失业率和工作岗位之间的关系。一般情况下，失业率高时工作机会就少，而失业率低时工作机会就多。
③ BIS, "Inflation and the Path to a Soft Landing," 2022.

5月的通货膨胀率逼近20%。我们或许可以认为，欧洲和部分新兴经济体的问题在于，在长期的较低增长和较低通货膨胀组合下，突如其来的供给收缩直接推高了通货膨胀水平，因此欧洲政策当局首先想到的是财政补贴。在乌克兰危机爆发后，欧洲财政扩张的主要"发力点"至少包含物价补贴、增加军费、"下一代欧盟计划"（刺激经济、绿色能源等）、乌克兰重建支出等方面。这些项目可能增加2022年欧盟财政总支出，使其接近2 200亿欧元（按第二季度汇率换算，约合2 350亿美元），大约相当于欧盟成员2021年总GDP的1.5%。更加平坦的菲利普斯曲线或许可以解释为什么货币政策似乎并不构成欧洲应对通货膨胀的主要工具——收缩货币意味着更加严重的失业。

但是，我们可以提供另外一个解释：非均衡的全球货币体系。在我们观察到通货膨胀的非均质性和不同斜率的菲利普斯曲线的前提下，一个更为根本的问题自然应该进入讨论范畴：是否存在更加深层的形成本轮滞胀风险的原因？即使不存在地缘政治军事危机，不同经济体面临的价格增长问题或许也将有所差别。我们的解释是货币政策的本国性和金融市场的全球性之间的矛盾，是滞胀的主要原因。一方面是通货膨胀压力的异质性。仅仅就当前的通货膨胀看，当美联储因本国高企的物价水平而实施连续加息时，美元指数必然因此持续上行。截至2022年9月7日，美元指数处于110.5左右的历史性高位，欧元、日元兑美元汇率处于0.99和140的超低水平。全球大宗商品价格在由美元定价的背景下，即使恢复到俄乌冲突爆发前的水平，但本币相较于美元贬值实际上提升了物价。另一方面是经济增长压力。在美联储加息伴随着美元指数的上涨和其他货币出现不同程度贬值的背景下，货币流向美元以套取更高的利差收入和可预期的汇率升值收益是理性抉择。那么，其他经济体必然遭遇融资成本上升和经济增长动力衰减的冲击。

我们的假说可以从以下两点得到部分验证。

第一，发达经济体的加息步伐并不同步。尽管自2021年8月挪威银行、爱尔兰中央银行、韩国银行率先加息以来，新西兰储备银行、英格兰银行、加拿大银行、美联储、澳大利亚储备银行等主要发达经济体的中央银行均开启加息通道，但加息速度和力度并不相同。2022年4月以来，新西兰储备银行将加息幅度由25个基点逐步提升至50个基点，加拿大银行则将加息幅度大幅提高至100个基点；美联储在6月大幅加息75个基点，为1994年以来单次最大幅度加息。但是，欧洲央行仅在7月结束净资产购买计划，为加息做准备。这说明各个经济体在当前的全球货币体系下面临的主要问题并不一致。

第二，新兴经济体在应对通货膨胀的同时，还必须考虑发达经济体的加息所造成的货币贬值和跨境资本外流压力。因此，这些国家倾向于更早、更大力度地进行加息以最大限度地避免上述不利影响。例如，巴西中央银行早在2021年3月就开始启动加息，至2022年5月巴西中央银行政策利率经过10次调整已累计上调10.75个百分点，俄罗斯、土耳其、智利等国也具有类似特征。在供给压力持续、经济复苏仍具有不确定性的情况下，过度、过快的加息将增加经济"硬着陆"风险。在中央银行收紧货币政策、限制需求以遏制通货膨胀的过程中，一个关键问题是让通货膨胀回到目标水平是否需要付出经济衰退的代价。紧缩的货币政策对总需求的抑制将有助于遏制通货膨胀，但只要供给瓶颈影响持续存在，价格增长仍将承受上行压力。快速上升的通货膨胀、高金融资产价格和高债务水平增加了衰退的风险。为了抑制通货膨胀，各国中央银行需要把握好政策利率上调的力度和速度，让需求回归供给的同时避免"硬着陆"。

三、治标与治本：微观面政策和结构性改革

总体上，通过对全球通货膨胀主要影响因素的梳理，2021年以来全球通货膨胀逐渐攀升并持续超预期，与疫情冲击、货币超发、劳动力市场、能源供给、地缘政治等一系列重要因素有着密切联系，并不是单一因素就能完全解释的。当前，全球金融环境已经明显收紧，而货币政策正常化仍在进行中。相较于受能源依赖之困的欧洲，紧收银根对美国经济的打击将更可控。加息将通过抑制过剩来促使价格下调，且美元上涨能够部分抵消商品价格上涨的影响。而欧洲和新兴市场将面临美元走强和金融紧缩带来的额外挑战，受到商品价格上涨和汇率下跌的双重打击。

治标之策，即立足于微观面的政策组合。如果我们能够真正明白滞胀可能带来的冲击，那么较为有效的政策组合是紧缩的货币政策加上减税型财政政策。一方面，紧缩货币是必要的，唯有控制货币总量才能抑制通货膨胀预期。尽管存在对经济"硬着陆"的担忧，但是美联储持续加息的确导致了原油、黄金和农产品价格回落或保持较低速度增长。另一方面，减税是更为重要的激活经济主体能动性的政策工具，唯有降低企业成本、增加居民就业，才能以可支配收入上升对抗通货膨胀与失业的负面冲击，并创造长期的良性需求、改善供给结构。从20世纪80年代的大滞胀到21世纪前10年的大缓和，一个重要的政策推动力是供给

学派的兴起和减税成为政策主流。减税使企业家得以空前活跃，财富创造而不是纠结于财富再分配得以成为推动经济社会欣欣向荣的主流心理状态，创新和金融市场活跃度的提升推动了资源配置持续优化。直观地来看，如果通货膨胀使居民实际可支配收入下降，减税使可支配收入的可获得性和名义量上升，足以把经济拉出滞胀。相反，补贴则可能把经济推入毫无生机的恶性循环。①

治本之策，即国际货币体系的结构性重组。如果说治标是在滞胀必然来临的情况下减轻痛苦的必要手段，那么治本则是消除滞胀的设想与努力。我们不认为菲利普斯曲线会消失，换言之，通货膨胀与失业的替代关系在短期内的存在性无可厚非。但是，高通货膨胀与高失业并存却是致命的经济"绝症"，这既意味着宏观政策失灵，也意味着民生灾难。从货币角度看，如果大宗商品采取一篮子货币定价，那么单一主权货币的收紧或放松所形成的溢出效应势必得以弱化，亦不大可能出现所谓输入型通货膨胀或通货紧缩。事实上，无论是脸书提出的Libra（虚拟加密货币）设想，还是更久以前的特别提款权设计、最优货币区理论，都致力于弥合货币所造成的跨境宏观冲击。当前的滞胀风险有可能是一轮新的契机，推动人类思考什么是世界货币与货币组合，能否在Web3.0（运行在区块链技术上的去中心化互联网）时代真正实现货币政策在本国的自主权与解决各种需求及供给冲击之间的平衡性。

当然，治本难于治标。但凡治本之策，往往需要时间以凝聚共识。

---

① 厉以宁、罗志如：《二十世纪的英国经济："英国病"研究》，商务印书馆，2013年6月。

07

不一样的通胀[①]

为应对突如其来的新冠疫情冲击,发达国家在2020年初普遍采取了大规模的宏观刺激政策,很多发达国家的货币和财政刺激力度达到了前所未有的规模。2021年第二季度之后,随着经济逐步复苏,发达国家的通货膨胀水平开始不断攀升,进入了过去40年未有的高通货膨胀阶段。

高通货膨胀被认为会给经济运行带来巨大危害。通货膨胀的成本主要包括:(1)高通货膨胀给企业、劳动者和消费者带来额外的不确定预期,导致投资降低、资源配置恶化,削弱经济增长活力;(2)储蓄的实际购买力下降,财富从储蓄者向贷款人转移;(3)消费者真实购买力下降;(4)过高的本国商品和服务价格削弱本国的国际竞争力。在非常高的通货膨胀环境下,通货膨

[①] 本文作者:张斌,CF40资深研究员,中国社会科学院世界经济与政治研究所副所长;朱鹤,中国金融四十人研究院研究员;钟益,中国金融四十人研究院青年研究员;孙子涵,中国金融四十人研究院青年研究员。本文作于2023年4月。

胀的危害尤其突出，正常的经济运行秩序难以维持。广大社会民众、政治家对高通货膨胀都深恶痛绝，宏观经济学家时时刻刻对通货膨胀保持警惕。特别是那些经历过恶性通货膨胀的国家，通货膨胀给全社会留下了深刻的长期记忆，防范通货膨胀被看作最重要的经济管理任务。

然而，在最新一轮的发达国家通货膨胀中，高通货膨胀带来的危害似乎与传统观点并不完全一致。以美国本轮的高通货膨胀为例，通过对比大通胀时期（1972—1982年）、大缓和时期[①]（1984—2007年）、疫情后期（2021—2022年）的产出和就业水平、居民收入与消费，以及家庭、企业、资产负债表和债务负担等多方面的数据，发现两次通货膨胀存在明显差异。本轮通货膨胀上升并没有带来长期通货膨胀预期大幅上升；通货膨胀期间的经济增长保持在高位；就业和消费者福利得到保护；通货膨胀伴随着收入和财富再分配效应，这种再分配帮助美国重新平衡了政府、企业和居民的资产负债表，增强了整体的资产负债表韧性。

此次美国的高通货膨胀说明，每一次通货膨胀背后的成本都不一样，对通货膨胀成本的评价不能一概而论。通货膨胀预期是关键，出现通货膨胀要及时采取措施，维护中央银行的声誉，稳定通货膨胀预期。短期的高通货膨胀可以帮助平衡居民和政府的

---

① 大缓和时期是指，美国从20世纪80年代中期至2007年，实际GDP增长、工业生产、失业率等主要经济指标波动率明显下降，宏观经济活动异常稳定的时期。斯托克和沃森（Stock and Watson，2002）创造了这一概念，他们分析了168个指标的时间序列条件方差，发现在1984年约有40%的指标有明显中断。由此，本文将1984—2007年当作大缓和时期。Stock, James H., and Mark W. Watson, "Has the business cycle changed and why?" NBER macroeconomics annual 17 (2002): 159-218.

债务压力，减少政府的债务负担。高通货膨胀好比一次跨部门的资产负债表"手术"，其影响值得更进一步的思考和评估。

一、两次通胀的对比

新冠疫情发生之前，全球经济经历了大通胀时期、大缓和时期和后金融危机时期，全球通货膨胀中枢逐步下移。全球经济在20世纪70年代处于高通货膨胀时期，80年代初期以后通货膨胀达到顶峰，此后通货膨胀持续回落。1984—2007年的平均通货膨胀水平约为5.7%，较大通胀时期下降了8.2个百分点。一些研究者[①]认为，20世纪80年代中期以来，主要发达经济体在较低的通货膨胀水平下实现了经济持续增长，学术界称这段时间为大缓和时期。2008年全球金融危机之后，全球通货膨胀水平进一步降低，2009—2019年平均通货膨胀率只有2.9%。

发达国家和发展中国家的通货膨胀均持续下降。大通胀时期，发达国家的平均通货膨胀水平约为10.2%，许多发达经济体的通货膨胀率升至两位数水平。1975年英国的通货膨胀率为24.2%，同期法国、意大利和西班牙的通货膨胀率也超过10%。随着主要发达国家调整财政和货币政策，大缓和时期发达国家的平均通货膨胀水平下降到3.0%，较前期下降了7.2个百分点。2008年全球金融危机后，发达经济体的平均通货膨胀率进一步

[①] Mills T C, Wang P, "Have output growth rates stabilised? evidence from the g-7 economies," *Scottish Journal of Political Economy*, 2003, 50(3): 232–246; Summers P M, "What caused the Great Moderation? Some cross-country evidence," *Economic Review*, Federal Reserve Bank of Kansas City, 2005, 90(3): 5.

回落到 1.6% 左右。尽管部分发展中国家在 20 世纪 80—90 年代中期依然面临较高的通货膨胀压力，但 1996 年以后，发展中国家的平均通货膨胀水平明显回落，到 2008 年全球金融危机后，发展中国家的通货膨胀率进一步收敛到 4.1% 左右。

全球经济在新冠疫情暴发后经历了新一轮高通货膨胀。2021—2022 年全球通货膨胀平均水平达到 6.1%，发达国家和发展中国家通货膨胀率分别为 4.9% 和 7.1%。社会公众、政府和学术界普遍对通货膨胀畏之如虎，众多发达国家和新兴市场经济体都把对抗通货膨胀作为当前宏观经济管理的首要任务。通过对比本轮通货膨胀与 20 世纪 70—80 年代的高通货膨胀，能够看出高通货膨胀背后的经济和民生有着显著不同。

（一）大通胀时期的平均通胀水平显著高于疫情后期，两次通胀在结构上存在较大差异

大通胀时期（1972—1982 年）、大缓和时期（1984—2007 年）和疫情后期（2021—2022 年）美国的平均 CPI 分别为 8.2%、3.1% 和 6.8%，平均核心 CPI 分别为 7.7%、3.1% 和 5.6%。通货膨胀结构上，大通胀时期的通货膨胀主要由医疗、住宅和交通运输驱动，大缓和时期的通货膨胀主要由医疗、其他商品和服务驱动，而疫情后期的通货膨胀主要由交通运输和食品饮料驱动。

具体来看，大通胀时期各大类商品和服务的通货膨胀水平都保持高位，医疗保健（9.3%）、住宅（8.8%）和交通运输（8.7%）成为抬高通货膨胀的主要组成部分。美国在 1965 年推出了医疗保险和医疗补助制度，承诺为退休和低收入美国人支付

医疗费用，市场对医疗服务的需求猛增，医疗保健价格大幅增长。①1973—1974年和1979—1980年两次石油危机冲击，抬高了许多商品和服务的生产及运输成本。

大缓和时期，医疗保健（5.3%）、其他商品和服务（5.0%）价格增长更快，能源与食品价格增长幅度不大，除掉能源和食品的核心CPI与CPI涨幅一致。

疫情后期，CPI主要由交通运输（12.7%）、食品与饮料（8.1%）驱动，这主要受到2022年初爆发的俄乌冲突的影响，能源、矿产、粮食等大宗商品价格大幅上涨。

（二）大通胀时期的短期和长期通胀预期都明显高于疫情后期

根据密歇根大学的消费者调查，大通胀时期未来12个月的平均通货膨胀预期中值为7.5%，疫情后期平均为4.6%。20世纪70—80年代的长期通货膨胀预期居高不下，10年期平均通货膨胀预期超过6%，而2021—2022年的平均通货膨胀预期仅略高于2%。

美联储的货币政策框架是理解两个时期通货膨胀预期差异的重要维度。艾兴格林（Eichengreen，2022）指出，通货膨胀预期与美联储政策框架有关，20世纪70年代出现高通货膨胀预期，是因为当时储备银行的政策目标与通货膨胀无关，消费者、生产者和工人都完全没有理由相信美联储会抑制通货膨胀。②在20世

---

① 本·伯南克：《21世纪货币政策》，中信出版社，2022年9月。
② 参见 https://www.project-syndicate.org/commentary/why-current-us-inflation-is-nothing-like-the-1970s-by-barry-eichengreen-2022-02。

纪50—60年代初，平均通货膨胀低于2%，但是随着1965年以来通货膨胀水平不断上升，政府抑制通货膨胀的效果不佳，人们都开始预期价格会以同样的速度上涨，甚至加速上涨。由此，工会要求调整工资，对通货膨胀进行补偿，这导致企业以更高的价格转移增加的劳动力成本，引发了通货膨胀螺旋式上升。但现在的情况完全不同，美联储采用的平均通货膨胀目标制仍然受到市场信任。2021—2022年的5年期平均通货膨胀预期仅为2.3%。①

（三）疫情后期的经济增速和就业情况显著好于大通胀时期

大通胀时期平均GDP增速为2.7%，曾引发三次经济衰退②，分别是1973年11月—1975年3月、1980年1—7月以及1981年7月—1982年11月，经济增长受到较大影响。而疫情后期平均GDP增速为4.0%，高于大通胀时期和大缓和时期，主要是因为2020年的低基数效应。2022年GDP同比增速为2.1%，已经接近疫情前2015—2019年2.4%的平均GDP增速水平，经济增长快速恢复。

疫情后期平均失业率为4.5%（自然失业率为4.4%~4.5%），显著低于大通胀时期的平均失业率6.9%（自然失业率为6.0%~6.2%），也低于大缓和时期的平均失业率5.7%（自然失业率为

---

① 数据由克利夫兰联邦储备银行估算，使用了国债收益率、通货膨胀数据、通货膨胀互换和基于调查的通货膨胀预期指标。
② 基于美国国家经济研究局提供的美国经济周期扩张和收缩数据进行划分。美国国家经济研究局将经济衰退定义为整个经济体内的经济活动显著下降，并通过考虑众多经济活动指标来做出这一判断。

4.9%~6.1%）。2022 年 3 月以来，失业率持续在 3.5%~3.7% 之间徘徊，远低于自然失业率（4.4%），2023 年 1 月降至 3.4%，创 53 年以来的最低水平。疫情后期失业率较低是多方面因素的综合结果，如美国企业盈利反弹、服务业创造新增就业等。

（四）不同时期的高通胀环境对消费者福利的影响存在显著差异，疫情后期的消费者福利在高通胀中得到保护

大通胀时期、大缓和时期、疫情后期的美国实际个人可支配收入平均增速分别为 2.8%、3.3%、−2.1%。尽管疫情后期的实际个人可支配收入明显下降，但消费者福利并未受到影响。大通胀时期实际个人消费支出平均增长率为 2.9%，低于 1967—1971 年 4.0% 的平均增长率。疫情后期的实际个人消费支出平均增速为 4.5%，显著高于大通胀时期的 2.9% 和 2015—2019 年 2.5% 的平均增长率。这主要是因为前期政府对居民的大量补贴和居民储蓄率显著上升为消费提供了保障，个人储蓄占可支配收入的比重从 2020 年开始急速上升，在 2021 年第一季度达到 26.3%，随着通货膨胀抬升而快速回落，2021 年第三季度开始低于过去 5 年的趋势水平，这表明居民部门已经开始用前期的储蓄来偿还债务和消费。

二、政府、企业和居民的资产负债表再平衡

以美国为例，考察居民、非金融企业和政府三个实体部门在高通货膨胀时期现金流量和资产负债表的变化。根据新冠疫情发

生后美国的通货膨胀表现，我们把这一时期分为疫情初期（2020年第一季度至2021年第一季度）和高通货膨胀阶段（2021年第二季度至2023年第二季度）。如前文所述，两个阶段的通货膨胀中枢有明显差异。

（一）居民部门

2020年新冠疫情暴发后，得益于美国政府补贴，居民可支配收入和储蓄率大幅上升。疫情初期居民部门的工资收入一度受到疫情冲击而有所下降。2020—2021年上半年，美国政府为应对疫情，对居民部门进行了大量的转移支付[①]，居民可支配收入不仅没有低于疫情之前的趋势水平，反而在疫情初期显著超过了疫情之前的趋势水平。得益于政府的大量补贴，再加上疫情发生后很多线下消费支出难以实现，居民部门储蓄率大幅上升，远高于疫情前水平。

此外，得益于政策利率大幅下降，居民资产价值大幅上升，债务负担下降，居民部门的资产负债率下降。新冠疫情暴发后，受超低利率政策的影响，居民部门的金融资产价值从2020年初的87万亿美元上升至年末的105万亿美元，涨幅为20.7%；房地产价值从30.5万亿美元上升至32.9万亿美元，涨幅为7.9%；其他非金融资产从10万亿美元上升至10.6万亿美元，涨幅为6.0%。与此同时，居民部门的债务增长有限，2020年全年债务

---

① 美国在2020年3月、2021年1月和2021年3月的三轮投资促进方案中，为家庭提供了总额超过8 500亿美元的资金。

涨幅为 3.3%，居民部门资产负债率显著下降。

进入 2021—2022 年的高通货膨胀时期，居民部门实际可支配收入和储蓄率下降，居民资产负债率向新冠疫情发生前的趋势值回归。进入高通货膨胀阶段，来自政府的转移支付回到了常态水平，实际人均可支配收入开始下降，降到了疫情之前的趋势水平之下。通货膨胀可以解释一部分实际可支配收入的下降，然而，经过通货膨胀调整后的居民部门实际工资收入依然显著超过疫情之前的趋势性水平。导致个人可支配收入下降的主要原因是，随着工资收入快速增长，个人缴税规模大幅增加。经过了通货膨胀调整之后的个人缴税规模在高通货膨胀阶段快速增加，从量级上对冲了工资收入大部分的增幅。从近期的趋势看，实际个人可支配收入有向趋势水平收敛的迹象。

政策利率上升带来了金融资产价值缩水，居民部门资产负债率回升，资产负债率回归到了疫情前的趋势值水平附近。居民债务与可支配收入的比率较疫情之前的水平有所增加，但是居民的偿债压力并没有显著增加。即使在高通货膨胀阶段，美联储快速提高了基准利率水平，但利率上升向居民部门的传导并不显著，目前来看，居民的偿债压力与 2019 年底持平。

新冠疫情发生后，收入分配持续改善，高通货膨胀阶段收入分配改善仍在持续。疫情以来，低工资劳动者的时薪增速一直高于高工资劳动者。在高通货膨胀阶段，两者之间的差距进一步扩大，带动高工资劳动者与低工资劳动者的时薪比快速下降。

新冠疫情发生后，财富不平等有所加剧，但 2021 年下半年以来采取的紧缩货币政策导致金融资产价格明显回落，一定程度上缓解了财富不平等。疫情之后采取的刺激政策，带动金融资产和房地产价格出现明显上涨，且股价上涨的幅度要大于房地产市场。这既加剧了高净值人群和低收入群体的财富不平等，也加剧了以房地产为主要资产的中产阶级与以股票为主要资产的高净值人群之间的财富不平等。随后，为应对通货膨胀压力，美联储快速收紧货币政策，金融资产和房地产等资产的价格都有所下降，且相对于房地产，金融资产的缩水幅度更大。这也在一定程度上缓解了前期不断加剧的财富不平等问题。

（二）非金融企业部门

与居民部门不同的是，新冠疫情暴发初期，美国非金融企业部门的现金流并没有受到明显冲击。疫情初期，非金融企业收入和资本支出一度受到影响，企业净储蓄一度小幅度下降，非金融企业的利润总额基本保持平稳，并没有显著偏离疫情之前的水平。企业部门现金流未受到明显冲击，且美联储采取了宽松的货币政策，非金融企业部门的资产负债率、债务比净资产、债务比现金流均显著下降，流动资产对短期负债的比率在提高。非金融企业部门的资产负债表一度出现了改善。

进入高通货膨胀阶段以后，非金融企业的收入、支出、盈利和纳税显著上升。一方面，通货膨胀使企业收入显著上升；另一方面，企业资本支出和税收显著上升。二者抵消后，企业的净储蓄相对稳定。在通货膨胀逐步走高的过程中，非金融企业利润快速增加。截至 2022 年第三季度，非金融企业的利润总额已经接近疫情之前的两倍。伴随利润总额的快速扩张，非金融企业的缴税规模也在大幅增加。从绝对规模来看，2022 年非金融企业的缴税规模同样达到了疫情之前的两倍。从行业层面看，疫情以来非金融企业部门的改善主要集中在与商品需求密切相关的行业，如制造业、批发零售业、运输仓储业，这与居民消费在疫情之后的表现相吻合。

进入高通货膨胀阶段以后，前期指向资产负债表改善的财务指标均有回调，但目前为止这些指标并没有显著偏离疫情之前的水平。换言之，无论是高通货膨胀还是美联储加息政策，都没有对非金融企业部门的资产负债表产生显著冲击。

（三）政府部门

在新冠疫情暴发初期，由于美国政府大幅增加了对居民部门的临时性转移支付，政府支出和净融资规模（赤字规模）在这个阶段均有显著增加。2020年，美国政府收支缺口达到2.9万亿美元，大幅超出了疫情之前的1.2万亿美元。

进入高通货膨胀阶段，美国政府收入显著改善，且超过疫情前的趋势值。政府收入改善的主要原因是，企业和个人税收的增加。通货膨胀推动企业名义利润和居民名义收入快速增加，并以税收的方式带动财政收入快速增加，这部分税收增加能够解释超过90%的政府收入改善。政府净融资规模（赤字规模）显著下降，目前已经明显低于疫情发生前的趋势水平。赤字规模显著下降主要是因为政府收入大幅增加，而不是财政巩固带来的政府支出减少。此时政府支出水平依然略高于趋势水平。

高通货膨胀阶段，政府债务负担大幅下降。高通货膨胀时期，美国政府债务/GDP较2020年的高点显著回落。两个渠道促成了政府债务率显著下降。一是在高通货膨胀环境下税收显著提高，减少了赤字和新增债务规模。联邦收入在 2021 年和 2022 年出现大幅改善，2022 年联邦债务总额 / 联邦总收入较 2020 年的高点大幅下降，并已经低于 2019 年的水平。二是名义 GDP 大幅增加。

三、小结与启示

第一，每一次通货膨胀背后的成本都不一样，对通货膨胀成本的评价不能一概而论。与 20 世纪 70—80 年代的通货膨胀相比，本轮通货膨胀中就业、经济增长、居民福利都得到了较好的保护，通货膨胀成本大幅降低。

第二，通货膨胀预期是关键，出现通货膨胀要及时采取措施，维护中央银行声誉，稳定通货膨胀预期。与 20 世纪 70—80 年代的通货膨胀不同，本轮通货膨胀中的中长期通货膨胀预期并没有大幅上升，市场相信未来通货膨胀还会恢复到温和水平，暂时性的高通货膨胀既没有给未来的投资和消费行为带来显著的负面影响，也没有给经济增长和就业带来显著的负面影响。

第三，短期的高通货膨胀帮助平衡了居民和政府的债务压力，减轻了政府债务负担。综合居民、非金融企业和政府三个部门的情况来看，新冠疫情暴发初期政府大力举债向居民部门发放各种形式的补贴，居民收入和储蓄大幅上升，企业在一定程度上从中获益，政府赤字和债务大幅上升。疫情初期，居民和政府之间处于失衡状态，居民过度储蓄而政府过度举债。进入高通货膨胀时期以后，居民名义收入仍在上升，但是名义支出上升幅度更大，居民储蓄开始回落；企业收入和支出均大幅提高，企业储蓄相对平稳；得益于个人所得税和企业税收大幅增加，政府收入大幅提高，政府赤字显著回落，考虑到名义GDP的大幅上升，政府债务率显著下降。高通货膨胀时期，居民部门回补政府，居民和政府的失衡状态得以纠正。经历了初期的刺激政策和后期的通货膨胀两个阶段以后，居民储蓄、企业储蓄和政府赤字的规模都向疫情前水平回归。

第四，这是一次值得再三思考的实验。疫情发生之前，发达经济体宏观经济讨论中最受关注的问题是长期停滞，长期停滞背后的原因是无法充分降低真实利率至自然利率水平，难以实现充分就业。疫情发生后实施大规模刺激政策以后，带来了新一轮高通货膨胀，高通货膨胀环境下，真实利率大幅下降，企业收入和盈利、政府收入大幅上升，企业和政府的真实债务负担减轻，家庭部门储蓄的真实价值受损。这好比是一次跨部门的资产负债表"手术"，由此带来的后续影响值得进一步研究。

第二篇

美国通胀高企与货币政策应对

08

通胀之约：
美国新通胀是怎样炼成的[①]

一、美国新通胀成因争议

2022年初，美国通货膨胀再创新高，加剧了政策调整压力：2月17日公布的1月底美联储货币政策会议纪要显示，参会者普遍认为目前美国经济比2015年加息时更加强劲，经济环境允许比2017—2019年更快的速度缩表以退出量化宽松，进一步释放将加快紧缩的信号。2022年1月，拜登总统在白宫新闻发布会上罕见公开喊话，督促美联储适当校准刺激政策抗击通货膨胀。华尔街金融机构预测美联储2022年将加息7次，还预测未来将连续加息9次。眼下各方惴惴不安地等待加息政策如何在3月中旬的美联储货币政策会议上落地。

[①] 本文作者：卢锋，CF40学术顾问，北京大学国家发展研究院教授；李昕，北京师范大学统计学院教授。本文作于2022年3月。

美国有关通货膨胀现实的风险共识度明显提升，然而关于新通胀产生的原因有两派观点，分歧仍持续存在，并影响对通货膨胀前景及政策选择的看法。一派侧重从新冠疫情冲击的角度解释通货膨胀成因，淡化或否认宏观刺激政策对通货膨胀的作用，倾向于认为通货膨胀压力会随着疫情影响的下降而趋于减退，因此对可能导致经济减速的反通货膨胀政策持质疑态度。另一派则将通货膨胀主要归结为宏观政策过度刺激的产物，淡化或回避疫情冲击阶段性特点可能派生的通货膨胀压力，政策上通常主张加快实施紧缩措施，认为即便造成经济增长减速也需务实面对。

实际情况是，两个方面的因素共同对通货膨胀发挥了作用。图 8.1 显示了近年美国、发展中国家和全球核心通货膨胀数据，或许有助于说明美国新通胀的双重根源。数据显示 2021 年美国、发展中国家与全球通货膨胀都显著提升，2021 年全球范围内比较普遍的通货膨胀现象体现了疫情演变第三阶段推高了通货膨胀的影响（详见《疫情经济学和美国新通胀》[①]），这方面的情况与疫情通货膨胀论观点在逻辑上比较一致。但是图 8.1 还显示了美国 2021 年通货膨胀相对增幅要高得多，应与美国超强的刺激政策对通货膨胀产生的特殊影响有关。

数据显示，2021 年底美国通货膨胀绝对水平已显著超过全球平均水平，另外美国 2021 年前后通货膨胀指数增速提升幅度为 3.5 个百分点，同期该指标分别超出发展中国家和全球近 1 倍和近 4 成。新冠疫情发生后，很多国家实行了宏观刺激政策，这类干预措施对通货膨胀产生了不同程度的影响，但是不同国家的

---

① 卢锋：《疫情经济学和美国新通胀》，2022 年 2 月 16 日。

刺激力度有很大差别：发达国家刺激政策的程度显著超过新兴国家及发展中国家，美国的刺激政策在发达国家中最为激进，美国的通货膨胀相对涨幅与其货币财政刺激的相对力度应有较大关联度。从数据上看，2021 年美国的通货膨胀大约有一半源自超强刺激政策的作用。

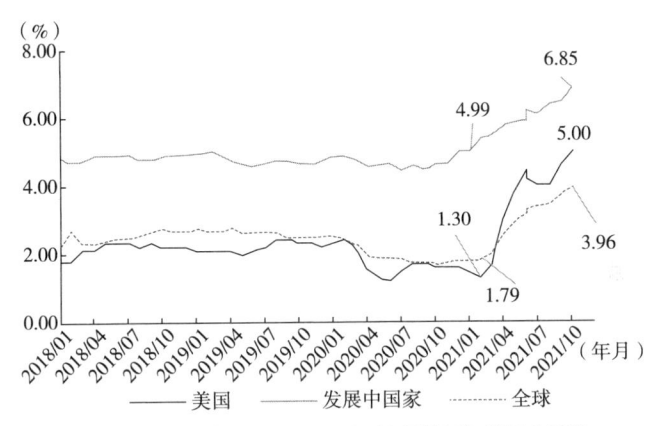

图 8.1 2018 年 1 月—2021 年 11 月美国与发展中国家以及全球核心通货膨胀率的比较

注：发展中国家参考国际货币基金组织《世界经济展望》数据库分类，共计包含 158 个国家和地区。以这些国家和地区的 GDP 作为权重计算发展中国家核心通货膨胀加权平均值；全球数据根据国际货币基金组织《世界经济展望》对 40 个发达国家、158 个发展中国家以及 20 个新兴经济体分组，分别以各国 GDP 权重计算各组加权核心通货膨胀率，然后根据各组 GDP 占比进行汇总得到全球核心 CPI。
资料来源：Wind。

二、新冠疫情发生后货币无限量宽松

新冠疫情前夕，美国宏观经济和货币政策的走势大体处于向下一次周期性衰退过渡与新一轮政策宽松初期。应对金融危机实施的零利率和三轮量化宽松刺激政策，从 2014 年开始通过

"减量、降息、缩表"三部曲退出，到2019年已进入收官阶段。2019年3月中旬美联储货币政策会议决定同年9月底结束缩表行动，实际上2019年7月底提早两个月结束，同时降息25个基点开启新一轮降息周期。2019年9月中旬联邦货币市场"钱荒"事件，促成美联储9月17—18日货币政策会议再次降息25个基点至1.75%~2.00%，并在10月初决定采取购买国债、实施期限回购和隔夜正回购等公开市场操作举措，试图将储备金规模提升至或高于2019年初的水平。当时美联储希望在完成金融危机长周期后保持一段时期的政策中性状态，避免马上进入新一轮量化宽松。

2020年2月美国疫情快速演变发酵，倒逼美联储紧急调整货币政策加以应对：2月28日美联储主席鲍威尔发表简短声明，强调美国经济基本面强劲，美联储密切关注疫情形势与风险，并准备采取必要措施支持经济增长。3月2日美联储临时召开视频会议研判疫情形势，决定把基准利率大幅调减50个基点至1.00%~1.25%，不过仍未实施大规模量化宽松政策。进入3月后，美国新冠疫情大规模暴发并对其金融和经济体系造成猛烈冲击，3月9日美国股市惊现此后10天4次熔断的第一次熔断，3月13日白宫宣布美国进入国家紧急状态。在疫情全面暴发的形势下，3月15日美联储货币政策会议决定将货币政策转换到全面应对危机模式。

此后至今的美联储货币政策大体经历四个演变阶段。一是3月15日召开货币政策会议的初期阶段。这次会议决定把政策利率降到零值，同时提出总额为7 000亿美元的未设定实施时间节奏的购买债券计划。不过此后一个多月美联储实际债券增持远超上述计划，到 4 月底约 50 天内总共增持 1.74 万亿美元债券，其中包括约 1.5 万亿美元的国债和 2 400 亿美元的抵押支持证券和机构债券，最多每天购进的债券数量超过千亿美元。二是从 2020 年 5—6 月到年底，实际债券购买规模收敛到每月约 1 200 亿美元。三是 2020 年 12 月货币政策会议明确，实施每月不少于 1 200 亿美元债券购买的无截止期的量化宽松计划。四是随着经济形势的演变，特别是通货膨胀压力增大，2021 年 11 月货币政策会议宣布减少债券增持数量，即开启"减量"阶段，标志疫情期间的超级量化宽松进入逐步退出模式。

可见美联储应对新冠疫情危机仍倚仗零利率和资产购买工具，看似与金融危机时期类似。不过由于背景条件、现实环境、决策方针等方面的条件改变，新一轮货币刺激无论是数量规模还是决策方针取向，都显著提升和强化，代表货币政策在量和质两个维度上的重要变化。

数据显示，新一轮货币刺激的绝对和相对规模远超上一次危机应对。例如美联储持有的债券规模从 2020 年初的约 3.8 万亿美元增长到 2022 年 1 月底的 8.3 万亿美元，2022 年 1 月底比上一轮量化宽松时 2017 年 4.26 万亿美元的峰值高出 94.8%。国债规模从 2020 年 2 月底的 2.5 万亿美元增长到 2022 年 2 月中旬的 5.74 万亿美元，最近的规模比上一轮量化宽松时 2017 年 2.47 万亿美元的峰值高出 1.21 倍。抵押支持证券和其他机构债券从 1.37 万亿美元增长到 2.71 万亿美元，比上一轮量化宽松时 2017 年达到的 1.79 万亿美元高出 51.4%。同期美联储资产规模从 4.2 万亿美元增长到 8.9 万亿美元，比上一轮量化宽松时 2017 年 4.48 万亿美元的峰值高出 98.7%。美联储所持债券占 GDP 的比重从

2019年的17.6%增长到2021年的36.0%，上升一倍有余，最近的水平比上一轮量化宽松时2014年24.1%的峰值上升近12个百分点。

另外，美联储持有国债占未到期国债存量的比例从2020年1月的14.2%上升到2021年12月的24.9%，过去两年美联储新增持国债数量占同期国债新发行量的平均比重为47.3%。美联储持有的抵押支持证券占未到期抵押支持证券存量的比例，从2020年第一季度的13.3%增长到2021年第三季度的20.9%。

三、美联储"变法"强化刺激

近年，美联储还调整了货币政策目标和执行方针，强化刺激取向并对新冠疫情发生后激进的货币扩张提供支持。2020年8月27日，美联储发布修改后的"长期目标和货币政策战略声明"，其中有两点可圈可点。

一是引入所谓"补偿战略"，重新表述通货膨胀目标，即如果现实通货膨胀一段时期内低于2%的目标值，应允许后续相应时期通货膨胀显著超过2%，由此通过矫枉过正来保证较长时期内通货膨胀的平均值达到2%的目标值。众所周知，后金融危机时期美国现实通货膨胀持续低于目标水平，这个补偿战略给美联储后续容忍通货膨胀维持在超过目标水平提供了规则依据。2021年美联储在通货膨胀乍起时应对迟缓，不仅与其疫情通货膨胀论的分析立场有关，与这个"变法"的政策含义也是一致的。

二是涉及就业方针新表述。美联储一直致力于就业最大化目标，不过传统上同时防范或针对的是双向"偏离"：一种是经济不景气背景下就业不足，就业现状低于目标值的失业偏离，这是货币政策最为重视的目标；另一种是经济过热背景下，就业目标过度实现的偏离，否则基于菲利普斯曲线关系出现过度就业会导致通货膨胀问题。新方针把针对双向偏离变为集中防范就业不足"缺口"，其强化刺激和鼓励通货膨胀取向不言自明。就业目标值作为分析信息包含主观因素，即便是一个已然很低的失业率及相应劳动市场状态，仍不难将其认定为高于就业目标值从而为持续实施刺激政策提供规则依据，美联储强化刺激可谓用心良苦。

另外，美联储在新冠疫情发生前已经接受新的货币政策执行框架，肯定大规模债券持有和准备金负债是其常态化政策操作的前提条件，这也会通过降低收益率长期作用助推通货膨胀。

美联储为应对2008年全球金融危机实施大规模量化宽松刺激政策，同时对购债形成的巨额超额准备金支付利息，并就势将传统通过公开市场操作改变准备金数量来调节联邦基金利率为主轴的货币政策执行框架，转变为通过确定超额准备金支付利息管制利率工具调节联邦基金利率的新方式。在后危机时代初期，美联储决策层设想如果量化宽松政策能在2010年结束并较快退出，执行货币政策仍有望回归传统模式。然而，事与愿违：危机后美国经济复苏进程不尽如人意，美联储在2010—2013年反而两次追加实施量化宽松刺激政策。在退出量化宽松遥遥无期和前景渺茫的情景下，美联储调整先前的思路，决定将长期以超额准备金支付利息管制利率作为调节联邦基金市场和实现联邦基金利率政策目标的主要工具，形成所谓"充裕储备基础上货币政策执行框架"。例如，美联储2019年1月底发布"货币政策执行与资产负债表正常化声明"，明确宣布将实施充裕储备供给条件下的货币政策体制，执行方式是通过确定管制利率来调节联邦基金利率等政策利率。

那么多大程度的"充裕"才算"适当充裕"？换言之，多大规模的储备符合量化宽松结束后美联储常态化货币政策的要求？美联储经过多番讨论和小心测试，参考2019年9月中旬钱荒冲击释放的信息，明确2019年初的债券持有和准备金负债水平是当时大体合意的规模。从数量看，美联储持有的债券从金融危机前2007年7 550亿美元的水平上升到2017年量化宽松峰值时42 240亿美元的水平，2019年缩表结束完成退出时减少到37 510亿美元，这个规模仍比量化宽松前增加近3万亿美元。债券占GDP的比重从危机前的5.2%上升到2014年24.1%的峰值，2019年结束量化宽松时降低到17.6%，与量化宽松前的水平比较，上升了12.4个百分点。另外，2010年第一轮大规模资产购买结束时，美联储持有2.156万亿美元债券，占GDP的比例为14.3%。

综上所述，2019年美联储持有债券和储备金的规模被认定为结束退出量化宽松后满足货币政策常态化条件，这时美联储持有的债券规模不仅远高于金融危机前，也显著高于第一轮大规模资产购买后的2010年，未来美联储常态性持有债券的绝对和相对规模很可能进一步提升。美联储在如此大规模的储备条件下执行货币政策，是前所未有的变动，其稳健性与可持续性都有待进一步观察。这里的重点是美联储常态性庞大规模准备金负债对美国金融市场收益率的影响及通货膨胀的含义。我们知道，量化宽松政策的原理是借由中央银行资产负债表扩张，通过降低收益率实现救助危机和刺激经济增长的目标。量化宽松措施通过流动性、风险偏好、资产组合和政策信号等不同效应降低市场收益率，相关文献估计美联储从 2008 年 11 月到 2010 年 3 月第一轮大规模资产购买降低了美国债券收益率 100~200 个基点，又估计当时美国、欧盟、日本、英国四个经济体的量化宽松令全球范围内不同债券信用评级的主权债收益率降低 250~330 个基点。美联储货币政策执行规则"变法"，要求长期大规模保留储备金负债，意味着相应的抑制收益率的作用将常态化存在，由此在跨周期意义上对经济引入了助推通货膨胀的效果。

四、财政刺激有过之而无不及

如果说新冠疫情发生后美国的货币扩张加码力度空前，其财政强化刺激则更是有过之而无不及，刺激数量与政策理念的双重变化特点同样引人注目。

新冠疫情发生后，美国财政刺激规模比金融危机时成倍扩大。2008 年 9 月中下旬，全球金融危机全面爆发，小布什政府推动国会紧急批准 3 000 亿美元的《住房和经济复苏法案》以及《紧急经济稳定法案》下 7 000 亿美元的问题资产救助计划，对金融、房地产、汽车等危机重灾部门通过贷款、注资等方式进行救助。2009 年初奥巴马政府就任后，进一步推动签署以支持经济复苏为主要目的、总额为 7 080 亿美元的《美国复苏与再投资法案》。

新冠疫情在 2020 年 3 月全面暴发，美国时任总统特朗普在距离其任期结束还有大半年时推出 5 个财政刺激法案应对疫情危机，其中 3 月 27 日签署的《新冠病毒援助、救济和经济安全法案》金额高达 2.2 万亿美元，12 月 27 日实施的《新冠纾困法案》金额约为 9 000 亿美元，5 个法案的总规模约为 3.8 万亿美元。拜登总统 2021 年初入主白宫后，于 3 月 11 日签署 1.85 万亿美元的《美国援助计划法案》，后来又分别于 3 月底和 4 月底推出 2.35 万亿美元的"美国工作计划"和 1.8 万亿美元的"美国家庭计划"。[①] 到 2021 年 3 月中旬《美国援助计划法案》出台时，新冠疫情发生后美国两届政府的财政刺激总盘子已高达 5.65 万亿美元，是 2019 年 21.4 万亿美元 GDP 的 26.4%，远超应对金融危机时美国财政刺激的绝对和相对规模。

新冠疫情发生后美国政府接二连三地推出天量规模财政刺激措施，部分反映了应对疫情危机的需要，另外也体现了美国财政决策的理念和刺激偏好的深层演变影响。比较美国两次危机选择的财政刺激规模的差异，有助于提示这方面的变化。2009 年初奥巴马政府推出的《美国复苏与再投资法案》可谓规模空前，不过当时斟酌选择刺激规模仍表现出内在克制的因素。从后来的相关报道看，当时白宫经济团队设计《美国复苏与再投资法案》时还考虑了一个更为激进、总额达 1.2 万亿美元的更大规模备选计划，不过最后基于多方面考量没有选择这个规模更大的方案。这与新冠疫情发生后美国两届政府的财政刺激最大化冲动有所不同。

另外两次危机时财政刺激的退出措施选择差别，也显示出近年来美国财政决策思维的悄然转变。2010 年美国经济走出急救室进入复苏阶段，奥巴马政府部分受到传统的财政周期平衡理念

[①] 卢锋：《透视美国财政决策新思维》，2021 年 7 月 8 日。

的影响，在《美国复苏与再投资法案》之后没有追加实施财政刺激。当时美国经济仍显著低于危机前的趋势增长水平，特别是失业率仍处于9%以上的高位，退出政策使2010年的财政政策实际处于相对紧缩的状态，并影响到了就业与经济复苏的进度。比较观察新冠疫情发生后美国政府先后争相出台大规模的刺激法案，特别是在2021年初美国经济进入快速复苏阶段后，拜登政府仍追加出台大规模刺激法案，凸显出美国财政政策画风大变。

笔者的《透视美国财政决策新思维》一文讨论了上述变化的理论和认识原因。一个重要的学术思潮背景在于，新冠疫情发生前几年，美国学界反思总结奥巴马政府实施财政政策应对金融危机的经验教训，认为当时政策过于偏向传统的财政稳健目标和周期平衡方针，对美国经济以及民主党政治利益都造成较大损害，这方面的分析在美国政学两界产生了一定影响。在公共债务可持续性研究领域，主张淡化负债率与强调偿债率指标的研究结果，为决策部门选择超常规财政刺激干预政策提供了背书。更为激进的现代货币理论，近年也从早先学界的边缘地带进入主流讨论并扩大了政策影响。实际上，在新冠疫情前夕美国经济显现再次衰退征兆的情况下，一些学者和智库已高调建言财政政策应对下一次衰退时应充分利用超低市场收益率条件，采用更大规模的刺激计划以造成"高压经济"态势，进而推动美国经济摆脱"长期停滞"困境。就此而言，新冠疫情危机为美国财政政策新思维提供了实施场景和用武之地。

五、新通胀是如何炼成的？

新冠疫情发生后，美国宏观刺激政策对经济复苏、降低失业率以及增加居民收入发挥了积极作用，然而过于激进和频繁的刺激也会造成相应后果，包括从不同渠道促成或加剧通货膨胀压力。

第一，由于财政转移支付增加，新冠疫情发生后美国居民收入逆势高速增长，在推动消费和经济强劲复苏的同时也加剧了供不应求及通货膨胀压力。[①]据匡算，新冠疫情发生后的纾困法案向美国家庭提供的补贴收入，大约相当于2019年美国GDP的1/10。2020年4月—2021年12月，美国居民月度总收入折合成年度数据后的均值比2018—2019年的均值增加13.8%，其中转移支付增量贡献了收入总增量的六成以上。在收入高增长的支持下，美国消费快速复苏，新冠疫情发生后美国商品零售恢复增长幅度远远超过我国。

第二，超级量化宽松政策带来美联储资产负债表前所未有的扩张和流动性极为宽裕，刺激了新冠疫情发生后美国广义货币激增与信贷显著增长，成为助推需求扩张加剧通货膨胀压力的货币条件。2020年3月到2022年初，美国M2（广义货币供应量）月度同比增速均值飙升到超过18%，约为2010—2019年该指标值的3倍。同期美国贷款月度同比增速约为8%，接近2010—2019年该指标值的两倍。货币信贷快速扩张也为供给复苏带来了积极作用，总体对需求增长产生较大影响并助推通货膨胀。

第三，流动性和货币供给超常规增长，加上白宫经济团队核

[①] 卢锋：《疫情经济学与美国新通胀》，2022年2月16日。

心成员摩拳擦掌要"大干一场"的表态助力,以及货币政策强化量化宽松和零利率不设截止期等政策引导加码,促使美国主要资产价格大幅飙升并通过财富效应进一步助推需求增长和通货膨胀。数据显示,标准普尔500指数在新冠疫情暴发初期一度恐慌式急剧下挫后很快强劲反弹和持续增长,从2020年初的3 200点飙升到2021年底的4 670点以上,涨幅高达46.7%,其市盈率也达到2000年股市泡沫破灭以后的新高。美国三种住宅价格指数(新房普查指数、美国联邦住房金融局房价指数,凯斯-席勒指数)自2020年下半年以后齐头并进且直线上升,2021年第四季度同比增速全面超过次贷危机前的峰值。

第四,超常规收入补贴在给新冠疫情发生后的民生纾困带来积极成效的同时,也在一些场合对劳动力供给造成边际制约,并在客观上增加了通货膨胀压力。美国宏观经济快速复苏阶段,部分生活服务、休闲娱乐等劳动密集型行业持续面临劳动力供不应求的困扰。这一现象确实与疫情不对称冲击有关,另外大规模补贴改变了激励机制和人们的行为,也具有一定影响。劳动力供给因为疫情和政策的双重因素制约难以充分恢复,所以美国劳动市场出现反常现象。例如,美国非农职业空缺数与空缺率在劳动市场尚未充分就业前不断攀升到罕见高位,表示职位空缺率与失业率关系的贝弗里奇曲线形状在2020年底到2021年上半年出现极为陡直的反常状态。

最后,与通货膨胀预期密切相关的工资和房租等不可贸易品价格大幅上涨。2020年4月到2022年1月,美国私人非农企业的雇员小时工资平均增速为5.3%,大幅高于该指标在1990—2019年3.0%的均值以及2010—2019年2.4%的均值。房屋平均租金 2020 年小幅增长约 1%，低于疫情前增速，然而 2021 年大幅飙升：在 2021 年 2 月到 2022 年 1 月一年内增幅高达 15.5%，超过疫情前 3 年（2016—2019 年）14.7% 的累计增速。房租与工资 – 价格形成螺旋上升往往要借助跨年度合约实现，二者大幅增长不仅助推当期通货膨胀压力增加，而且可能引入通货膨胀螺旋上升风险。

六、小结：通胀之约

借助 20 世纪 80—90 年代国际分工拓展深化降低成本带来的全球化红利，得益于货币当局吸取 20 世纪 70 年代反通货膨胀教训重视控制货币超发的政策效果，欧美发达国家经历了一段时期的低通货膨胀形势。这是曾被格林斯潘感叹调控收益率和通货膨胀容易到惊人地步的时代，是美联储多年零利率和连番量化宽松政策也未能稳定达到 2% 的通货膨胀率的特异环境，也是所谓菲利普斯曲线失效的超常规场景。这个先后被称作"大调和"和"新常态"的历史时期，构成新冠疫情发生后美国宏观刺激诱致通货膨胀的背景。

然而，低通货膨胀难以长期持续。过去十几年已在逐步改变低通货膨胀格局的底部结构，缓慢推动历史合力天平朝重启通货膨胀方向倾斜。美国的情况显示，21 世纪初期的超常规宽松货币政策对次贷危机推波助澜，然而应对危机反而使非常规干预成为常态化手段。特朗普政府力推"美国第一"、保护主义和民粹主义政策，在损害经济全球化规则的同时也侵蚀了低通货膨胀的基础条件。气候变化治理、绿色溢价、"全民基本收入"、新进步主义运动，直至当下俄乌冲突凸显地缘政治风险上升，这些动态因素无论背景原因如何复杂和得失利弊怎样不同，其共同之处是都在发挥通货膨胀的推手作用。

在这个背景下，新冠疫情冲击与美国刺激政策联手，终于撬开了沉寂几十年的通货膨胀魔盒。正如一位银行家说的："如果你挑逗通货膨胀，就要跟通货膨胀成婚。"现在的问题是，美国要支付多大的代价才能解除这个不愉快的婚约？世界经济如何能规避通货膨胀时代来临的或然风险？①

---

① 卢锋：《透视美国财政决策新思维》，2021年7月8日。

09

通胀"宽"度已达 1980 年：美国通胀的另一个视角[①]

一、全球通胀不仅在走高，也在变宽

（一）通胀由低到高

2021 年以来，全球主要发达经济体的通货膨胀水平快速上升，达到近三四十年来的新高。美国 CPI 同比增速和核心 CPI 同比增速创近 40 年来新高，仅次于 20 世纪 70—80 年代大通胀时期；欧元区 CPI 同比增速和核心 CPI 同比增速也是有数据以来的新高（1997 年）；撇开 2014 年上调消费税率的影响，日本 CPI 同比也达到近 20 年来的高位。

[①] 本文作者：张瑜，CF40 青年论坛会员，华创证券研究所副所长，首席宏观分析师。本文作于 2022 年 7 月。

（二）通胀由窄到宽

整体通货膨胀读数高只是当下发达经济体通货膨胀严峻形势的一面（通货膨胀高度），另一面是涨价范围扩大（通货膨胀宽度）。最开始的通货膨胀上行主要体现在能源项目、食品项目上，以及供应链中断的同时因消费模式切换带来需求上行的商品项目上，但在经济修复、通货膨胀预期升温、劳动力市场趋于紧张等因素的影响下，主要发达经济体的通货膨胀正在由窄变宽。

通货膨胀由窄变宽的观察视角一：CPI细分项同比的分布重心明显右移，从右移幅度看，能源>食品>核心商品>核心服务。相比于2019年第四季度，2022年5月的数据显示，美国、欧元区（挑出德国和意大利单列，两者具有代表性，分别是欧洲经济龙头和吊车尾的代表）、日本的价格分布重心明显右移（见图9.1至图9.10）。能源项目分布普遍从小于2%的区间上移至20%以上，食品项目分布普遍从0%~4%上移至6%~14%，核心商品项目分布普遍从0%~2%上移至4%~10%，核心服务项目分布普遍从0%~2%上移至2%~6%（日本核心价格分布重心右移幅度较小）。

通货膨胀由窄变宽的观察视角二：2021年以来，同比涨幅超过2%[①]的CPI与核心CPI项目的比例均大幅提高；若观察涨幅超过5%的项目比例，新冠疫情前后的变化则更为明显。

[①] 选择2%作为标准的原因是，在1996年以后，2%是美联储的通货膨胀目标，在此之前没有。但我们有两个参考：一是20世纪60年代，美联储货币政策隐含的通货膨胀目标就是1%~2%（Ireland，2005）；二是大通胀时期以前的1960—1969年，CPI同比中枢就是2.3%。

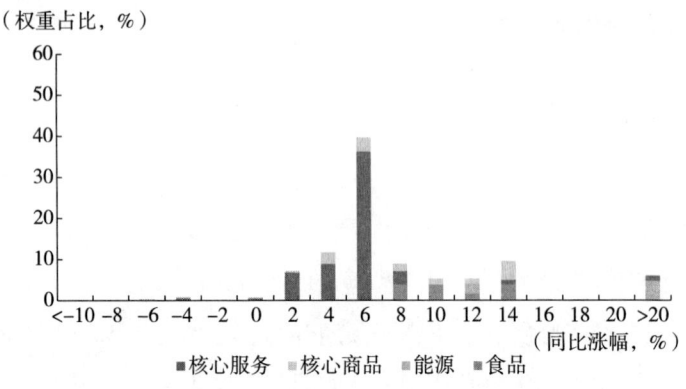

图 9.1　美国 CPI 细分项同比分布（2022 年 5 月）

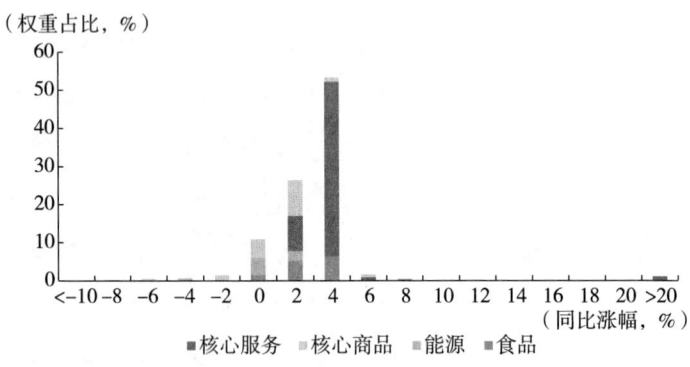

图 9.2　美国 CPI 细分项同比分布（2019 年第四季度）

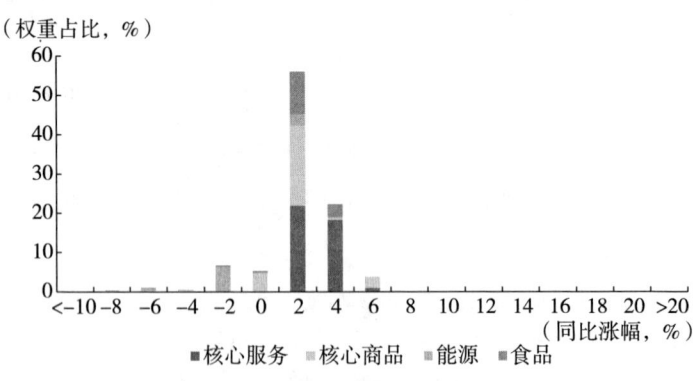

图 9.3　欧元区 CPI 细分项同比分布（2022 年 5 月）

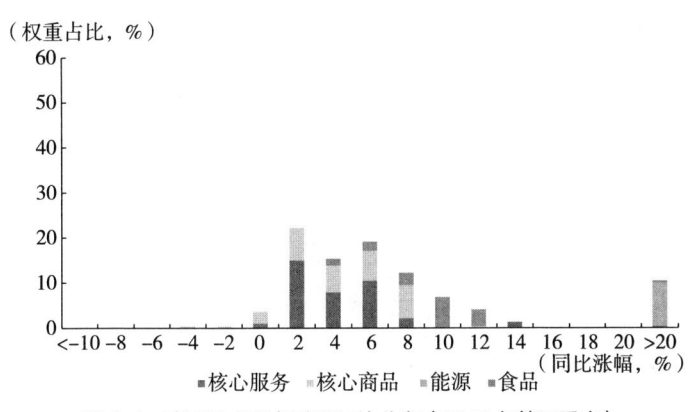

图 9.4　欧元区 CPI 细分项同比分布（2019 年第四季度）

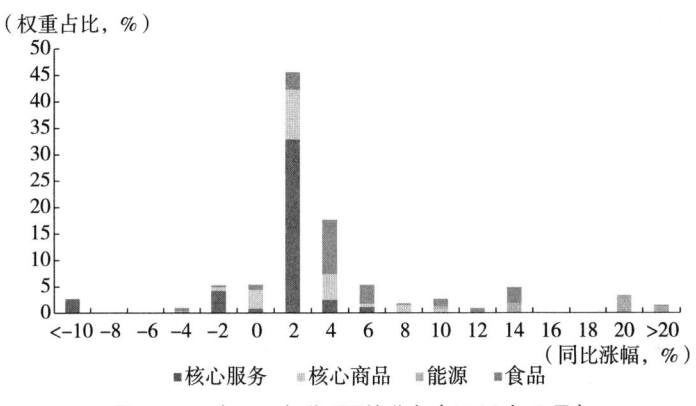

图 9.5　日本 CPI 细分项同比分布（2022 年 5 月）

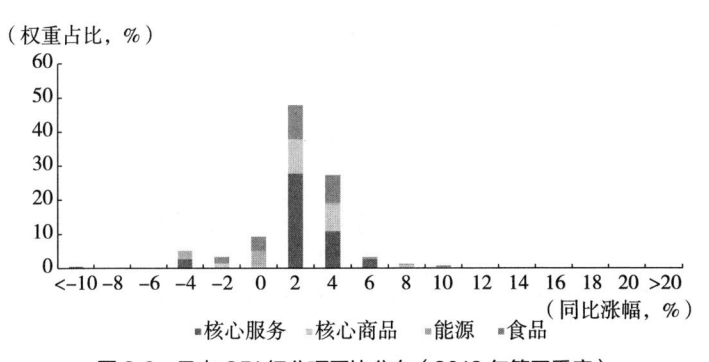

图 9.6　日本 CPI 细分项同比分布（2019 年第四季度）

09
通胀"宽"度已达 1980 年：美国通胀的另一个视角

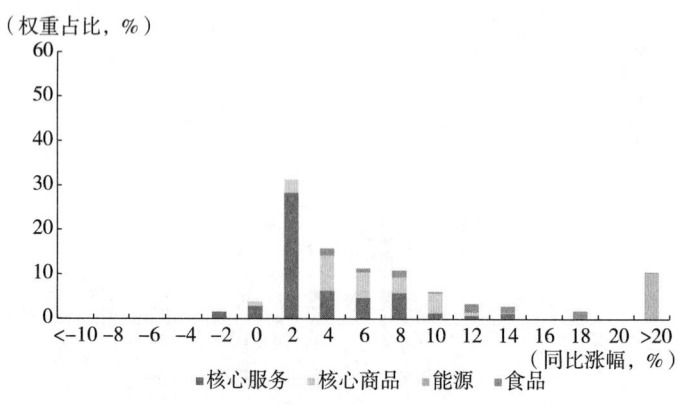

图 9.7　德国 CPI 细分项同比分布（2022 年 5 月）

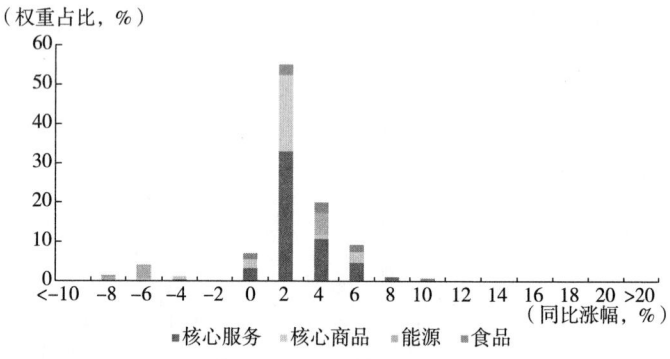

图 9.8　德国 CPI 细分项同比分布（2019 年第四季度）

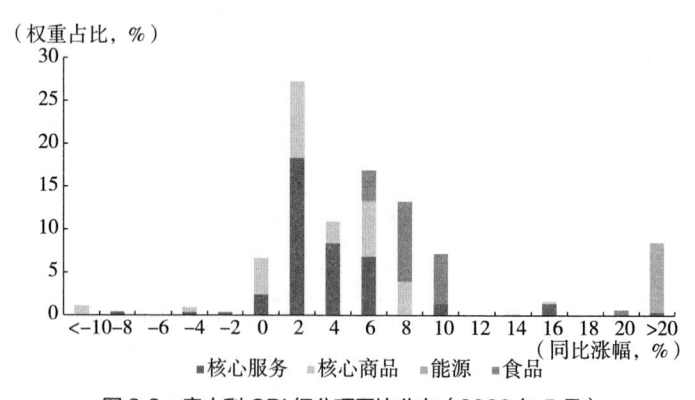

图 9.9　意大利 CPI 细分项同比分布（2022 年 5 月）

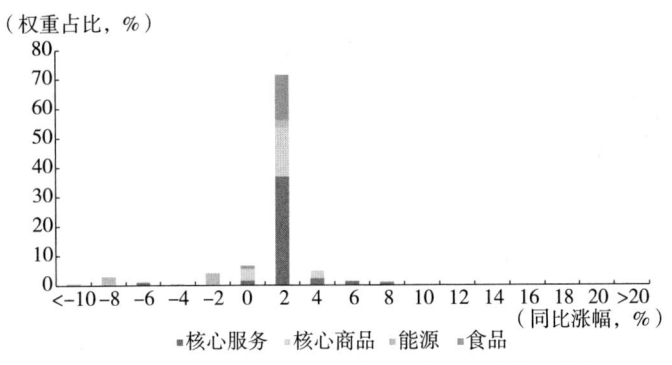

图 9.10　意大利 CPI 细分项同比分布（2019 年第四季度）

从整体通货膨胀项目看，美国 CPI 中价格涨幅超过 2% 的项目比例从 2019 年 12 月的 38% 上升至 2022 年 5 月的 84%，欧元区从 22% 上升至 77%，德国从 36% 上升至 78%，意大利从 12% 上升至 56%，仅日本从 41% 下降至 33%。若观察涨幅超过 5% 的项目比例，新冠疫情前后的变化更为明显。美国从 10% 上升至 60%，欧元区从 3% 上升至 40%，德国从 9% 上升至 48%，意大利从 5% 上升至 28%，日本从 6% 上升至 16%。

从核心通货膨胀项目看，2019 年 12 月至 2022 年 7 月，核心 CPI 中价格涨幅超过 2% 的项目比例，美国从 39% 上升至 80%，欧元区从 25% 上升到 71%，德国从 33% 上升至 73%，意大利从 13% 上升至 50%，仅日本从 43% 下降至 24%。若观察涨幅超过 5% 的项目比例，疫情前后的变化也更为明显。美国从 11% 上升至 46%，欧元区从 4% 上升至 31%，德国从 9% 上升至 41%，意大利从 6% 上升至 20%，日本从 5% 上升至 9%。

拉长时间看，当下，欧元区、德国和意大利的上述比例已创有数据以来的新高；美国 CPI 中，涨幅超过 2% 的项目比例

（90% 左右）已接近或达到 20 世纪 80 年代初期和 90 年代初期的峰值，涨幅超过 5% 的项目比例达到 20 世纪 90 年代初期的峰值（60% 左右），与 20 世纪 80 年代初期（90% 以上）则还有 30 多个百分点的差距。

二、通胀宽度与高度的关系

（一）美欧日通胀宽度与高度的关系

20 世纪 70 年代以来，美国通货膨胀宽度与高度的相关性（用当期通货膨胀宽度与当期通货膨胀高度的 120 个月滚动相关系数衡量，越高代表相关性越强）呈现"先升后降再升"的过程，2000 年以来逐渐下降，但新冠疫情发生后快速上升；同时通货膨胀宽度的黏性大幅增强（用当期通货膨胀宽度与前后半年通货膨胀高度的 120 个月滚动相关系数波动区间衡量，越宽表示黏性越弱，越窄表示黏性越强）。欧元区和德国的通货膨胀宽度与高度的相关性、通货膨胀宽度的黏性在疫情发生后也快速上升。日本通货膨胀宽度与高度的相关性呈缓慢下降趋势，疫情发生后也未有改变，通货膨胀宽度的黏性变化也不明显。

1. 美国

美国 CPI 通货膨胀的宽度与高度的关系在历史上经历了四个阶段的变化。

在 1983 年以前，有三个现象：（1）通货膨胀很宽，涨价范围极广，90% 以上的项目涨幅超过 2%；（2）通货膨胀宽度与高度的相关性较强，相关系数在 0.6 左右；（3）通货膨胀宽度与高度之间的相关性，随着时间的推移，衰减并不显著，通货膨胀宽度的黏性较强。这可能体现的是 20 世纪 70—80 年代的大通胀时期，涨价更容易扩散且更具持续性，也是通货膨胀预期脱锚的佐证。

1983—1999 年是美国走向通货膨胀大缓和的过渡时期。一方面，在沃尔克大幅提高利率去通货膨胀后，整体通货膨胀的宽度与高度的相关性变强，相关系数提高至 0.8~0.9；另一方面，通货膨胀宽度与高度之间的相关性随着时间的推移而明显减弱。这体现了美联储通货膨胀治理的成果——通货膨胀宽度会随着通货膨胀高度的回落而快速收窄。核心通货膨胀的宽度与高度的相关性从 1992 年以后（美国进入通货膨胀大缓和的时间点前后）才逐渐增强，体现了核心通货膨胀更具韧性，涨价持续性更强，更难治理。

2000 年以来，第一，涨价范围相比前两个时期大幅收窄，涨幅超过 2% 的项目比例在 40%~60% 波动。第二，通货膨胀的宽度与高度的相关性快速下降，相关系数从 0.8~0.9 降至 0.3~0.5。第三，通货膨胀宽度与高度之间的相关性随着时间的推移会快速减弱。这三个现象体现的是，随着经济行为主体对美联储治理通货膨胀的信任强化，通货膨胀预期稳定，通货膨胀偏离美联储 2% 目标的时间都非常短暂，偶有的通货膨胀上行也难以带来涨价范围的扩散及持续。

新冠疫情暴发以来至今，首先，通货膨胀快速变宽，涨价范围更广，涨幅超过 2% 的项目比例约为 85%。其次，通货膨胀高度与宽度的相关性快速提升接近 1980 年后期至 20 世纪 90 年代的峰值，伴随着通货膨胀的走高，涨价也在大幅扩散。最后，通货膨胀宽度与高度之间的相关性随着时间的推移，衰减速度大幅变缓，通货膨胀宽度的黏性变强。新冠疫情暴发以来的通货膨胀情况，与过去 20 年完全相反，目前难以判断这种情况是暂时的，还是代表着向另一种通货膨胀机制的转变。如果是后者，结合疫情发生以来美国通货膨胀预期的快速升温，高通货膨胀或有趋于固化的风险。

2. 欧元区

欧元区通货膨胀的严峻形势虽然不及美国，但依然不容乐观。一是通货膨胀宽度在新冠疫情暴发后大幅走阔，达到历史峰值。二是通货膨胀宽度与高度的相关性大幅增强，相关系数从疫情前的不到 0.5 提高至约 0.9。三是通货膨胀宽度与前后 6 个月的通货膨胀高度的相关性的衰减明显变慢，通货膨胀宽度的黏性增强。德国的情况与欧元区的整体情况类似。

3. 日本

日本的通货膨胀情况要明显好于欧美。第一，不管是整体通货膨胀还是核心通货膨胀，宽度均没有明显走阔。第二，通货膨胀宽度和高度的相关性并未提升，通货膨胀宽度的黏性变化也不大。第三，日本通货膨胀目前只有 2.4%，核心通货膨胀仅有 0.2%。

（二）通胀越高、越宽，通胀超预期的概率越大

通货膨胀越高、越宽，通货膨胀超预期的概率越大。考虑到

数据可得性，仅以美国近 20 年的数据为例，我们发现，在通货膨胀上行、通货膨胀变宽的时期，通货膨胀读数超预期（彭博一致预期）的概率变大，比如 2003—2006 年、2007—2008 年、2010—2011 年、2021 年以来。

金融市场隐含波动率的情况也从侧面验证了这一点。1990 年以来，通货膨胀上行、通货膨胀变宽的时期，美债和美股的隐含波动率大多也会上升。通货膨胀越超预期，金融市场的波动越大。

用过往的经验映射当下，未来美国通货膨胀超预期的概率也会更大。

（三）美联储更关注通胀的高度还是宽度？

毫无疑问的是，在通货膨胀的高度和宽度之间，美联储最关注的是高度。首先，从 20 世纪 90 年代中期以来，2% 就是美联储的货币政策通货膨胀目标，而通货膨胀宽度的概念并不见诸美联储的官方文本中。其次，相比于通货膨胀高度，通货膨胀宽度的概念理解起来并不直观，不便于预期管理；同时自 20 世纪 90 年代美国进入通货膨胀大缓和时代后，通货膨胀宽度基本维持在较为平稳的水平，跟踪和分析的重要性并不突出。最后，随着时间的推移，由于 CPI 的细分科目不断变化，而通货膨胀宽度是基于可变样本计算得到的，所以在时间上的可比性没有通货膨胀高度好。

然而，相比于通货膨胀高度，通货膨胀宽度更能反映经济主体的定价行为和通货膨胀预期变化。就 20 世纪 70—80 年代的经验看，通货膨胀宽度能够抵消部分美联储反通货膨胀的政策努力。

1980年3月，美国CPI同比达到14.8%的峰值，在沃尔克大幅收紧货币政策之后，1983年7月CPI同比回落到了2.5%的水平，大致接近于20世纪60年代的CPI同比中枢（美联储在1996年设定了通货膨胀目标，之前并没有官方的通货膨胀目标。如果以20世纪60年代作为参考，1960—1966年，美国CPI同比均值为1.5%，1960—1969年均值是2.3%），后续通货膨胀又反弹至约4%的水平。

这可能很难完全用1984—1988年5%左右的经济增速来解释，毕竟20世纪60年代前期和中期的GDP增速在5%~7%，但CPI同比仅有1.5%。另一个重要原因可能在于，虽然1983年通货膨胀高度基本回落到大通胀时期前的水平，但通货膨胀宽度却并未明显收窄，涨幅超过2%的细分项目比例仅从90%以上回落至70%~80%，意味着经济主体的定价行为和通货膨胀预期尚未修正至大通胀时期前的水平（20世纪80年代消费者和专业调查人士的通货膨胀预期仍有4%~5%，而20世纪60年代前期和中期不到2%），一旦经济好转，通货膨胀就容易反弹。

以史鉴今，在当下美国通货膨胀的高度和宽度又一次向大通胀时期靠近时，虽然今天美联储治理通货膨胀比20世纪70—80年代更具有信服力，但也不能只关注通货膨胀高度的回落，还应该关注通货膨胀宽度能否随之收窄，以避免重蹈覆辙。

因此，我们理解2022年6月鲍威尔在众议院做证所说的，"明确的证据表明通货膨胀正在以令人信服的方式下降"，有两个非常重要的观察指标。

一是核心 CPI 环比能不能回到 0.2% 的正常水平（2022 年 1—5 月美国核心 CPI 环比均值为 0.5%，新冠疫情发生前近 40 年均值约为 0.2%，美国经济快速增长的三个时期——1992—2000 年、2003—2006 年、2015—2018 年的环比也是 0.2%；1970—1982 年大通胀时期是 0.6%；1957 年至今，核心 CPI 环比超过 0.5% 的月份占比不足 20%）。

二是通货膨胀宽度能否明显收窄（20 世纪 90 年代中期以来，涨幅超过 2% 的细分项目比例是 40%~60%，目前在 85% 左右）。

三、通胀高度与长端利率的关系

自 20 世纪 80 年代以来，全球逐步迈向低通货膨胀时代，长端利率与通货膨胀宽度和高度的关系逐渐钝化，尤其是进入 21 世纪后，长端利率的走势基本与通货膨胀宽度及高度脱钩。

但随着新冠疫情发生后全球通货膨胀走高及宽度走阔，相比以往阶段，长端利率与通货膨胀的关系变得紧密，且通货膨胀越高、越宽，这种联系会越紧密。在主要发达经济体中，新冠疫情发生以来，美国长端利率对通货膨胀的走势最为敏感，通货膨胀宽度及高度对长端利率的解释力度高达 60%~70%，而 2000—2019 年仅不到 20%。其次是德国，疫情发生前，德国长端利率与通货膨胀宽度及高度的走势是相反的，疫情发生以来，两者关系转正，通货膨胀宽度对长端利率走势的解释度达到 30% 以上，通货膨胀高度对其解释度达到 50%~70%。只有日本的长端利率对通货膨胀变动的反应不明显，一是受日本银行货币政策的影响；二是通货膨胀也较低，通货膨胀宽度并未明显走阔。

笔者曾在《美国窘境：必须含泪错杀的需求》一文中提到，未来美国通货膨胀会更加难以预测，主要体现在供给层面（供应链以及能源和食品冲击）、需求层面（货币政策冲击）以及认知层面（低估当前通货膨胀的严峻形势）三个因素上，实际上，这也适用于欧洲。也就是说，短中期维度内，欧美的通货膨胀走势的预测难度大幅增加，通货膨胀超预期的概率在提升。

无论长端利率更多的是反映实际的通货膨胀走势还是未来的通货膨胀预期，当下而言，在欧美通货膨胀存在强不确定性、未来通货膨胀超预期概率大幅提升的背景下，基于货币政策大幅收紧带来欧美经济衰退的预期，过早地押注长端利率的走向，风险性都极大。因为在市场上，过早的正确可能也是一种错误。

四、从通胀动态理解央行的政策选择

下面从新冠疫情发生以后的供需面变化理解通货膨胀动态。

首先需要了解的是，疫情发生至今，美国和欧元区的实际产出已修复至2019年以前的水平，美国修复的程度更强，只有日本仍在2019年的产出水平以下。

就美国而言，对比2019年，新冠疫情发生后美国的需求曲线右移、供给曲线上移，需求扩张强于供给收缩，带来了更高的物价与更高产出的结合。对于美国而言，最好的路径是"供给缓和＋需求边际回落"，实现温和的通货膨胀与经济扩张。

相比于美国，欧元区的刺激力度更弱（缺乏财政政策协同），但供给受俄乌冲突的影响强于美国，供给收缩更强。对比2019年，新冠疫情发生后欧元区的需求曲线右移、供给曲线大幅上移，带来了更高的物价与温和增长的结合。对欧元区而言，最好的路径是等待"供给修复+需求略有回落"（在2022年早期，欧洲央行并不想要年内加息），实现温和通货膨胀与温和增长。

与美国、欧元区不同，日本的需求曲线可能是曲折的。对比2019年，新冠疫情发生后日本的需求曲线小幅右移（内需对政策刺激不敏感）、供给曲线小幅上移（日本受到的供给扰动弱于欧美），带来了相对较高的物价与产出收缩的结合。

但当下美联储和欧洲央行面临同样的困境。

第一，通货膨胀面临的供给冲击何时消退尚不可知，而任由负面供给长时间冲击通货膨胀，即使是短期的负面冲击也有可能推高中长期通货膨胀预期，进而导致趋势通货膨胀中枢上行（通货膨胀预期的自我实现，如美国20世纪70—80年代发生的事件）。

第二，涨价压力正在大幅扩散，通货膨胀不仅高，而且很宽，涨价压力渗入了更具黏性的核心商品和服务部门，由此，通货膨胀压力已不仅是经济问题，更是一个政治和社会问题。

第三，虽然目前表明大多数发达经济体正在陷入工资-价格螺旋的证据不足，但不应低估出现工资-价格螺旋的风险，尤其是考虑到薪资大幅上涨以及一些劳动力市场机制（工资指数化、COLA条款[①]等，使经济体更容易陷入工资-价格螺旋，让通货膨胀变得更加顽固）变化的潜在压力。

第四，中央银行在短期内几乎无法应对供给驱动的临时价格

[①] COLA（生活费用调整）条款允许在合同有效期内按规定的时间间隔根据通胀情况增加工资。

冲击，因为货币政策影响的是总需求，而不是总供给。中央银行只能通过单方面影响需求，进而改变需求和供给之间的平衡，从而影响通货膨胀。

因此，对于美联储和欧洲央行而言，只能通过货币政策大幅快速收紧，大幅杀需求来降低通货膨胀。我们认为，为了防止通货膨胀的固化，在看到通货膨胀下来之前，中央银行不应该，也不能停止货币政策的收紧，即便这样会大幅错杀需求，进而导致经济大幅放缓甚至衰退。正如鲍威尔在众议院做证时所说的，"要看到明确的证据表明通货膨胀正在以令人信服的方式下降，才会转向"。

因为"行动太少太迟是要付出代价的"，如果不这么做，未来中央银行将要面对的就不是衰退，而是真正的滞胀（高通货膨胀+衰退）。学术界对20世纪70—80年代美国通货膨胀持续性的原因仍存在争论，但基本认为美联储在此期间既要"降通胀"又要"保经济"的政策思路，是助推美国通货膨胀不断上行的重要因素。爱尔兰（Ireland，2005）运用新凯恩斯模型推断20世纪90年代中期以前的美联储政策操作隐含的通货膨胀目标时发现，该目标从1959年的1.25%上升到20世纪70年代中后期的8%以上，既要反高通胀又要保经济的做法，使其隐含通货膨胀目标大幅上行。如果美联储坚持大通胀时期前的隐含通货膨胀目标，美国在20世纪70—80年代的CPI同比峰值不会超过4%。

因此，就美债利率而言，在中期纬度上（未来半年到一年），美国需求被错杀是大概率事件，我们认为美国资产"由股切债"依然是主逻辑，美债利率短期会先反映政策收紧和高通货膨胀，随着中期维度美国需求被"错杀"开始得到验证，才有望进入新的下行阶段。

但日本是例外。对日本而言，鉴于当前的通货膨胀形势尚不严峻，最好的路径仍是等待"供给修复＋货币政策继续维持宽松"（目前日本中央银行也是这么做的），从而实现"价格上涨＋居民对价格上涨的容忍度提高＋产出修复"的情景，而这也正是黑田东彦在《日本央行对货币政策的思考》一文中所表达的。

10
全球高通胀和货币政策转向[①]

新冠疫情暴发后，主要发达经济体实施的超常规刺激，疫情此起彼伏的长尾扰动，以及俄乌冲突等地缘事件的供应冲击，都使供需错位和价格压力一度到了一个难以为继的程度，"后遗症"也不断显现。为了应对几十年未见的通货膨胀压力，全球主要中央银行都开启了同样几十年未见的紧缩周期。尽管当前通货膨胀水平已经从极端高位回落，但距离彻底解决还有很多工作要做。如何有序地逐步撤出超常规政策支持、有效抑制短期通货膨胀压力，成为以美联储为代表的主要发达国家中央银行的主要挑战。美国通货膨胀自 2021 年以来快速上升的原因是什么？美联储是否对通货膨胀快速上升有重大误判？以美联储为代表的主要发达国家货币当局的政策收紧将给全球流动性带来多大影响？未来的

[①] 本文作者：黄海洲，CF40 特邀成员、中国国际金融股份有限公司资本市场业务委员会主席；刘刚，中国国际金融股份有限公司董事总经理。本文发表于《清华金融评论》，2022 年第 4 期。

政策出路在哪里？这些都是值得我们思考的问题。

一、发达国家货币政策走向紧缩符合正常经济周期规律

随着英格兰银行"打头炮"加息，美联储于2022年3月议息会议上首次加息，并于5月开启缩表进程，欧洲央行也紧跟美国的步伐。除日本外，全球主要发达国家的中央银行政策均转向紧缩。在短短一年内，美联储已经加息450bp（基点），紧缩速度和步伐都是20世纪70—80年代滞胀时期以来之最。我们认为，主要发达经济体逐步走向紧缩货币政策是由其经济周期所处位置决定的。

新冠疫情虽然一度造成巨大冲击，但3年来主要发达国家经济增长逐步修复。以美国为例，2022年实际GDP为20.02万亿美元，高于2019年的19.04万亿美元。2021年和2022年实际GDP增速分别为5.9%和2.1%；以标准普尔500指数为代表的美股2021年每股收益增速更是高达54.9%。相比之下，欧洲经济修复较慢，但也基本修复至新冠疫情发生前的水平（见图10.1）。

因此，从经济周期意义上讲，新冠疫情暴发以来超常规的货币政策也确实需要逐步退出。当然，在供应链堵塞、地缘风险、疫情等多重因素的作用下，主要发达经济体的通货膨胀水平走到多年高位，为货币政策正常化提供了更多的理由。

自全球通货膨胀压力走高以来，市场有声音质疑疫情以来以美国为代表的大规模财政刺激和宽松货币政策是否有必要。美国在2020年新冠疫情暴发后，推出三轮总规模高达6万亿美元的财

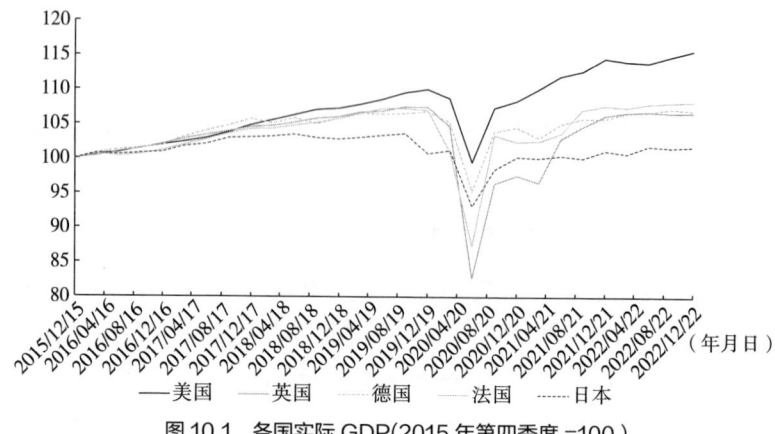

图 10.1　各国实际 GDP(2015 年第四季度 =100)

资料来源：Haver Analytics，中金公司。

政刺激，使 M2 年增速一度超过 20%，美联储资产负债表扩张累计超过 4 万亿美元（见图 10.2）。这些措施的力度都远高于美国应对 2008 年全球金融危机的力度。美联储的及时响应，有效控制了流动性风险，避免了 2008 年全球金融危机或 1929—1933 年大萧条的重现。

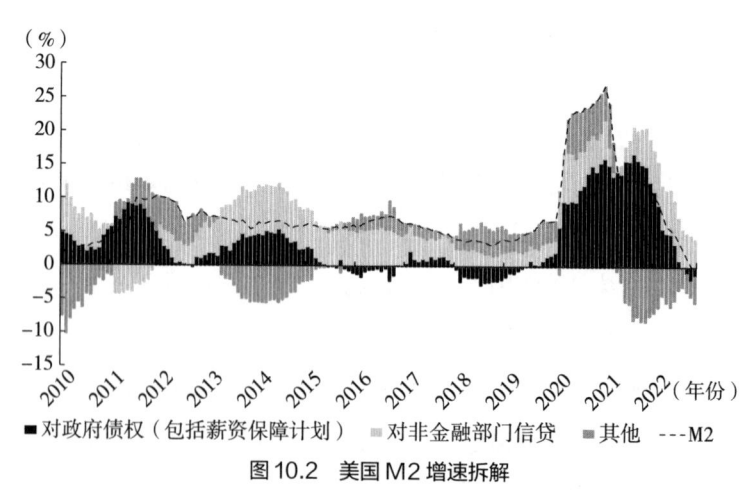

图 10.2　美国 M2 增速拆解

资料来源：Wind，中金公司。

美联储的响应是非常及时和必要的。新冠疫情发生以来，美国累计超过 1 亿人感染，高峰时日度确诊一度高达 135 万例。如果没有相关货币和财政政策的及时与果断应对，此次疫情可能因损害企业和居民部门的资产负债表对美国经济与就业市场造成更大甚至不可逆的打击。一些无法有效控制疫情和没有能力大规模刺激的新兴市场是可以参照的反例（见图 10.3）。

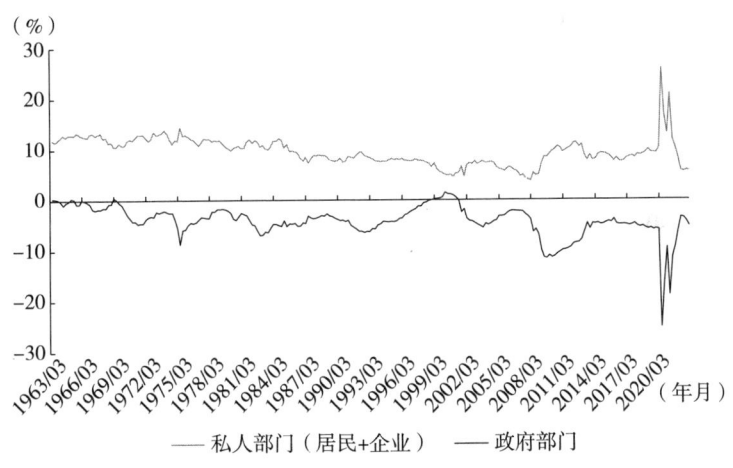

图 10.3　美国政府部门与私人部门储蓄占 GDP 的比重
资料来源：Haver Analytics，中金公司。

二、美联储是否错判了通胀形势？

有一种市场观点认为，美联储在新冠疫情发生后退出刺激政策的反应过于滞后，导致后来通货膨胀面临失控的局面，因此不得不激进紧缩来纠正错误。我们需要分析这轮通货膨胀形成的原因和演变过程，才能判断美联储的政策反应是否过于滞后。从这轮通货膨胀的形成原因看，需求强劲是客观事实，但供给冲击也是不可忽略的重要因素，甚至可能是阶段性主导因素。

2021年开始，各种层面的供应冲击一环扣一环，成为价格节节走高的主要推手。2021年初得克萨斯州的极端天气，随后的汽车芯片短缺、苏伊士运河堵塞，年中的德尔塔变异毒株，第三季度的飓风和台风，第四季度的奥密克戎变异毒株，此起彼伏的供应冲击一波未停，一波又起，加剧了原本就紧缺的局面下的供应压力（图10.4）。

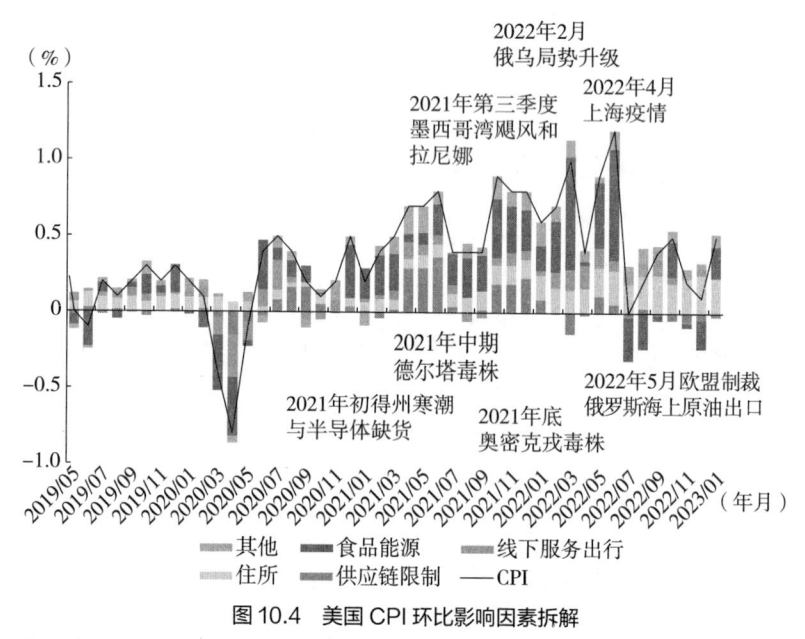

图10.4 美国CPI环比影响因素拆解

资料来源：Haver Analytics，中金公司。

2022年2月以来，欧美地区的疫情状况已经大幅好转，疫情对经济活动和供应链的扰动也在明显减少。市场预期3月后可能看到美国CPI出现拐点。然而，2月末俄乌局势急转直下，形成了新一轮事实上的供给冲击。此次冲突的扰动更多集中在资源品上，包括原油、天然气和农产品（小麦、玉米）等。随后的洛杉矶码头堵塞、卡车司机罢工等都加大了资源品、供应链和供需错配的严重程度，也成为2022年上半年通货膨胀不断攀升，创下过去40年以来新高的主要推手。

回过来看就不难发现，上述的各类供应冲击都具有相当的突发性和偶然性，很难提前预知预判。美联储在当时的环境下做出通货膨胀"暂时性"的判断，并非完全没有道理。

由于相当一部分通货膨胀压力来自供给冲击，如疫情对生产的阻断、地缘冲突对供应的冲击，所以单纯期待依靠货币政策收紧无法解决实质性问题，需要推出其他更有针对性的经济政策，以缓解供给端压力的问题，例如缓和俄乌局势、释放战略石油储备、缓解码头拥堵并提升运输效率等。

从相对较长的维度来看，美联储对于通货膨胀可能有一定的"容忍度"，或许"希望"通过矫枉过正的方式来扭转金融危机以来长期低迷的通货膨胀预期。自2008年全球金融危机以来，以美国为代表的主要发达经济体所担心的不是通货膨胀问题，而是长期走向日本化的问题。2019年第三季度，全球负利率债券规模一度创下18万亿美元的新高，美国也一度讨论降息空间不够，无法应对后续衰退，甚至要执行负利率政策的想法。从全球视角来看，此前偏高的杠杆、相对疲弱的增长和收入预期，持续抑制了对于未来的消费预期，进而导致通货膨胀和利率持续偏低。

三、是否重演20世纪70年代滞胀的风险？

发达国家创纪录的高通货膨胀、叠加俄乌地缘冲突和随后的几轮石油制裁，都一度增加了市场对于当前可能重演20世纪70年代因为地缘局势引发两轮石油危机进而导致美国陷入滞胀局面、迫使美联储大幅加息的担忧。

但当前与20世纪70年代的滞胀局面"形似而神不似"。复盘过去百年间典型的高通货膨胀案例，例如一战、二战和20世纪70年代，会发现高通货膨胀往往是一系列因素综合促成的。20世纪70年代最终形成滞胀局面也有一系列因素。

第一，高通货膨胀通常伴随着货币体系失衡。20世纪70年代滞胀局面形成的一个最主要的宏观背景是布雷顿森林体系在1971年8月最终解体，国际金融体系1973年进入浮动汇率时代。美元的大幅波动和震荡使全球货币体系陷入了"无锚"的动荡时期，美元的贬值也直接导致了大宗商品价格的迅速攀升。

第二，供需矛盾是核心。1963年约翰逊总统上台后提出"伟大社会"（Great Society）构想，增加社会福利，扩大财政支出，20世纪60年代后期越南战争的爆发进一步增加了赤字规模。同时期"新凯恩斯"学派理念盛行，政策当局希望通过国家干预以扩张性政策换取失业率的永久性降低。

第三，政策失误加剧供需矛盾（如20世纪70年代价格管制、强势工会推升工资、货币政策过多关注就业并低估通货膨胀预期向上螺旋）。政策当局意识到通货膨胀水平需要得到抑制，但时任美联储主席阿瑟·伯恩斯等人对通货膨胀的上升并不敏感。因此，美联储仍坚持宽松货币政策以期望实现充分就业，而尼克松政府则采用工资-价格管制的方式来抑制通货膨胀。货币政策持续在失业和通货膨胀之间纠结，在1974年再次陷入衰退后继续维持大规模宽松。此外，联邦基金利率几升几降，使市场对政策预期失衡。

第四，突发事件促成了供给收缩和价格上升的"完美风暴"。在上述环境下，20世纪70年代的石油危机实际上只是助长和恶化了当时的通货膨胀，而并不是导致通货膨胀的根本原因。

对比当下，虽然通货膨胀仍具有相当的黏性，但滞胀仍然有难度。主要体现为以下几点。一是不同于20世纪70年代，当前全球化分工协同仍然有效果。虽然过去几年贸易摩擦导致一定程度的逆全球化，但全球化分工大趋势并没有逆转，新冠疫情扰动反而促进了全球贸易的增长，尤其是中国等对疫情控制较好且供应链完备的市场更是凸显优势。二是20世纪70年代在积极的财政政策的推动下，全球总需求整体大于总供给；疫情后的刺激虽然推升需求，但当前商品和劳动力供给并非完全不足，而是因疫情升级被暂时阻断或退出（如越南停工、美墨边境关闭等），很难说当前的全球总需求大过总供给。三是20世纪70年代工业主导的经济增长模式对能源品更为敏感，相比之下，当前美国以消费和服务业为主。四是强势工会在20世纪70年代核心通货膨胀和价格预期螺旋中扮演了重要角色，但目前企业加大自动化和数字化投入一定程度上削弱了工会的议价能力。

往前看，当前美国CPI通货膨胀已经从9.1%的高点大幅回落至6.4%，一些外部的扰动如能源和供应链也明显缓解，房租增速也有所趋缓，一定程度上验证了上文的看法，即一些外部扰动因素消散后，价格会快速回落。当前通货膨胀剩下"最后的堡垒"，是扣除掉房租外的其他服务型价格，即所谓的"超级核心通货膨胀"，主要与服务业（尤其是接触性行业，如酒店休闲）的需求和就业直接相关，后续对这一块问题的解决可能在一定意义上需要一个小型衰退来实现。

对于美联储政策而言，通货膨胀的回落方向是已知的，也是确定的，变数来自 5% 以后的回落速度，因此加息的放缓以及最终结束依然是大概率事件，但是年底能否走向降息，仍需要观察增长下行和通货膨胀回落的速度。

四、政策出路在哪里？

从一个更长期的维度，我们需要思考的问题是，什么有可能成为走出当前供需失衡、通货膨胀高企、流动性过剩困局的新政策思路？

新冠疫情暴发以来，中美甚至全球的宏观分析逻辑和范式都是围绕美国居民消费这一核心变量，例如中国的出口、经常账户顺差和汇率，以及美国的消费、通货膨胀、运输瓶颈和工资等，但这条路越来越难走了。

新政策思路，必须有利于培育新增长动能，能够为当前过剩的流动性提供"出口"，并减缓通货膨胀和金融资产价格的压力。从全球范围来看，可能的新政策思路，一方面是中国政府部门加杠杆，即新一轮稳增长刺激辅以宽信用；另一方面是美国企业加杠杆，即新一轮资本支出。目前看，在美国去库存和增长下行的压力下，期待美国企业的新一轮资本支出周期还不现实。中国自 2022 年底以来，优化疫情防控和地产政策已经大幅缓解了增长压力，如果后续有更多政策支持，特别是在国内房地产领域，可以有助于缓解资产价格压力，以增长化解全球成本上升的压力。

11

仅靠一轮紧缩，
美联储是无法驯服通胀的[①]

　　虽然我们于 2021 年就已认识到"全球化共识的破裂和跨境投资成本的抬升，给全球经济造成的影响短期内难有改变，这就意味着，疫后很长一段时期内，全球都要面临供需失衡的局面"，并基于此认为"本轮通货膨胀不是暂时性的"，但之后的通货膨胀形势以及中央银行的变化还是远超我们的预期，尤其是美联储的转变，更是令我们 2022 年初对美债市场的预判完全落空。按照 2022 年 12 月美联储公布的最新政策利率点阵图情况，美联储本轮加息的预期速度已经提高至 33 个基点 / 月，为美联储过去 9 轮加息周期实际操作节奏的第二强（见图 11.1）。

[①] 本文作者：张涛，CF40 青年论坛会员，中国建设银行金融市场部市场研究处处长。本文作于 2022 年 6 月，收入本书时，对数据做了更新，对文字做了补充，数据截至 2023 年 1 月 31 日。

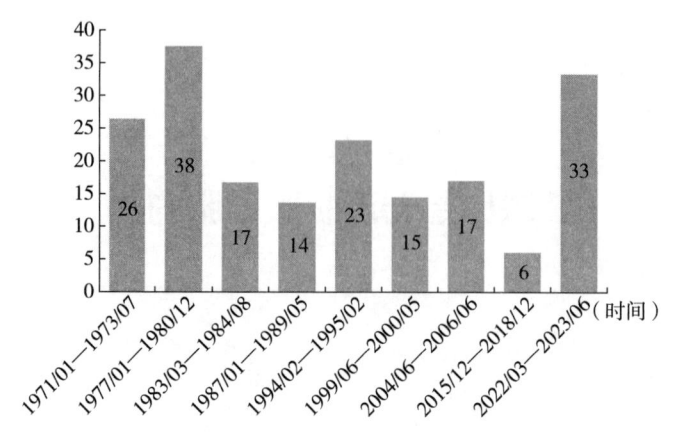

图 11.1 美联储历次加息周期中平均每月实际加息幅度与本次节奏预期

另外，美联储在 2022 年 6 月开始实施的缩表操作也达到类似加息的效果。鲍威尔曾于 2022 年公开表示本轮缩表的规模可能为 2.5 万亿~3 万亿美元，按照美联储的研究，如此规模的缩表大致等同于 50~60 个基点的加息。

然而，即便美联储如此坚决地将对抗通货膨胀重新列为政策首要任务，但如果观察过去一年美联储对通货膨胀、就业和经济增长预测的变化情况（见图 11.2），就会发现实现"软着陆"的难度越来越大。

截至 2022 年 12 月末，美联储预期 2023 年和 2024 年的通货膨胀中枢水平分别为 3.1% 和 2.5%，较一年前的预测有了明显抬升，2023 年和 2024 年的失业率预测均为 4.6%，也较一年前的预测有所抬升，对应 2023 年和 2024 年的 GDP 则下调了预期增速，若从过去一年所做的预测变化来看，美联储已将美国经济回归正常的时间延后至 2024 年前后。

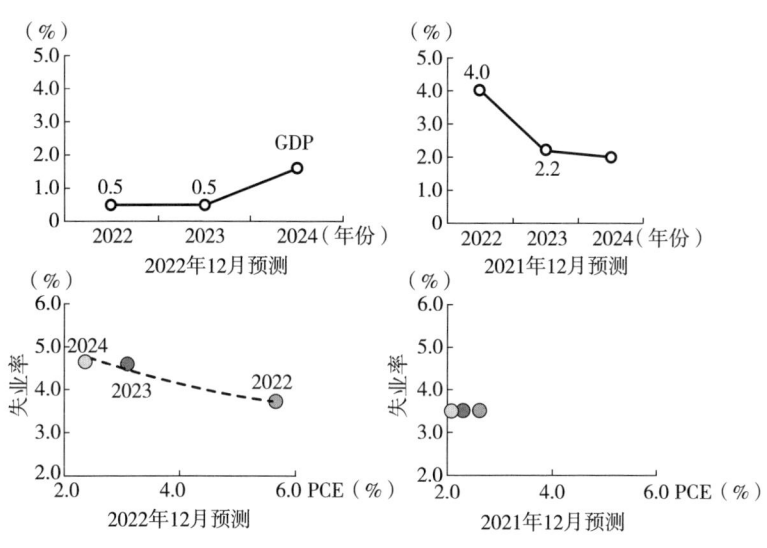

图 11.2 美联储的经济预测（2022 年 12 月和 2021 年 12 月）

市场已将美联储释放出的政策信号提前交易，目前 1 年期美债收益率中枢接近 5.0%（见图 11.3），基本已经体现出美联储本轮加息的终点水平，而按照估算的本轮平均每月 33 个基点的加息速度，基本与沃尔克加息的节奏相当。当年沃尔克快速加息后，美国失业率大幅上升了 5 个百分点至 10.8%，最多时有超过 1 200 万人失业，道琼斯指数的跌幅也接近 25%，反映出激进的紧缩政策，成本一定是巨大的，但即便如此，鲍威尔和美联储的其他人员仍在持续说服市场相信其对抗通货膨胀的决心，显示出美联储在尽力防止通货膨胀固化成影响经济中长期良性运行的顽疾。

但我们依然认为美联储无法仅通过一轮加息和缩表的紧缩操作就成功驯服通货膨胀，对此我们在之前的文章中已有所提及："全球范式转换完成之前，通货膨胀压力很难被根除，因此，本轮通货膨胀对经济的冲击绝不是一次性的，而是多轮冲击。"尤其是我们再次仔细梳理造成本轮通货膨胀的原因时，更多的线索和因素进一步强化了我们的判断。

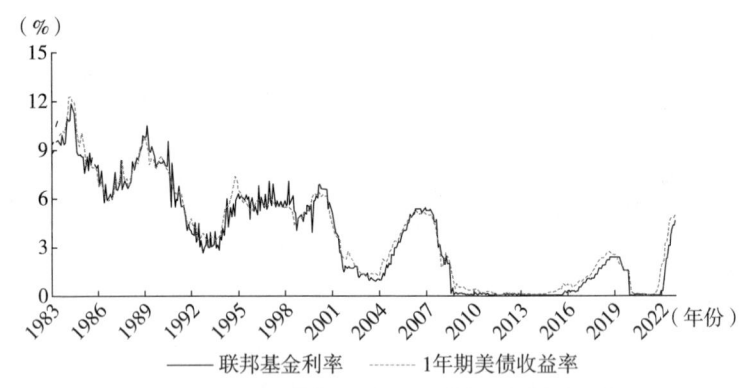

图11.3　美国联邦基金利率与1年期美债收益率变化情况

第一，新冠疫情不仅给经济带来了巨大的外生性冲击，严重扰乱了全球供应体系，还阶段性地改变了人们的经济行为，居家时间大幅增长带来耐用消费品需求的井喷式增多，以及多轮财政纾困对居民消费能力的额外补充也推动了消费需求的报复性反弹等，当然这些因素都多多少少具有一定的阶段性特点，会随着疫情的消退而弱化，这也是为什么此前很长时间美联储都坚持认为通货膨胀是暂时性的，不过这些阶段性因素消退的实际进程要比预期的长，但这些与疫情密切相关的因素基本还属于短期变量。

第二，美联储对美国经济存在严重误判，在2020年初新冠疫情暴发之后，美联储依然在2020年8月将其政策框架做了重大调整，即基于"低增长、低利率、低失业率和菲利普斯曲线平坦化"的判断，将2012年确立的"通货膨胀目标"调整为"平均通货膨胀目标"，鉴于疫情发生前美国的通货膨胀长期低于2%的水平，因此按照新框架，美联储在本轮通货膨胀抬头时，不应该马上有所反应，而是应该继续促进就业最大化，很显然之后美国经济的实况表明，美联储出现了严重误判，由此直接导致美联储错过了更好的政策窗口期，进而需要额外的政策成本去弥补。

第三，拜登政府和民主党需要充分利用难得的蓝海政治窗口期（白宫和参众两院都由民主党把持），尽可能地修改特朗普政府时期推行的共和党政策，实施民主党自己的政策。因此，即便是在民主党内部有质疑声音的环境下，拜登政府还是推出了1.9万亿美元的美国救援计划和1.2万亿美元的基建法案，这在很大程度上加速了本轮通货膨胀的恶化，而在2022年下半年，现任美国财政部长耶伦才代表拜登政府表示对通货膨胀同样出现了误判。

第四，俄乌冲突对全球能源、粮食和金属商品供应体系的冲击，以及新冠疫情多点散发的阶段性影响，一方面干扰了全球供应链本应有的修复进程，另一方面更是加剧了全球供应的紧张，加之此影响是全球性的，进而从全球的层面外溢到了美国。

第五，从中长期变量而言，绿色能源对化石能源的替代成本、全球供应与贸易体系重构的成本、全球跨境投资税率的上升、工人阶层谈判能力的增强等将持续抬升供应端的成本，尤其是经过疫情的冲击，当前全球供应链已经丧失了应有的弹性，相应价格机制平衡供需功能随之衰减，即价格的上涨并不能撬动供给的快速增加，形成了供应短缺的严重通货膨胀局面，如图11.4所示，产出由Y_0缩减至Y_1，价格由P_0飙升至P_1。

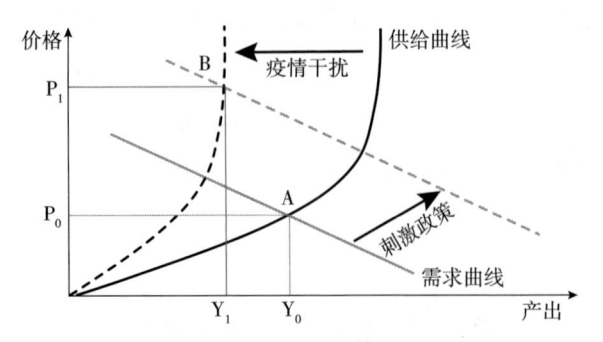

图 11.4　新冠疫情发生后全球供需曲线的变化

　　针对上述推升通货膨胀的五个方面的因素，美联储能做的仅仅是通过紧缩金融条件来挤压需求，对于供给短缺、美国两党博弈等推升通货膨胀的因素，可做的很少。由于错失了更好的窗口期，美联储还需要付出更多政策成本才能给需求降温，即经济增长和金融市场要遭受更大冲击。但是即便如此，美联储也只能阶段性地抑制通货膨胀，如果想彻底消除通货膨胀固化的风险，则需要更长时间和更多政策安排。由此，就我们目前的认识，做出如下判断：美联储无法仅通过一轮紧缩就驯服通货膨胀。

12

美联储的通胀教训[①]

自 2021 年 3 月后，美国通货膨胀率（CPI）持续上升，并在 2022 年 6 月达到 9.1% 后开始下降。与此同时，2022 年第一、第二季度美国经济连续负增长。当前，市场十分关心两个问题：一是美国的通货膨胀是否已经见顶，二是美联储今后政策方向的变化趋势。

2022 年 9 月，笔者的看法是，从供给和需求两个方面来看，只能得出"美国通货膨胀形势将会进一步好转"的结论。关于为什么美联储坚持升息，当时，笔者猜测有以下三个方面的原因。第一，存在政治考量，鲍威尔一开始判断有误，现在必须"矫枉过正"。第二，一个月的变化还不足以得出结论，还需再观察几个月。第三，从需求端看，尽管美国一再升息，但美国实际利率仍

[①] 本文作者：余永定，CF40 学术顾问，中国社科院学部委员。本文发表于《国际金融》，2023 年第 3 期。收入本书时作者对原文做了调整、补充和扩展。

然为负，如果想抑制投资需求，利率还可以提高一些。从供给端看，服务业的物价上涨压力依然比较大，而且工资上涨比较快。看通货膨胀会不会持续，关键看是否会形成"物价上涨—工资上涨—成本上涨—物价上涨"式的恶性循环。鲍威尔强调一定要让通货膨胀率降到2%也可能是出于这种担心。[①] 2022年美联储七次加息，联邦基金利率目标区间由年初的0%~0.25%上升到4.25%~4.5%。2023年2月，美联储再次将联邦基金利率目标区间上调25个基点到4.5%~4.75%。由于美国经济在全球具有重要地位，美联储是否会继续加息，以及加息幅度和频率如何，都是我们不得不关注的问题。本文将对美联储在新冠疫情暴发后不同阶段对美国宏观经济形势的判断，以及美联储政策前后发生180度大转弯的原因进行梳理，希望更好地把握美联储货币政策的未来走向及其对美国经济的影响，最后简单总结中国可以从美联储抑制通货膨胀的实践中得到的启发。

一、美国通胀来源：一种非货币主义的解释框架

美国2021年3月以后的通货膨胀源于何处？一种可能的答案是源于美国长期执行的超宽松货币政策。问题在于，尽管美联储的货币政策极为宽松，2009—2019年，美国通货膨胀的年均增长率仍仅为1.85%。与此同时，美国GDP保持了2%的年均增速。美联储的扩张性货币政策固然产生了诸多副作用和后遗症，例如，加大了贫富不均、未来退出量化宽松可能对经济造成

[①] 余永定：《美国的通胀和美联储的政策调整》，《国际金融》，2022年第10期。

严重冲击等，但也应当看到，全球金融危机爆发后美联储的扩张性货币政策使美国维持了128个月的经济增长（至2020年2月），创下自1854年以来最长的历史纪录。总体而言，从全球金融危机到新冠疫情暴发以前，美联储的量化宽松和零利率政策是成功的。更重要的是，我们难以用2008—2019年以来的扩张性货币政策的累积效果来解释2021年3月后美国的通货膨胀。理论上，通货膨胀可以用三种不同的解释：货币主义理论、供求缺口理论和菲利普斯曲线。其中，菲利普斯曲线只表明在失业率和通货膨胀率之间存在某种反向关系，并不构成一种完整的通货膨胀理论，可暂时存而不论。事实已经证明，弗里德曼的名言——"无论何时何地，通货膨胀都是货币现象"，具有很大的局限性。2008年次贷危机爆发后，为避免金融体系崩溃和经济萧条，美联储推出量化宽松和零利息率。美联储的资产由2008年9月的0.93万亿美元增长到2019年底的4万亿美元，增长330%。商业银行在联邦储备银行的准备金规模，从危机前的微不足道增加到2019年底的1.6万亿美元。基础货币（现金+准备金）则从0.9万亿美元（2008年9月）增加到2019年的3.4万亿美元，增长278%。M1（狭义货币供应量）从2009年的1.7万亿美元增加到2019年的4万亿美元左右，增长135%；M2从8.2万亿美元增加到14万亿美元以上，增长75%。联储基金利率在此期间的大部分时间为零。2009—2019年，美国CPI的年均增长率仅为1.85%。根据货币数量说，通货膨胀率 = 货币供应增长速度 –GDP增长速度。货币数量说成立的前提条件是，货币流通速度不变。事实上，在某些时期，货币流通速度会发生剧烈变化。例如，1997年第二季度广义货币的流通速度为2.2，2020年第二季度才为1.1，下降幅度为100%。从2009年底到2019年底，对应于75%的广义货币增幅，价格指数和实际GDP增长幅度分别为22%和26%。换言之，有27%的货币增幅并未转化为名义GDP增长。显然，很难用2008—2019年美联储的量化宽松与零利率政策解释2021年3月以后美国通货膨胀率的持续大幅上升。能否把10年作为一个观察期，认为前一个观察期（长达10年）的"货币超发"导致了后一个观察期（还不知道有多长）的通货膨胀呢？在前10年中"超发的货币"一直蓄势待发，10年后突然从"笼子"里跑出来追逐当前的产品。这种解释未免过于牵强。更重要的是，从这种观点出发，难以找到2008—2019年"货币超发"导致2021年3月后通货膨胀形势恶化的具体作用机制。供求缺口理论认为，通货膨胀压力来自总需求对总供给的缺口。缺口越大，通货膨胀压力越大。其数学表达式为：

$$\frac{dp}{dt} = \alpha(Y^d - Y^s) \quad (12.1)$$

其中 p、t、Y^d、Y^s 分别代表物价、时间、总需求、总供给，α 为正常数。从式12.1可推出：

$$\frac{d^2p}{dt^2} = \alpha \frac{(Y^d - Y^s)}{dt} \quad (12.2)$$

式12.2的含义是，通货膨胀率的增长率等于供不应求缺口的增长率。当过度需求缺口的增长速度为零时，通货膨胀率的增长率为零（但通货膨胀率一般不为零）。供求缺口理论最重要的一个缺陷是没有货币。事实上，即便存在供不应求的缺口，没有作为购买力载体的货币，缺口也难以转化为显性通货膨胀。此外，货币供应本身对缺口的形成也会产生重要影响。尽管供求缺口理论存在种种缺陷，但如果能够以供求缺口产生通货膨胀压力为核心概念，承认货币条件的变化在某种程度上可以影响缺口的形成，似乎能够比较好地解释自 2008 年全球金融危机爆发至 2020 年 3 月美国的低通货膨胀和以后美国通货膨胀形势的变动趋势。从"缺口理论"出发解释通货膨胀（见图 12.1），可以分为如下几种情况：第一，总需求给定，总供给减少；第二，总供给给定，总需求增加；第三，总需求增加，总供给减少；第四，总需求和总供给都减少，但总供给减少幅度更大；第五，总需求和总供给都增加，但总需求增加幅度更大。这里总供给和总需求的增减都是指总供给和总需求曲线的右移或左移，而非沿给定曲线的数量变化。

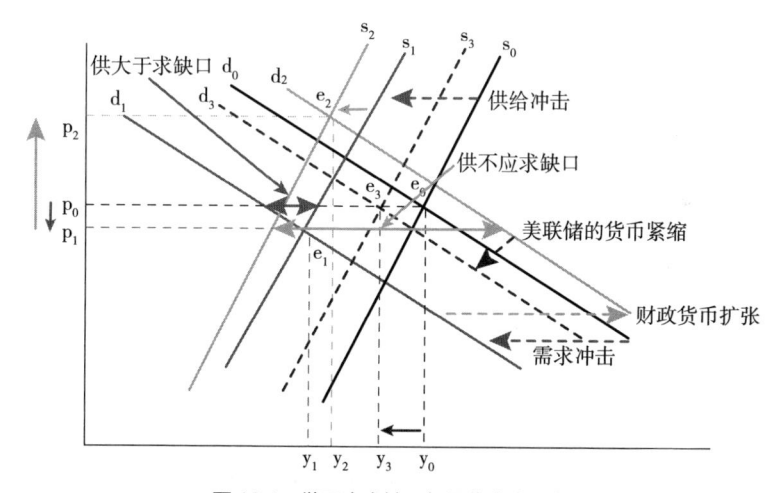

图 12.1 供不应求缺口与通货膨胀压力

其中，在经济处于平衡状态时，总供给曲线（s_0）与总需求曲线（d_0）相交于 e_0，对应的产出和物价分别为 y_0 和 p_0，不存在"供不应求"或"供大于求"的缺口。新冠疫情使经济遭遇供给和需求的两重冲击。总供给曲线和总需求曲线都向左移，分别为 s_1 和 d_1。产出水平下降到 y_1，物价升降取决于何种冲击更大。假设需求冲击较大，相对原有物价水平 p_0，出现"供大于求"缺口，在通货紧缩压力下，物价下降为 p_1。美国 2020 年 3 月后执行极度扩张性财政和货币政策，使总需求曲线右移至 d_2 的位置。同时，由于供给链未得到修复，经济甚至受到进一步的供给冲击，总供给曲线进一步左移到 s_2 的位置，在物价为 p_1 的情况下，出现"供不应求"缺口，在通货膨胀压力下，物价上升。总供给曲线 s_2 和总需求曲线 d_2 的交点为 e_2，对应的产出和物价是 y_2 和 p_2。为了抑制通货膨胀，美联储采取货币紧缩政策，总需求曲线被推向左方到达 d_3 的位置。如果疫情消失，供应链得到修复，总供给曲线也会右移。但供给能力难以完全恢复。假设总供给曲线右移到 s_3。对应均衡点 e_3，物价回到最初的水平 p_0，但产出 y_3 明显低于 y_0。在给定 s_3 的情况下，若想得到高于 y_3 的产出水平，货币紧缩度就需要小一些。此时处于均衡状态的物价水平也将高于 p_0。换言之，为了实现较高产出水平，需要容忍物价高于原有水平。考虑到紧缩性货币政策对总供给曲线的影响，通过货币紧缩压缩"供不应求"缺口可能会变得十分困难，货币紧缩就可能导致滞胀。

二、2020 年 3 月以后美联储货币政策的变化

事实上，2020 年 2 月新冠疫情暴发，3 月 9 日国际油价暴跌 30%，同日美国三大股指暴跌触发熔断机制。道琼斯指数从 2020 年 2 月 12 日的高点到 3 月 20 日暴跌 35.1%。与此同时，

美国的债市也暴跌不止。货币市场流动性骤紧，甚至国债也遭到抛售。为防止股市和债市暴跌演变为一场金融危机，美联储迅速做出反应。由于美联储推出力度空前的货币政策，美国金融市场很快得到稳定，一场金融危机得以幸免。但是，美联储无限制救市政策导致美联储资产由 2020 年 3 月初的 4.2 万亿美元飙升至 6 月的 7.2 万亿美元，到 2021 年 4 月更是上升到 8.97 万亿美元，一年间的增幅超过过去 10 年。美联储扩表导致美国货币供应量急剧增长。M2 由 2020 年 3 月的 16 万亿美元上升到 2021 年 3 月的 21.7 万亿美元。同期 M1 增速更是惊人，由 4.3 万亿美元上升到 16.6 万亿美元。如果接受货币数量说，则大可不必舍近求远用 2009—2019 年的"货币超发"来解释 2021 年 3 月之后的通货膨胀，2020 年 3 月—2021 年 3 月间的"货币超发"已经足以说明问题。2020 年初新冠疫情暴发后，美国经济同时受到供给和需求两个方面的冲击，但是石油价格暴跌（2020 年 4 月时价格一度降为负）等因素暂时缓和了疫情导致的供给冲击对物价的抬升作用。美国经济在 2020 年第一季度和第二季度陷入负增长（GDP 增速分别为 –5.1% 和 –31.2%，见图 12.2）。

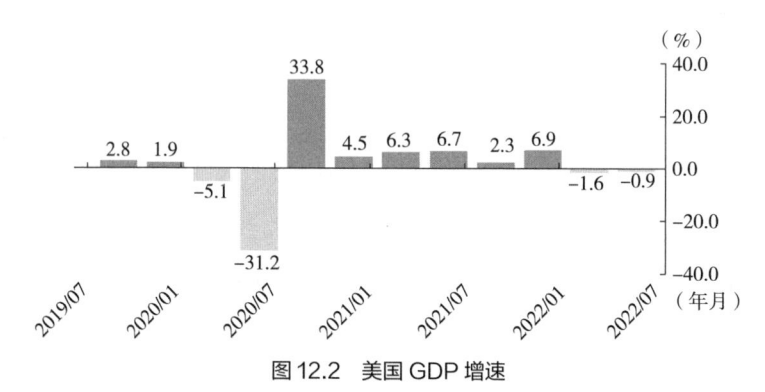

图 12.2　美国 GDP 增速

资料来源：Trading Economics，美国经济分析局。

显然，在这一时期，美国的总需求曲线和总供给曲线都向左移动，但总需求曲线的左移程度大于总供给曲线，因此GDP增速和通货膨胀率同时下降。通货膨胀率由2020年1月的2.5%下降到5月的0.1%（见表12.1）。

表12.1 通货膨胀率（CPI）

单位：%

年份	1月	2月	3月	4月	5月	6月	7月	8月	9月	10月	11月	12月	平均
2022	7.5	7.9	8.5	8.3	8.6	9.1	8.5	8.3	8.2	7.7	7.1	6.5	8.0
2021	1.4	1.7	2.6	4.2	5.0	5.4	5.4	5.3	5.4	6.2	6.8	7.0	4.7
2020	2.5	2.3	1.5	0.3	0.1	0.6	1.0	1.3	1.4	1.2	1.2	1.4	1.2
2019	1.6	1.5	1.9	2.0	1.8	1.6	1.8	1.7	1.7	1.8	2.1	2.3	1.8

虽然美联储执行无限制扩张性货币政策的目的在于稳定股市和债市，但这一政策和美国政府2020年3月推出的扩张性财政政策大大刺激了有效需求。经过一段时滞之后，私人消费支出从2020年第四季度开始反弹，固定投资需求也沿着类似轨迹恢复了增长。简言之，在总供给曲线由于疫情冲击左移，总需求曲线因扩张性宏观经济政策右移的情况下，美国"供不应求"缺口扩大而形成的通货膨胀压力是巨大的。

2020年美国的GDP增速为-3.4%。但负增长不一定表明经济处于"供大于求"，或有效需求不足的状态。2020年美国GDP负增长主要是疫情冲击造成供给能力下降（供应链中断、劳动力无法正常工作等）的结果。在总供给曲线左移的情况下，即便GDP增速明显低于正常增速、劳动力市场存在严重就业不足，也完全可能出现供不应求的情况。总之，可以认为此时美国已经出现"缺口理论"的第二、第三种情况：在总供给曲线给定甚至左移的情况下，总需求大幅度右移，从而形成通货膨胀压力。但是，给定价格水平下的"供不应求"缺口转化为通货膨胀存在一定的时滞。因此，直至2021年3月美国通货膨胀压力才显性化为通货膨胀率的上升，而且突破了2%的通货膨胀目标值。虽然通货膨胀率已突破2%，但2021年初美国经济增长疲软。美国财政部长耶伦当时表示，存在通货膨胀危险，但这是美联储可以应对的危险，更大的危险是受到疫情的影响，美国人不敢消费。鲍威尔则强调，与疫情发生前相比，劳动力市场上少了近1 000万人，这才是最让人担忧的事情。总之，鲍威尔和耶伦都认为增长和就业是美国的主要问题，而对萨默斯等人的警告不屑一顾。耶伦和鲍威尔不认为通货膨胀是一个严重的问题，大概源于他们过于依赖当时所能看到的数据，忽视了通货膨胀率数据滞后于"供不应求"缺口的出现，而该缺口的出现必将在此后的某个时刻转化为通货膨胀，并通过通货膨胀率的上升而显性化。根据当前的通货膨胀率，难以衡量当前甚至此前一段时间"供不应求"缺口的大小。美联储政策的制定秉承"数据驱动"的理念。在这种情况下，美联储货币政策缺乏前瞻性并不奇怪。2021年7月美国通货膨胀率已由同年2月的1.7%上升到5.3%，美联储已不能再像上半年那样无视通货膨胀。但鲍威尔仍表示，（虽然）通货膨胀已经显著上升，且在未来数月中可能还会维持目前的态势，但目前的通货膨胀上升是2020年新冠疫情导致物价急跌而出现的基数效应造成的。此外，在需求强劲的部门，疫情导致的生产瓶颈和供给约束，使产出无法相应增加，从而导致了这些部门的产品和服务价格急剧上升。一旦瓶颈消除，这些产品和服务的价格将会随之逆转。如果说以前习惯了低通货膨胀的美联储并没有预料到会出现严重的通货膨胀，那么在 2021 年 3 月通货膨胀率开始逐月上升之后，美联储的问题则是把通货膨胀的原因基本归于供给冲击，并把通货膨胀率的回落寄希望于供给链的自我修复。美联储强调通货膨胀是暂时性和过渡性的，声称美联储并无政策工具解决供给端的问题，因此拒绝提高利率。应该说 2021 年美联储认为物价上涨主要源于供给冲击是有根据的。

美国劳工部的数据以及许多投资银行的分析也证明了这一点。根据联邦公开市场委员会提供的数据，从 2021 年 3 月到 2022 年 3 月，汽油价格上涨了 38%，而且汽油价格的上涨又传递到其他产品，其中成衣价格上涨了 6.6%，汽车修理价格上涨了 6.3%，机票价格上涨了 12.7%，房租价格上涨了 4.8%。以机票价格上涨为例，新冠疫情发生后，对机票的需求量肯定是减少的。但此时机票价格飙升，肯定主要是供给冲击（航油价格上涨、运营成本上升等）造成的。美联储的问题在于，强调供给冲击的同时，忽视了需求扩张对通货膨胀的作用，并拒绝采取任何货币紧缩措施。2021 年夏季之后，美国开始正视通货膨胀问题，注意力也不再仅仅集中在疫情产生的供给冲击（总供给曲线的左移）上。越来越多的经济学家指出，如果通货膨胀是供给因素（工厂关闭、交通堵塞和劳动力短缺）导致的，则其可以自愈。但如果是消费者口袋里的钱太多而使需求增加，通货膨胀就需要美联储来抑制了。他们还指出，特朗普政府和拜登政府的财政刺激计划给经济注入了上万亿美元，但公司却无法提供满足消费者需要的产品和劳务，供求失衡必然导致物价的上升。尽管舆论方向转变，美联储依然强调供给冲击对通货膨胀的影响，不愿收紧货币政策。2021 年 11 月，鲍威尔仍表示，美国第三季度经济表现不佳主要是由于德尔塔变异毒株肆虐以及供给端的约束和瓶颈，并强调这一点在汽车产业的表现尤为突出。此外，他指出，通货膨胀上升的压倒性推动力是疫情导致的混乱，特别是封控对供给和需求的影响，以及重新开放的不平衡和病毒自身的持续影响，并认为美联储没有解决供给约束的政策工具。直到 2022 年 3 月，美联储才决定改变零利率政策，将联邦基金目标利率提高 25 个基点。鲍威尔承认，此前对于重新开放后通货膨胀率会自动回落的希望落空了。美联储决定升息，一方面，是由于通货膨胀形势严重恶化；另一方面，是觉得经济增长势头不错，能够承受货币紧缩的冲击。2022 年 3 月的升息标志着美联储货币政策方向的根本转变。理论上，联邦基金利率的提高将导致借贷成本的上升，例如，银行对公司的优惠贷款利率、对居民的按揭贷款利率等都会随着联邦基金利率的提高而提高。借贷成本提高，消费和投资需求减少，从而使"供不应求"缺口减少，将导致通货膨胀率下降。联邦基金利率的提高还将导致金融资产价格下降，并通过财富效应导致有效需求减少。2022 年 5 月，联邦公开市场委员会决定把加息幅度由 25 个基点提高到 50 个基点。6 月联邦公开市场委员会把加息幅度进一步提高到 75 个基点，这是 1994 年 11 月以来最大的单次加息幅度。

三、对缺口理论框架的补充

到目前为止，我们用缺口理论（不是货币数量公式）解释了美国通货膨胀形势恶化的原因。为了满足理论的普遍适用性要求，作为一种检验，我们也需要用缺口理论解释为什么自全球金融危机爆发至 2020 年第一季度，美国一直维持非常低的通货膨胀率。

由于美国是开放经济，在缺口模型中，必须考虑对外经济。总供给 =C+S+T+M，总需求 =C+I+G+X。其中 C、S、T、M、I、G 和 X 分别代表消费、私人储蓄、税收、进口、私人投资、政府支出和出口。供求缺口 = 总供给 – 总需求 =（S–I）+（T–G）+（M–X）=（私人储蓄 – 私人投资）+ 财政差额 + 贸易逆差。由于政府支出 G 包含了政府消费和政府投资，即 G=CG+IG，令 T–CG=SG，则供求缺口［（S+SG）+（M–X）］–（I+IG）=（国内总储蓄 + 贸易逆差）– 国内总投资。在开放经济下，如果一国的国内总储蓄＜国内总投资，就会有体现为贸易逆差的海外资源流入（国外的"剩余储蓄"），以弥补国内储蓄的不足。如果中国和其他国家对美国的贸易顺差弥补了美国国内储蓄的不足，美国的供求缺口等于 0，此时，理论上美国不存在物价上涨压力。

在 2008 年全球金融危机爆发之后到 2020 年 3 月，美国的供求缺口发生了重要变化。第一，美国"私人储蓄 – 私人投资"由 2008 年前的大致平衡转为顺差。第二，美国财政赤字增加。第三，"私人储蓄剩余 + 财政赤字"之后，美国国内总储蓄对国内总投资的差额明显缩小。第四，世界其余国家对美国的"合意"贸易顺差一直维持在较高水平。因此可以认为，在这段时间内，美国的供求缺口等于 0。正因如此，在 2008 年全球金融危机爆发之后到 2020 年 3 月这一段时间内，尽管美联储执行了超宽松的货币政策，但美国仍能够维持很低的通货膨胀率。事实上，美联储量化宽松政策是美国国内私人储蓄增加的重要原因。例如，量化宽松导致资产价格，特别是股票价格飙升。占人口 10% 的富人在国民收入和财富中的比重大幅上升。收入差距的扩大导致经济整体储蓄率上升。2020年3月之后，美联储极度扩张性的货币政策与美国政府在2020年和2021年极度扩张性的财政政策改变了这一切。在私人储蓄减少的同时，美国财政赤字在2020年和2021年分别达到14.9%和12.1%的战后最高水平。美国的供求缺口突然急剧扩大。2020年3月美国的贸易逆差为443亿美元，2022年3月急剧增加1 060亿美元，创下历史最高纪录。在这段时间内贸易逆差的急剧增加，从另一个侧面反映了美国国内总储蓄缺口。与此同时，出于去全球化、全球供应链断裂、中美贸易摩擦、俄乌冲突等因素，在原有价格水平上，海外对美国的贸易顺差也已经不是"合意"顺差。为获得等量外国"剩余储蓄"，美国必须支付更高的报酬。这种变化也是缺口模型中总供给曲线左移的重要原因。

四、通胀率逐月下降后美联储矜持加息的原因

本来是超级"鸽派"的美联储在2022年突然变成超级"鹰派"，令人感到意外。尽管2022年前两个季度美国GDP负增长，6月后通货膨胀率逐月回落，美联储却继续大幅度提高联邦基金利率。除了政治考虑外，美联储这样做可能出于以下三个方面的原因。

第一，强化2%的通货膨胀目标的可信性。2022年美联储货币政策目标的重心已由保增长和就业转移到抑制通货膨胀。美联储的通货膨胀目标是2%，但其是否真的决心实现这一目标，会不会因为经济增速的下降和就业形势的恶化而放弃2%的通货

膨胀目标？这是一个传统的"通货膨胀目标可信性"问题。为牢固确立 2% 的通货膨胀目标的可信性，美联储似乎不仅不顾忌货币紧缩对 GDP 增速的影响，而且试图通过即便 GDP 增速在下降，货币紧缩政策也不会改变的政策实践来加强 2% 通货膨胀目标的可信性。例如，2022 年 9 月联邦公开市场委员会的记录显示，一些委员认为应当"有意适度收紧"货币，防止被抬高的通货膨胀率固化，防止通货膨胀预期不再被锚定（在 2% 的长期目标上）。在 2022 年 11 月的联邦公开市场委员会会议上，一些委员认为，为了使通货膨胀率持续下跌，所需要的金融环境可能比所设想的更具紧缩性。尽管经济增速明显低于 2021 年，但通货膨胀率仍然明显高于 2% 的目标值，且通货膨胀压力没有明显减轻的迹象。联邦公开市场委员会决定升息 75 个基点。通过这种做法，美联储展示了只要通货膨胀率没有回到 2%，无论经济增速如何，都要继续升息的姿态。

第二，防止名义工资增速上升过快。根据菲利普斯曲线，失业率与货币工资增长率之间存在反向关系，而工资增长与通货膨胀之间存在正向关系。失业率越低（劳动力市场越紧张），工资增长率就越高，通货膨胀率也就越高。经过修正的菲利普斯曲线显示出，通货膨胀率与失业率存在反向关系。因此，对于决策者来说，必须在通货膨胀率和失业率之间做出抉择。根据奥肯定律，失业率又同经济增速之间存在反向关系。因此，对于决策者来说，必须在高经济增速和低通货膨胀之间进行抉择。目前美国劳动力市场上一个重要现象是反映岗位空缺率和失业率关系的贝弗里奇曲线上移了（见图 12.3）。换言之，对于给定失业率，岗位空缺率增加了。

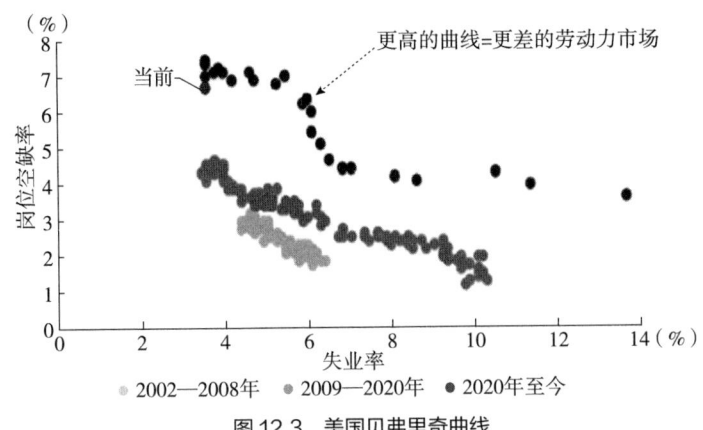

图 12.3 美国贝弗里奇曲线

资料来源：BNY Mellon Markets，美国劳工统计局。

如图 12.3 所示，2002—2008 年，4% 的失业率所对应的岗位空缺率小于 4%（100 个职位中有 4 个空缺），2020 年之后相应的岗位空缺率高达 7% 以上。贝弗里奇曲线上移意味着美国失业者就业的积极性下降或难以适应企业提供的工作等。该现象应该是一个结构性问题。贝弗里奇曲线上移也可以用美国岗位空缺与失业人数比上升（见图 12.4）和劳动人口参与率（就业和积极寻找工作的适龄劳动人口在适龄劳动人口中的比例）下降来解释。在 2020 年就业形势最差时，每 5 个工人大概只有 1 个工作可供选择，到 2022 年每个工人就有两个工作可供选择。2008 年 8 月美国的劳动参与率为 66.6%。

贝弗里奇曲线上移、美国岗位空缺与失业人数比上升和劳动人口参与率下降都意味着，在给定失业率下，劳动力市场比以往紧张了（企业招不到足够的工人）。因此，在贝弗里奇曲线上移的情况下，由于劳动力市场紧张，对于给定失业率目标，名义工资增速较高，通货膨胀率也将较高。美联储为 2023 年设定

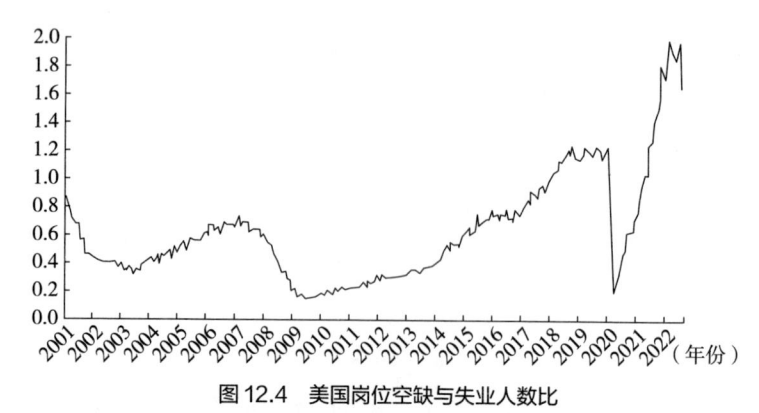

图12.4　美国岗位空缺与失业人数比

资料来源：美国劳工统计局，Reuters Graphics。

的失业率目标为4.6%。同历史数据相比，与之相应的通货膨胀率就会较高。反过来说，为实现2%的通货膨胀目标，美联储必须加大货币紧缩力度，通过降低对劳动力的需求（也意味着降低经济增速——奥肯曲线），压低工资增速。2022年11月鲍威尔提到，由于劳动力市场紧张，工资上涨幅度开始增加。他表示，工资的上涨速度应该同实现2%的通货膨胀目标相一致。鲍威尔最关注的是服务价格。如果酒店、餐厅等劳动密集型行业的工资维持5%~6%的年增长率，服务业就会给通货膨胀率造成持续上升的压力。2022年7月通货膨胀率开始逐月下降之后，美联储依然坚持大幅持续升息，其动机之一就是通过降低经济增速、为劳动力市场降温，来抑制工资上涨速度，进而降低通货膨胀率。但如此一来，美联储就将难以实现其就业目标。需要指出的是，虽然为了补偿因为物价上涨而遭受的实际收入损失，工资一直在上涨，但名义工资增速一直低于通货膨胀率的上升速度。工薪阶层为治理通货膨胀付出了巨大代价。

第三，政策和政策效果之间存在时滞，无法确定升息的效果。在 2022 年 9 月的公告中，联邦公开市场委员会宣称，通货膨胀尚未对政策紧缩做出适当反应。通货膨胀的显著下降很可能滞后于总需求的下降。根据历史经验和经济研究提供的关于时点关系的各种模型的估算，考虑到把关于滞后的例证应用于当前形势的高度不确定性，货币紧缩一般会迅速影响金融条件。然而，金融条件变化对总支出和劳动力市场的影响，以及事后对通货膨胀的影响要经过较长时间才能实现。联邦公开市场委员会的一些成员认为，就目前的情况而言，虽然货币紧缩政策对某些利率敏感部门的影响是明显的，但货币紧缩对总的经济活动、劳动力市场和通货膨胀产生影响的时间节点仍然非常不确定，货币紧缩的效果还未充分发挥。在 2022 年 11 月的会议上，联邦公开市场委员会的一些成员提出减慢升息速度的必要性。由于在货币紧缩的累积效果，以及货币政策的实施与经济活动、通货膨胀和经济与金融发展之间存在滞后，减缓升息速度可以让委员会更好地评估升息对实现就业最大化和物价稳定的影响。由于经济增速和通货膨胀率都在下降，市场出现美联储将停止加息的预期。但美联储官员表示，他们不打算重犯 20 世纪 60 年代和 70 年代在彻底战胜通货膨胀之前就放弃加息，之后又不得不重新加息，甚至要更大幅度加息的错误。鲍威尔强调，历史经验充分说明，不能过早放松货币政策。在确信通货膨胀率正在稳步趋于 2% 之前，美联储不会考虑降息。美联储的政策紧缩依然不够，更多的升息是适当的。美联储预期在 2023 年底联邦基金利率将提升到 5.0%~5.5% 的区间。同时他坦言："我不认为有谁知道美国经济是否会陷入衰退。即便知道，我们也无法确知衰退的深度。"美联储预期 2023 年的 GDP 增速为 0.5%，到 2023 年底失业率将达到 4.6%。

一般而言，这也意味着经济衰退。换言之，美联储不知道提高 50 个基点或 75 个基点的联邦基金利率会在何时对通货膨胀率和经济增长产生何种影响。自 2022 年 7 月之后，通货膨胀率确实在逐月下降。但美联储不知道如果停止升息通货膨胀率是否会反弹。问题是，还有一种可能性：即便不再升息了，通货膨胀率依然会继续下降，并在未来的某个时点回落到 2% 的目标水平上。如果是这样，继续升息不仅不必要，而且可能导致经济陷入衰退。目前是否应该继续升息，只有事后才能知道。面对这种两难局面，美联储选择了宁可犯升息过度导致经济衰退的错误，也不犯升息不足导致通货膨胀率反弹、联邦储备银行信用受损、通货膨胀预期无法锚定于 2% 的错误。美联储官员表示，即便通货膨胀见顶和经济增速下降，2023 年美联储至少会把联邦基金利率加到 5%。

五、坚持 2% 通胀率目标的两难

在美联储的分析框架中，货币政策仅仅影响需求。例如，在供给曲线给定的情况下，提高利率使总需求曲线左移，从而在减少产出的同时降低物价。"供应链中断""劳动力无法正常工作""生产瓶颈"，以及同俄乌冲突联系的能源价格上涨等因素，导致总供给曲线向左移动。当这些因素消失后，总供给曲线将会自动复位。宏观经济政策，特别是货币政策并非解决供给端问题的政策工具。基于上述认识，2022 年 3 月前美联储拒绝紧缩货币、提高利率。本文认为，升息和收紧金融条件不仅会影响需求端，使需求曲线左移，而且会影响供给端。升息和收紧金融条件在影响企业投资需求的同时将导致企业资金的成本（如流动资金成本）上升，进而导致生产成本上升，从而使总供给曲线左移。因为企业为了维持最低限度的利润会试图把上升的生产成本转嫁给消费者和产品的最终使用者，即便总需求不变，同时不存在供应链中断、石油价格上涨等供给冲击，货币紧缩也可能影响总供给，导致产出价格上升。在此情况下，紧缩性货币政策在导致产出减少的同时，并不一定能抑制物价上涨。而紧缩过度很可能导致滞胀。美联储的主要问题在于，至今仍坚持20多年前制定的2%的通货膨胀目标。由于逆全球化、俄乌冲突和中美贸易摩擦、美国国内的结构性问题等，全球供应链已经遭到严重破坏。换句话说，总供给曲线已经永久性左移。在此情况下，如果美联储执意要把通货膨胀率降低到2%的水平，美国发生滞胀的概率会大大提高。目前美联储已经放缓了升息速度。如果美联储适可而止，美国经济就不一定会陷入衰退。但这样一来，美联储政策的可信性就会大打折扣，通货膨胀预期也不再能锚定在给定水平上，这将给美联储未来货币政策的实施造成极大困难。不仅如此，美国公众能否接受较高的通货膨胀也是一个问题。对于美联储来说，一个方便的"解决"办法是：口头上坚持2%的通货膨胀目标，但不明确何时实现这一目标，无限期拖延下去再相机行事。2020年美联储引入"平均通货膨胀目标"已经为这种处理方法埋下了伏笔。此外，一个值得注意的现象是，尽管美联储连续大幅升息，美国的货币供应量并未明显减少。例如，2023年1月美联储资产总额为8.5万亿美元，仍是2020年2月4.2万亿美元的2倍，比2022年4月9万亿美元的峰值减少不到5 000亿美元。2022年12月美国广义货币存量、狭义货币存量分别为21.3

万亿美元、19.69万亿美元，虽然低于2022年3月21.9万亿美元、20.7万亿美元的峰值，但依然是2020年3月开始无限制扩表时16.1万亿美元、4.26万亿美元的132%、462%。有人看到美国广义货币供应量下降，认为美国经济出了大问题的观点是错误的。美国只要打算退出量化宽松政策，各种货币供应量指标下降是不可避免的。联邦基金市场的交易量自2020年7月以来一直呈上升趋势，到2023年1月27日交易量为1 200亿美元，超过2020年4月1 070亿美元的峰值。2020年3月美联储推出无限制数量扩张政策前，金融机构存放在美联储的准备金为2.1万亿美元，2021年12月达到4.18万亿美元的峰值。2022年准备金数量下降到3.11万亿美元，但依然明显高于2020年3月前的规模，更遑论同2008年美联储推出量化宽松之前的金融机构准备金规模相比。到目前为止，美联储的货币紧缩基本是联邦基金利率上升导致的各种利率的上升，而非货币供应量增速的下降。从退出量化宽松的角度看，美联储的货币紧缩过程才刚刚开始，在量化紧缩过程中将会出现什么状况还很难预料。美联储的加息和信贷扩张、流动性提供及货币供应之间的关系问题作者将另文讨论。

六、小结

2020年3月以来美联储货币政策几经调整，其成功和失败的经验值得我们研究和借鉴。

第一，美联储的量化宽松和零利率政策为美国争得了128个月的经济增长期。但美国经济中的许多结构性问题，如美国国民收入分配的恶化、美国的去工业化等问题，并未在经济增长期内得到解决。这些结构性问题的存在和发展，会导致总供给曲线的左移。换言之，美国总供给曲线的左移并非仅仅是疫情冲击造成的，也并非仅仅是"暂时性和过渡性"的。虽然扩张性宏观经济政策在经济缺乏自主增长动力的时候是必不可少的，但也只是为解决结构性问题创造了条件、争取了时间。一旦通货膨胀形势恶化，许多结构性问题就更难以解决。决策者就可能在经济增长和结构改革之间进退维谷。

第二，为了抑制通货膨胀，升息是不可避免的。然而，美国、日本和许多其他国家的金融危机往往是由升息触发的。美联储的大幅度、持续升息对实体经济的影响是显而易见的。而硅谷银行的倒闭则显现了另一种不祥之兆。在过去一年多持续升息的过程中，持有大量美债和抵押支持证券的银行损失惨重。如果投资者的恐慌情绪得不到抑制，流动性的短缺必然导致资产价格下跌，从而形成资产价格下跌、流动性短缺的恶性循环。我们难以预知美国目前的金融动荡能否像2020年3月美国股市出现激烈震荡后那样最终得以平复（其代价是通货膨胀形势的恶化）。为了稳定金融市场，货币当局必须三面出击，稳定资产价格，为货币市场提供足够的流动性，保证遭遇困难的金融机构维持足够的资本充足率。但是，美联储已无法再诉诸新一轮量化宽松和零利率。

第三，即便美国可以迅速稳定金融市场，2023年可能也是美国经济自2008年以来最困难的一年。如果说2022年3月之后，美联储需要在经济增长和通货膨胀之间进行选择，那么在硅谷银行事件之后，美联储则必须在金融稳定和通货膨胀之间进行选择。经济增长、物价稳定和金融稳定是所有国家都要面对的"三难选择"。由于2020年以来美联储一再犯下严重的判断错误,美联储政策的可信性已经受到难以弥补的极大损害。美联储已经在极大程度上丧失了对市场预期的引导能力。美国经济在2023年驶入了未知的水域。到目前为止,美联储的货币紧缩主要限于提高联邦基金利率,一旦美国真正认真实行量化紧缩,美国经济和全球经济将受到何种冲击还完全是一个未知数。

第四,美联储一再犯下严重判断错误,同联邦储备银行缺乏适当的理论框架不无关系。由于时滞的存在,很难根据当期可以获得的信息确定扩张性财政和货币政策会在何时、在多大程度上对消费与投资产生何种影响。力度不够或过犹不及的情况难以排除,供求失衡缺口可能无法及时发现,并及早加以纠正。数据驱动的政策反应模式可能因为滞后而加大经济波动。正确的理论框架则可以帮助决策者在得到充分信息之前做出正确判断,从而降低犯错误的概率。美联储2020年3月以来的政策失误,促使经济学家对以往的经济理论进行深入反思。

第五,2021年以来,市场和学界所关心的问题是:美联储是否会继续加息?加息的幅度和频率有多大?通货膨胀是否会发生反复?美国经济是否会出现滞胀?当前,市场和学界的目光又开始转向美国银行业是否存在系统性风险,以及美联储、监管机构和财政部处置硅谷银行倒闭的做法是否合理。到目前为止,似乎很少有人关注美国的所谓"外部可持续性"问题。2006年当全球都在担心美国将会发生国际收支危机时,美国的海外净负债仅有4万多亿美元,海外净负债对GDP之比仅为13%。2022年第三季度美国的海外净负债为16.7万亿美元(好于2021年底的

18万亿美元），海外净负债对 GDP 之比高达 78%。2022 年第四季度美国公共债务为 31 万亿美元。2021 年第四季度外国持有的美国公共债务为 7.7 万亿美元，2022 年第四季度降到 7.4 万亿美元。我们难以确切知道外国投资者持有美国国债的减少在多大程度上是价值重估、多大程度上是抛售的结果，但我们可以明确，美联储提高利率导致美国国债收益率提高、美国国债价格下跌，而这意味着为了吸引海外投资者购买美债，美国必须付出比以往更高的代价。除非美国储蓄缺口减小（这意味着美国经济的进一步减速），否则更高的融资成本必将导致美国投资收入状况和美国国际收支状况的恶化。美国国际收支平衡是否可以维持？如果难以维持，美元和美国通货膨胀形势会发生何种变化，对中国又会造成何种冲击都是值得我们认真研究，并制定相应预案的重要问题。中国目前面临的主要问题是有效需求不足，必须首先考虑如何通过扩张性财政和货币政策刺激有效需求。如果 2023 年中国经济迎来一场强有力的反弹，基于美国的经验，即便排除出现新的"黑天鹅"事件，中国供应链完全修复的时间也可能比我们所希望的更长。相对于供给的恢复，消费和投资需求的恢复可能来得更早一些，从而产生暂时性的"供不应求"缺口。因此，2023 年在坚持实施扩张性财政和货币政策的同时，我们应该对通货膨胀率在某个时段可能会有所上升做必要的思想准备。逆全球化、全球供应链断裂、中美贸易摩擦等都会使总供给曲线永久性左移。这种情况在美国是如此，在中国可能也是如此。中国难以像以往那样在保持较高经济增速的情况下维持较低的通货膨胀率。为实现稳增长这一首要政策目标，中国可能有必要在一定时间内接受较以往更高一些的通货膨胀率。美国目前面临经济增长、金融稳定和物价稳定的三难选择。中国也面临着类似问题。所幸中国目前的通货膨胀率依然很低，中国可以集中精力处理好经济增长和金融稳定（中国的高负债率）问题。应该看到，中国在宏观经济层面所面临的主要矛盾是经济增长和金融稳定之间的矛盾。而主要矛盾的主要方面是经济增长。中国必须把稳增长放在首位，同时也应该看到，执行扩张性财政和货币政策，只是实现稳增长、扭转已持续 12 年的经济增速逐季下跌趋势的必要条件，而不是充要条件。在很大程度上，执行扩张性宏观经济政策只是为深层次的体制改革、结构调整争取时间。可以相信，只要中国能够通过深化改革提振市场信心，并执行积极有效的扩张性宏观经济政策，同时在微观（企业）、中观（行业）和宏观三个层面共同发力，中国经济增长潜力就能得到充分激发，并迎来强劲反弹。

13

逆全球化对美国物价的影响与分析[1]

根据美国劳工部2022年11月10日发布的数据,10月美国CPI同比上涨7.7%,核心CPI同比上涨6.3%,远高于美联储2%的通货膨胀目标水平。2022年以来,为了抑制持续的高通货膨胀,美联储采取了自1981年以来最大幅度、最大密度的加息手段。2022年至今,美联储合计加息6次,累计加息375个基点。但即使如此,美国物价水平仍居高不下。

本轮美国通货膨胀产生的原因是多方面的,除了新冠疫情导致供应链中断、美联储前期过度的货币宽松、地缘政治冲突导致的原油供应紧张等,还要认识到逆全球化带来的通货膨胀影响,美国的贸易保护政策对美国的物价水平也产生了影响。如果美国的逆全球化措施持续下去,会促使其他国家效仿,扭曲全球生产和贸易模式,造成更为紧缩的全球流动性水平。

---

[1] 本文作者:谭小芬,CF40青年论坛会员,北京航空航天大学经济管理学院金融学院教授;韩烨蕾,中央财经大学金融学院硕士研究生。本文作于2022年12月。

一、全球化的演变及其逆转

全球化是指各国通过跨境商品、资本、人员和信息流动等，建立相互依存的复杂关系网络的过程。19世纪初，工业革命引发了全球化的"初次飞跃"。蒸汽动力的出现降低了货物和劳动力的流动成本，缩短了不同国家、不同地区之间的经济距离。20世纪90年代以来，信息通信技术飞速发展，金融一体化进程加速推进，全球化实现"二次飞跃"。一方面，信息通信技术的发展，尤其是互联网的普及降低了信息的沟通成本，并且从根本上改变了全球的生产和贸易方式。美国等发达经济体的跨国公司将其生产流程进行"拆分"，并部分外包至要素成本更低廉的国家和地区，形成了全球价值链与国际生产网络。另一方面，随着各国尤其是新兴经济体逐步放松资本管制，跨境资本流动的成本降低，规模显著增加。

随着全球化的"二次飞跃"，新兴经济体开始崛起，与发达经济体之间的差距不断缩小，瑞士日内瓦国际关系及发展高等学院的鲍德温教授将其称为"大合流"。此时，一些发达经济体内出现反对全球化的声音。2016年，特朗普当选美国总统以及英国脱欧公投两个标志性事件，共同构成了全球化的分水岭。此后，由于中美贸易摩擦、新冠疫情以及俄乌冲突等事件，逆全球化趋势日益明显。现阶段，经济意义上的逆全球化主要表现在贸易保护主义思潮下的全球产业链重构中，即部分国家通过加征关税、断供制裁以及引导回迁等手段，完成一定程度上的经济脱钩，世界经济已进入全球化的"十字路口"。

在美国挑起贸易摩擦之前的20多年里，全球化进程一路高歌猛进，全球贸易量的增速是全球 GDP 增速的两倍。这一时期，中国等新兴经济体迅速融入全球贸易和投资，不仅大大提高了世界各国商品供应的多样性，也大大降低了许多国家商品的价格和家庭消费的成本。对于某些商品，如果中国的出口占美国进口的比重较高，其价格的上升程度就会低一些，甚至会出现价格下降的现象。中国之所以能帮助各国控制价格上升，是因为其持续的经济改革以及随之而来的跨国企业投资，加上低廉的劳动力成本和相对良好的基础设施，推动中国成为"世界工厂"。发达国家在全球化过程中通过低成本进口产品替代更昂贵的国内产品，除了直接享受到低价进口商品的好处之外，也以全球化为理由间接削弱工人的议价能力，从而让国内生产的商品也能保持相对较低的价格。

美国挑起与多国的摩擦，给全球化带来了沉重打击。目前全球都出现高通货膨胀，与逆全球化背景下的供给冲击密不可分。美国彼得森国际经济研究所的报告指出，如果美国能够施行一揽子包括降低对华关税在内的全球化经济政策，预计能够降低 CPI 通货膨胀率 1.3 个百分点。

二、贸易摩擦抬高美国物价的逻辑

美国高通货膨胀已成既定事实。根据美国劳工部发布的数据，2021 年 4 月，美国 CPI 同比上升至 4.2%，自此开始，通货膨胀指数持续攀升。2022 年 6 月，美国 CPI 同比高达 9.1%，创下 1982 年 2 月以来的新高（见图 13.1），不仅波及了众多生产部门以及"消化关税成本能力较弱"的中小企业，还极大地损害了美国家庭和消费者的利益。从美国通货膨胀的走势可以看出，美国通货膨胀水平从 2021 年开始显著上涨，源于新冠疫情发生后产品的供应紧缺，叠加贸易摩擦中对进口产品加征关税导致了物价的上涨。

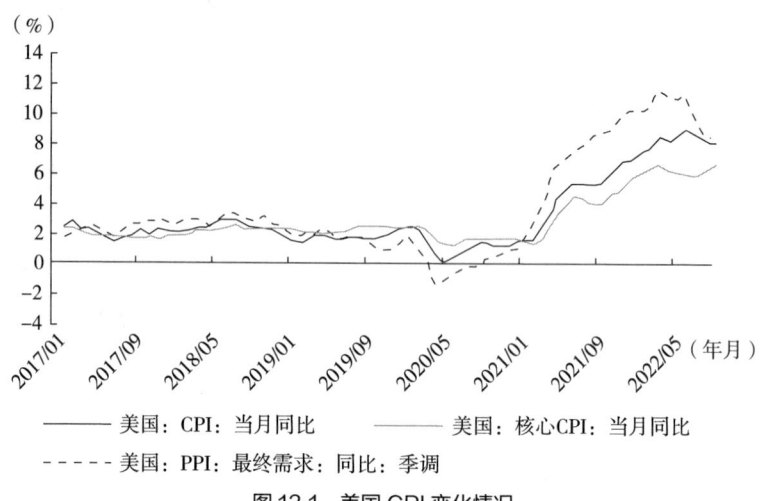

图 13.1 美国 CPI 变化情况

贸易摩擦对物价水平的影响，主要存在两条途径。一是直接途径，即对进口产品征收关税以及进行数量限制。从直接角度看，美国对他国进口消费品施以较高的关税，同时限制其出口数量，导致供给减少，相应的均衡价格变高，迫使本国消费者接受了更加昂贵的生活必需品，生活成本上升，整个社会福利减少。二是间接途径，即对工业生产的中间产品加征关税，使美国国内下游行业面临更高的投入成本，并以提高最终产品价格的方式向消费者转嫁负担。不仅如此，当国内进口商面对更高的进口中间品价格时，贸易将会向拥有更低价格中间品的出口地转移，而这种转移也需要较高的贸易替换成本。间接途径与直接途径的福利损失程度类似，只是关税的直接征收对象由消费者变为中间产品加工商。此外，一旦贸易伙伴国采取了报复性措施，消费者的福利将进一步恶化。

值得注意的是，学者经过调查研究发现，由于加征关税的商品供给弹性较大，即供给曲线较为平坦，因此美国的关税大部分都传导到了美国国内价格中，影响也基本落在了美国国内消费者和进口商身上，而外国出口商受到的价格影响甚微。

三、贸易摩擦对美国物价的影响程度

2018年1月，特朗普基于美国国际贸易委员会的既有裁定，认为对太阳能板和洗衣机的进口损害了美国相关产业的利益，开始对中国、韩国、墨西哥等多个国家的相关出口产品征收关税。具体数额为，向85亿美元的太阳能电池征收30%的进口关税，向18亿美元的洗衣机征收20%~50%的关税。2018年3月，美国以"国家安全"受到威胁为由，对180亿美元的进口钢铁和铝实施打击，钢铁被征收25%的关税，而铝则被征收10%的关税。除了价格之外，美国还以加征关税为威胁，要求欧盟、加拿大、墨西哥等多个地区实施自愿的出口限制。

由于美国高通货膨胀的影响因素有很多，难以从中剥离出究竟有多大程度的通货膨胀是由贸易摩擦导致的，不过可以从美国相关学者的研究测算中窥出一二。美国经济学家玛丽·阿米蒂等在2018年比较了关税起征时间点之后每批次贸易限制中受到冲击的美国进口商品价格的变化，结果发现，不受关税影响的商品价格没有波动，而其余6批次贸易限制中，受到冲击的美国进口商品的价格在贸易限制下均有 10%~30% 的上升，与关税征收的比例近似，这表明价格的上涨几乎都传导给了美国消费者和进口商来承受。根据玛丽·阿米蒂等人的估计，在 2018 年特朗普挑起贸易摩擦之后的前 11 个月内，美国关税带来的社会总福利损失约为 69 亿美元，以政府关税收入的形式转移给国内消费者和进口商的损失约为 123 亿美元。同时，贸易摩擦还导致了国际供应链的剧烈调整，大约 1 650 亿美元的贸易（进口 1 360 亿美元和出口 290 亿美元）为了避免关税损失而重新选择进口地区，在这个过程中产生的贸易转移成本也都由国内进口商承担，并最终转移到消费者身上，反映在消费品的最终物价上。

四、通过贸易自由化抑制通胀的可行性

2022 年 3 月 31 日，美国智库彼得森国际经济研究所的政策简报发布，报告指出，除了持续加息之外，美国还应当尝试通过贸易自由化来降低不断上涨的通货膨胀压力，如果能够采取相当于将关税削减 2% 的一揽子措施，则 CPI 有望一次性降低 1.3 个百分点。

根据美国商务部的统计数据，2021 年，美国的商品进口额达 2.8 万亿美元，美国的 GDP 为 23.0 万亿美元。也就是说，进口约占 GDP 的 12%，进口商品对整体 CPI 的贡献约为 12%。因此，2% 的关税降低通过一系列的价格传导，直接影响消费品的价格下降可达 0.24%（12% 乘以 2%）。

除了直接的价格下降之外，进口商品的替代性也将促使国内厂商的定价降低。当较便宜的外国商品向国内进口时，国内公司

就会面临价格上的竞争，从而会削减自身的加价幅度，这种效应尤其表现在当进口商品与国内生产的商品具有高度替代性时。根据谢尔曼·罗宾逊和凯伦·蒂尔费尔德基于可计算一般均衡模型的分析，关税每降低1%，CPI将同比下降0.67%，而其中也包含了0.24%的直接影响。因此，关税降低2%将使CPI同比一次性降低约1.3%（0.67%乘以2）。虽然当通货膨胀率超过7%时，削减1.3%的影响似乎很小，但这种缓解并非微不足道。在正常时期，当CPI保持2%（美联储的目标利率）的同比增速时，1.3%的一次性下降将非常明显。

五、逆全球化与通胀的前景

贸易自由化的确能在一定程度上降低美国通货膨胀水平，但特朗普时期的贸易限制措施并没有随着拜登的上台而取消。就目前来看，美国依然对中国正在进行产业升级的中高端产品进行打压，遏制中国的技术进步，以维持美国在高科技领域的垄断地位。同时，美国通过逆全球化的贸易保护手段保护了国内的商品市场，减少了国外商品流入本国，减轻了商品过剩压力。此外，美国也在一定程度上依靠关税收入缓解了财政压力。美国国会预算办公室的数据显示，加征关税后，美国关税收入增幅显著：由2018年的413亿美元，增加到2019年的708亿美元和2020年的686亿美元，再到2021年的高达850亿美元。其间，美国进口金额无明显增长，因此关税收入的主要增长来源还是税率的提升。

然而，美国政府的态度也并非一成不变。持续征收关税导致居民生活成本增加、进口商成本增加，使美国国内颇有微词。2022年10月26日上午，时任中共中央政治局委员、国务院副总理、中美全面经济对话中方牵头人刘鹤应约与美国财政部长耶伦举行视频通话。双方认为，世界经济复苏正处于关键时刻，中美加强宏观政策沟通协调十分重要。中方也表达了对美国取消加征关税和制裁、公平对待中国企业等问题的关切。双方同意继续保持沟通。

鉴于贸易限制削减的不确定性以及其对通货膨胀的影响程度有限，未来美国能否实现高通货膨胀的缓解依旧充满未知数。从目前美联储的政策风向来看，短期内加息不会停止，并且未来何时停止也没有明确，很可能在每次政策实施后都需要进入观望期，等待效果显现后再制定下一步政策方针。唯一能够确定的是，美联储此次加息抗通货膨胀的决心非常坚定，但由于通货膨胀预期导致的黏性，通货膨胀下调难度大，此轮加息将会是一个漫长的过程，终端利率很可能高于预期，对美国及全球的经济都将产生不利影响。

美国为保护自身利益实行的全球范围内的贸易保护政策，在一定程度上促使了本国的通货膨胀高企，其中导致的进口商进口成本增加、消费品价格上涨，都给美国民众带来了不小的生活成本压力。未来，如果能放开部分贸易限制，有助于抑制美国当前的高通货膨胀。从全球政策协调来看，WTO的规则改革或G20层面的合作，通过限制逆全球化的泛滥可以降低由逆全球化带来的通货膨胀影响，从而降低各国中央银行猛踩刹车以治理通货膨胀的必要性，进而有助于减少全球经济衰退的可能。

六、逆全球化背景下中国应对全球通胀的策略

一是继续推动全球化，促进高质量对外开放。全球化趋势在经历数十年的高速推进后放缓，并伴随新冠疫情以及地缘政治风险加剧而出现逆转。事实上，逆全球化伴随着高昂的转型成本，表现之一便是其显著的"通货膨胀效应"。自 2001 年加入 WTO 以来，中国经济高速增长，且通货膨胀率始终维持在可控范围。可以说，中国经济的平稳发展离不开全球化水平的提升。当前，逆全球化浪潮迭起。在此背景下，中国应当成为全球化的坚定捍卫者，推动贸易、金融、人员流动和信息全球化。尤其是在全球供应链受阻与不确定性攀升的背景下，此举对保持国内物价稳定具有重要意义。

二是应加强国际宏观政策协调，参与全球治理。逆全球化背景下，此轮通货膨胀存在显著的国别异质性，以美国和欧元区为代表的发达经济体承担了更为严重的通货膨胀后果。为遏制物价上涨，以美联储为代表的发达经济体的中央银行施行了超出预期的紧缩性货币政策，这也意味着各国的宏观政策协调难度增加。对于中国来说，将不可避免地承担主要发达经济体货币政策的溢出效应。基于以上，中国可以在《区域全面经济伙伴关系协定》等框架下，建立可持续的宏观政策协调机制，并且尝试在 WTO、国际货币基金组织以及 G20 等平台上发挥更大的作用。长期视角下，中国在坚定推动全球化的基础上，应完善法治基础，提升市场和监管透明度，参与全球治理。

三是坚持底线思维，设计宏观政策应急预案。对于各国来说，全球化在某种意义上属于一种不完全竞争状态下的"垄断均

衡"。经济体量更大、制度框架更加完善的发达经济体拥有更大的自主权。当这些国家走向逆全球化时，其他国家往往只能被动跟随，并且共担成本。虽然不能确定逆全球化属于暂时性冲击还是长期性趋势，但可以肯定的是，中国在未来相当长一段时间内将面对更加复杂的国际战略环境。基于此，中国有必要坚持底线思维，评估极端状况下需要承受的经济动荡与物价波动，完善工业原材料、生产设备、主要农产品和医药器材等物资的战略储备，并且设计宏观政策应急预案。

14

美国"大滞胀"再思考[①]

2022年以来，美国CPI通货膨胀率一度升破9%，实际GDP连续两个季度环比萎缩，经济的（类）滞胀特征更加鲜明，资本市场也经历了大幅波动。自2022年8月下旬杰克逊霍尔会议以来，美联储在各类场合不断提到"历史经验"，说明当前美国经济环境与20世纪70—80年代极为相似，而美联储也将充分借鉴当时的应对经验，有所为而有所不为，以期帮助美国战胜滞胀。

当前美国通货膨胀压力几何？货币政策会如何应对？美国经济还能否实现"软着陆"？资本市场何时迎来"春天"？我们带着对当下的疑问，重温20世纪70—80年代美国"大滞胀"时期的通货膨胀、货币政策、经济增长和资产价格表现，并尝试理解

[①] 本文作者：钟正生，CF40特邀研究员，平安证券首席经济学家、研究所所长。本文作于2022年10月。

其中的逻辑与规律，以期对判断未来一段时间美国的经济、货币政策和市场走向有所启发。

一、高通胀的复杂性

20世纪70—80年代美国高通货膨胀的成因是极其复杂的：首先，财政和货币刺激政策过度，初步推升通货膨胀；其次，粗暴的价格管制和犹豫的货币政策未能有效浇灭通货膨胀之火；再次，以两次石油危机为代表的供给冲击引发了成本推动型通货膨胀；最后，长期超调的通货膨胀率破坏了通货膨胀预期的稳定，引发工资-价格螺旋，加深了通货膨胀的顽固性。

1969—1982年，美国陷入高通货膨胀危机，CPI通货膨胀率普遍高于5%，最高时曾达到14.8%。美国CPI同比增速自1968年开始便以3%以上的速度较快上升，1969年3月CPI同比突破5%，从此开始了长达13年的高通货膨胀时代。1969—1982年，美国CPI同比增速走势出现三轮波峰（见图14.1），峰值分别在1970年1月（6.2%）、1974年12月（12.3%）和1980年3月（14.8%）。1982年2月CPI同比回落至5%以下。

1965—1970年，财政和货币盲目扩张，孕育通货膨胀走高。随着二战后经济重建告一段落，加上欧洲与亚洲经济的兴起，美国经济增长动能趋弱，但政策层面盲目刺激，导致经济明显过热。1965—1970年，美国实际GDP增速持续高于潜在增速水平，且产出缺口（实际GDP与潜在GDP差值）占潜在GDP的比重高达3%~6%。换言之，当时美国经济增速中有3~6个百分点都是政策刺激出来的。这一时期，美国的自然失业率为5.6%~5.9%，

（当月同比，%）

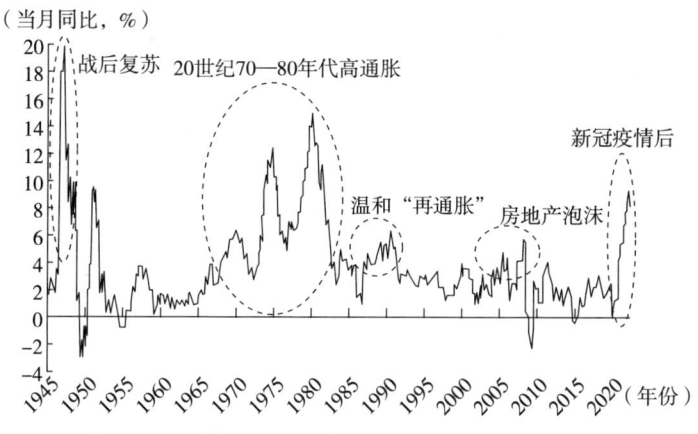

图14.1 20世纪70—80年代美国陷入高通货膨胀危机，
CPI通货膨胀率上行速度和水平与当前类似

资料来源：Wind，平安证券研究所。

但实际失业率基本保持在4%以内。当时，财政刺激的角色强于货币。美国联邦财政支出占GDP的比重在1966—1968年上升了3.2个百分点，赤字率由1965年的0.2%扩大至1968年的2.8%。1968年，美国政府开始担心财政平衡问题，时任总统约翰逊在6月签署了《收支控制法案》，通过加税补充财政收入。而美联储于同年8月"技术性降息"，以对冲加税的影响，为经济过热添火助力。

1971—1974年，粗暴的价格管制将"短痛"变为"长痛"。1971年8月，尼克松政府实行了为期90天的工资和物价冻结。但实际上，随后价格管制的范围不断扩大，直至1974年美国政府才完全取消对物价的干预。其间，除特殊情况，所有商品和服务涨价都需要经过政府审批。1972年中期，美国CPI通货膨胀率回落至3%以下。这一次价格管制，被视为美国经济史上和平时期政府全面干预价格的一个特例，也被认为是一次失败的尝试。这是因为，限价措施在抑制物价上涨的同时，也严重打击了生产企业的积极性，造成社会商品供应不足，为后来通货膨胀的恶化埋下伏笔。1974年尼克松因"水门事件"下台，新总统卡特上台，价格管制措施逐步失效。略显滑稽的是，尼克松和卡特政府均尝试通过口头"劝诫"来管控物价。例如，卡特刚上台时曾鼓励民众买"便宜货"："要敢于向他人炫耀，自己专挑便宜货买，并为此感到自豪。"这些劝诫对于管控物价几乎是徒劳的，美国CPI通货膨胀率自1973年4月重新突破5%，此后一路上行，并于1974年12月达到12.3%的阶段高点。1973年的粮食危机和第一次石油危机，以及1979年的第二次石油危机，展示了供给冲击对美国物价的破坏力。1973年，苏联谷物受恶劣天气影响而歉收，继而进入国际市场大量购买粮食，引发了二战以来最为严重的粮食危机。1973年末，美国食品CPI同比增速一度突破20%。1973年10月至1974年3月，第一次石油危机爆发：以沙特阿拉伯为首的石油输出国组织（OPEC）成员宣布，对赎罪日战争期间支持以色列的国家实施石油禁运，美国首当其冲。世界银行原油均价由1973年9月的2.7美元/桶，跃升至1974年初的13美元/桶，涨幅接近500%。1974年3—9月，美国能源CPI同比增速均超过30%。1979年初至1980年初，第二次石油危机爆发：伊朗爆发伊斯兰革命，而后伊朗和伊拉克爆发"两伊战争"，导致全球石油产量锐减。世界银行国际油价由1978年12月的不到15美元/桶，跃升至1979年11月的40美元/桶以上。1980年3月，美国能源CPI同比达到47.1%的峰值，美国CPI同比也随即达到14.8%的顶点。

1970—1980年，美国标题通货膨胀率（headline inflation）

持续超调后，通货膨胀预期失控，在工会力量的助推下，工资－价格螺旋逐渐形成。在CPI通货膨胀率连续多年高于2%，甚至高于5%后，美国居民对物价失去原有的信心，通货膨胀预期上升。当时，无论是美联储还是市场，对于通货膨胀预期的认知和跟踪都比较有限。当下广泛引用的密歇根大学调查和克利夫兰联邦储备银行预测模型，在1980年前后才陆续诞生。美国最早的通货膨胀预期监测工具是1946年诞生的利文斯顿调查，它总结了来自企业、政府、银行业和学术界的通货膨胀预测。该调查显示，1970年以后美国通货膨胀预期逐渐走高，尤其是两次石油危机后，通货膨胀预期也随标题通货膨胀率陡然上升。通货膨胀预期对于物价的反向影响主要通过工资传导：劳工要求涨薪，继而居民的消费能力与企业的成本压力上升，同时促成物价上涨，即形成工资－价格螺旋。尤其是，20世纪70年代美国工会力量庞大，工资诉求的传导较为通畅。根据美国劳工统计局的数据，当时美国工会成员占社会总雇员的近三成，每年发生的千人以上罢工运动高达200~400起（2000年以后这一数字已常年低于30起）。1976年中期至1978年中期，美国CPI通货膨胀率回落至5%~7%，但美国非农非管理人员平均时薪同比增速达到6%~8%，持续高于CPI通货膨胀率。工资上涨的黏性阻碍了通货膨胀的进一步回落，并为后来通货膨胀的反弹做铺垫。

1970—1979年，美联储的政策应对较为消极，持续"落后于曲线"，未能有效遏制通货膨胀。1980年以前，美国政策利率与通货膨胀走势呈现较强同步性，体现了美联储在较长的时间里都在"落后于曲线""追赶曲线"。1969年5月，在通货膨胀率突破5%后的第三个月，美国政策利率才开始明显上升并超过通货膨胀率 3 个百分点以上，此后通货膨胀率保持上升了半年左右才开始回落。1973 年下半年，在美国通货膨胀率仍处于上升趋势的情况下，美联储迫于经济压力而降息，继而通货膨胀率加速上升。1978 年，美国政策利率与通货膨胀率基本持平，并保持亦步亦趋的上升趋势，直到 1978 年 12 月，联邦基金利率突破 10%，并高出通货膨胀率 1 个百分点，但很快政策利率又开始落后于通货膨胀率。后来，当美国政策利率显著高于即期通货膨胀率后，通货膨胀才明显回落，美联储在遏制通货膨胀方面才算拥有了主动：1979 年以后，沃尔克领导的美联储大幅升息抗击通货膨胀；1981 年中期，美国政策利率达到 19% 以上的高峰，同年 10 月 CPI 环比和同比同时下降；此后联邦基金利率持续高于 CPI 通货膨胀率 4~9 个百分点不等，通货膨胀率持续回落。

二、美联储的"过"与"功"

1970—1979 年，美联储紧缩不够坚决，原因既包括对通货膨胀与货币政策的关系认知不足，也包括货币政策的独立性缺失。1979 年以后，沃尔克领导的美联储吸收货币学派的理念，将遏制通货膨胀视为己任，坚定加息和控制货币供给。此后，美联储在较长时间里致力于稳定通货膨胀预期，重塑了美联储的信誉。

（一）美联储犹豫的原因

1970—1979 年，美联储持续"落后于曲线"，原因是多方面的。

首先,美联储一度认为通货膨胀是"非货币现象"。当时,美联储对于高通货膨胀的成因出现分歧,并倾向于认为通货膨胀主要是非货币因素造成的,继而货币政策选择消极应对。例如,1970年,伯恩斯领导的美联储认为,工会力量引发了成本推动型通货膨胀,继而主张动用"收入政策"调控,而不愿收紧货币供给。这也推动了尼克松政府后来实施的工资和物价冻结。1974年,伯恩斯又认为,"不恰当的财政纪律"是出现通货膨胀的主因。

其次,美联储在当时的首要目标是充分就业,而非物价稳定。20世纪70年代以前,凯恩斯主义理念主导货币政策逻辑,美联储专注于总需求管理,并坚信菲利普斯曲线(失业率与通货膨胀的负相关性)的存在。因此,美联储将货币政策的首要目标落脚在实现充分就业上,希望维持较低且稳定的失业率水平,继而当失业率上升时,货币政策的天平更向就业市场倾斜。当"滞"与"胀"同时发生时,美联储一度认为通货膨胀不会继续恶化。例如,1978—1979年威廉·米勒领导的美联储认为,只要失业率在充分就业水平之上(5.5%以上),货币宽松就不会加深通货膨胀。

最后,美联储决策还受到政治因素的影响。1970—1978年担任美联储主席的阿瑟·伯恩斯,以及1978—1979年任职的威廉·米勒,均受到时任总统的影响而缺乏独立性,在平衡通货膨胀与经济增长的关系时摇摆不定。事后来看,20世纪70年代美联储对通货膨胀的容忍可能正是执政者所希望看到的:一方面,执政者不希望美联储因遏制通货膨胀而破坏经济增长、影响选票；另一方面，较高的通货膨胀也被视为一种隐性的税收手段，因名义工资上涨提高了整个税收体系的累进程度，使财政收入大幅上升。数据显示，美国个人所得税占 GDP 的比重在 1969—1970 年、1974 年以及 1979—1983 年的高通货膨胀时期，均有明显上升。

（二）沃尔克时代的功绩

1979 年以后，保罗·沃尔克领导的美联储吸收货币学派理念，以遏制通货膨胀为己任，坚定地加息和控制货币供给，虽然"制造"了经济衰退，但最终也战胜了通货膨胀。1979 年 8 月，沃尔克就任美联储主席，他采取了以弗里德曼为代表的货币学派观点，其领导的美联储更加明确了货币政策对于物价稳定的核心地位，并将货币供给（M1）增速纳入货币政策目标，继而大幅加息，使联邦基金利率高于 CPI 通货膨胀率，以达到控制货币供给的目标。1980 年 3 月，沃尔克曾实施了一次不甚明智但短暂的信贷控制试验（特别信贷限制计划），以期降低加息幅度，但随后重启货币政策紧缩，并在 1981 年中期一度将联邦基金利率推升至 20% 以上的峰值。大幅加息虽然带来了经济衰退，但最终帮助通货膨胀回落。

此外，在沃尔克和格林斯潘时代，美联储建立了新的"名义锚"，以稳定通货膨胀预期并重塑美联储的信誉，这也是日后美国物价回归长期稳定的重要背景。20 世纪 80 年代，在经历"大滞胀"后，原本的物价稳定预期遭遇严重损害。即便在沃尔克时代，美联储明确了货币供给目标，坚定地提高了利率，货币政策的可信度仍受到质疑。公众并不清楚美联储能否长期保持对通货膨胀的重视，以及是否有能力影响中长期物价走势。因此，沃尔克及其继任者格林斯潘，更致力于重构稳定的通货膨胀预期，使其成为货币政策的"名义锚"，最终重新树立货币政策的可信度。这是一个复杂而漫长的过程：沃尔克战胜通货膨胀的经历是良好的起点，而后美联储由货币供给目标转向"隐性通货膨胀目标制"。实际操作中，美联储同时盯住"增长缺口"和"通货膨胀预期缺口"，事实上是通过泰勒规则制定政策利率，追求稳定的中长期通货膨胀目标，实现稳定的经济增长。在通货膨胀预期管理上，美联储通过债券收益率变动来监测通货膨胀预期，同时加强与资本市场的沟通，增强了货币政策的可信度与市场预期的稳定性。沃尔克时代后的货币政策框架，在物价稳定方面取得了长期性成果，造就了后来的大稳健时代（1984—2007年）。

三、"软着陆"与"硬着陆"

20世纪70—80年代美国共出现四轮经济衰退，这是高通货膨胀、高利率和供给冲击共同作用的结果。高通货膨胀对于消费产生直接的抑制作用，并驱使美联储加息，进一步抑制投资。因此，衰退的程度取决于通货膨胀的严峻性以及货币政策的应对，实现"软着陆"的条件是较为苛刻的。

（一）经济衰退的三大推手

按照美国国家经济研究局的划分，20世纪70—80年代美国经济共出现四轮衰退。

第一轮是1970年1—11月（11个月）。美国实际GDP同比由1969年的3.2%下滑至1970年的0.2%，但经济几乎没有萎缩。而美国失业率却显著攀升，由1969年12月的3.5%上升至1970年12月的6.1%（阶段高点），在此后的24个月里均保持在5%以上。

第二轮是1973年12月至1975年3月（16个月）。美国实际GDP同比由1973年的5.6%断崖式下滑，曾连续5个季度同比萎缩，季度同比萎缩最深达2.3%。美国失业率连续31个月高于7.0%，由1973年10月4.6%的阶段低点，一路走高至1975年5月的9.0%，此后缓慢下降。

第三轮是1980年2—7月（6个月）。美国实际GDP环比折年率于1980年第二季度大幅萎缩8%，不过同比仅萎缩0.8%。在这一时期，美国失业率由6.3%最高升至7.8%。1980年下半年，美国经济立即开始复苏，第四季度GDP环比大幅上涨7.7%，失业率于8月开始回落。

第四轮是1981年8月至1982年11月（16个月）。美国实际GDP曾连续4个季度同比萎缩，最深萎缩2.6%。美国失业率在1981年8月开始从7.2%的阶段低点显著回升，同年11月突破8.0%，1982年11月达到10.8%的峰值，此后缓慢回落，1984年2月才降至8.0%以下。

衰退推手之一：高通货膨胀。比较当时的经济与通货膨胀走势，二者呈现出十分紧密的相关性：美国经济衰退发生的节点，均对应CPI通货膨胀率上升或触顶的时候。例如，1970年CPI通货膨胀率触顶时点，恰好是失业率反弹与经济衰退的开端；

1973—1975年，这一轮失业率反弹和经济被认定为衰退的时点，都在CPI通货膨胀率突破8%以后；1980年初，当CPI通货膨胀率触及14%以上的极高水平时，失业率显著反弹，经济开始衰退。如果衰退发生时通货膨胀率仍在上升，则美国经济继续下行；只有通货膨胀率回落后，美国经济才开始复苏。例如，1970年末，直到通货膨胀率回落至5%以下，美国经济才开始复苏；1975年，当通货膨胀率触顶回落一个季度后，美国GDP环比增速转正，失业率开始下降。通货膨胀对经济的直接影响主要体现在消费上。相比政策利率，美国通货膨胀率与私人消费增速的负相关性更为明显。尤其在20世纪80年代，当政策利率大幅跃升时，通货膨胀率已经提早回落，当时私人消费也开始回升，说明通货膨胀缓和对于消费回暖有明显帮助。

衰退推手之二：高利率。整体而言，当时美联储加息对经济的降温效应是明显的。当美国经济处于过热时，加息对经济的降温效果可谓立竿见影。例如1973年中期，美国制造业PMI（采购经理指数）超过60，美联储加息使"过热"的经济快速降温。当美国经济本身处于下行甚至衰退时，加息则深化了经济萎缩的幅度。例如1974年中期，政策利率达峰后，美国经济下行速度加快，第三季度美国GDP环比大幅萎缩3.7%；1980年3—4月，联邦基金利率达到17%以上的阶段高点后，同年第二季度美国GDP环比大幅萎缩8.0%。反之，降息可助力经济复苏。1970年12月，当政策利率降至通货膨胀率之下时，美国经济立刻处于复苏状态；1975年初，美联储降息并使政策利率低于通货膨胀率近5个百分点，美国经济于1975年第二季度开始复苏。但是，在通货膨胀未得到有效控制时过早地、不成熟地降息，可能会以

"通货膨胀反复＋更高幅度的加息"收场，从而酿至更大程度的衰退，或延缓本应更早开始的复苏。1974年初，美联储选择降息，但由于通货膨胀继续走高，对经济的负面影响持续，美国经济仍步入衰退；1980年5月，联邦基金利率已降至11%左右（辅以信贷管制），8月美国经济暂时脱离衰退区间，但由于此后通货膨胀反复迫使美联储选择进行更大力度的加息，1981年美国经济陷入新一轮程度更深的衰退。利率对经济的影响主要体现在投资上。相比通货膨胀，政策利率与私人投资（滞后一年）的负相关性更为明显。1980年下半年，美联储短暂降息，一年后美国私人投资明显反弹；1981年，当美联储重新大幅加息后，一年后的私人投资增速明显下滑，但该时期通货膨胀也已明显回落，说明私人投资对利率的走势更为敏感。

衰退推手之三：供给冲击。1973年和1979年的粮食与石油危机，对美国经济增长造成了多方面拖累，因此都引发了经济衰退。第一，如上文提到，供给冲击抬升了CPI通货膨胀率，消费价格上涨抑制了总需求。尤其是供给冲击引发能源消费成本上升，并挤占了其他消费。1974年以后，美国能源产品和服务消费占私人消费的比重，由冲击前的6%左右上升至7%~9%，直到1985年以后才明显回落。第二，供给冲击增加了美国石油进口成本，导致GDP"蒸发"。第一次石油危机导致油价上涨约10美元/桶，1974年美国石油净进口量约为600万桶/日。我们测算，石油涨价通过增加净进口成本对美国GDP的拖累约为219亿美元，拖累GDP名义增速1.4个百分点。类似地，第二次石油危机后，石油净进口成本上升拖累了1979年美国GDP名义增速2.8个百分点。第三，供给冲击引发原材料紧缺，削弱了美国工业生产的能力。20世纪70年代的两轮供给冲击后，美国工业生产总指数同比出现大幅下降。对比两次冲击可以发现，第一次冲击发生时，美国CPI通货膨胀率较低，而PPI通货膨胀率更高，继而工业生产所受冲击程度更深，这也体现了供给冲击对经济产出的影响更主要地表现在供给端。

（二）衰退程度取决于什么？

对于上述四轮衰退，按照GDP萎缩程度以及衰退时长划分，可分为两次"软着陆"（1970年和1980年）和两次"硬着陆"（1973—1975年和1981—1982年），如表14.1所示。

1970年"软着陆"的背景是，通货膨胀压力相对有限。当时CPI通货膨胀率最高仅为6.2%，继而美联储也未大幅加息，政策利率最高仅为9%左右。而通货膨胀有限，一方面是没有遭受供给冲击，另一方面也和尼克松政府的价格管制有关。

1980年"软着陆"的背景是，通货膨胀见顶回落、美联储及时降息。当时美国CPI通货膨胀率一度达到14.8%的历史高点，联邦基金利率曾经达到17.6%，但当衰退开始时，美联储迅速降息，政策利率大幅下降至9%左右时，经济很快开始复苏。

1973—1975年"硬着陆"的主要原因是，供给冲击下，衰退期间通货膨胀率仍在上行，继而政策利率也不得不跟随通货膨胀快速上升（即使政策利率并未显著高于通货膨胀率）。

1981—1982年"硬着陆"的背景是，美联储迫切希望遏制通货膨胀，从而采取十分激进的加息措施（联邦基金利率曾达到20%左右），虽然通货膨胀率很快开始下降，但政策利率仍持续且显著高于通货膨胀率，使经济复苏进程延缓。

由此，我们可以得出结论："软着陆"的要求是较为苛刻的。首先，通货膨胀压力不能太大，CPI 通货膨胀率或许需要在衰退初期及时回落。其次，美联储加息不能过于激进，甚至需要在衰退到来时及时降息。最后，如果政府对价格进行过度干预，或者不幸发生了新的供给冲击，那么"软着陆"可能只是暂时的，日后通货膨胀可能反弹，"硬着陆"更难避免。

表14.1　20世纪70—80年代美国经济"软着陆"与"硬着陆"比较

时期	衰退程度	GDP 季度同比最小值	衰退时长	CPI 通胀率	联邦基金利率	价格管制	供给冲击
1970年	软着陆	-0.2%	11个月	5.4%~6.2%	5.6%~9.0%	√	
1973—1975年	硬着陆	-2.3%	16个月	8.7%~12.3%	5.5%~12.9%		√
1980年	软着陆	-0.8%	6个月	13.1%~14.8%	9.0%~17.6%		√
1981—1982年	硬着陆	-2.6%	16个月	4.6%~11.0%	9.2%~19.0%		

资料来源：Wind，平安证券研究所。

四、资产价格的线索

20世纪70—80年代，高通货膨胀是美国经济和政策的"最大敌人"，因此通货膨胀形势也成为资本市场的风向标。在此过程中，市场对通货膨胀形势以及货币政策逻辑都有一个理解与消化的过程。在1980年以后的"沃尔克时代"，货币政策开始成为资产价格的关键线索。此外，"大滞胀"为经济和市场带来了长期伤痛，继而美元等避险资产在较长时间里表现积极。

（一）美股：通胀是最大的敌人

这一时期美股走势由通货膨胀主导，每当通货膨胀率掉头向下时，美股便立即反弹。1970年7月、1974年12月和1980年3月，对应着美国CPI通货膨胀率的三轮顶点，同时也是标准普尔500指数反弹的开端。这或许说明，在高通货膨胀时期，通货膨胀走势是市场最为关注的：只要通货膨胀居高不下，美联储就有继续紧缩的可能，美国经济便受到高通货膨胀和高利率的共同威胁；而只要通货膨胀回落，即便经济暂时疲弱，市场相信回落的物价有利于经济复苏，且美联储紧缩有望放松，股市便进入复苏预期。

美股在衰退中期触底反弹，调整幅度不完全取决于衰退程度。在美国国家经济研究局定义的四轮衰退初期，美股均承压，但衰退尚未结束时，由于货币政策预期趋松、通货膨胀压力开始缓和，市场复苏预期增强，美股往往率先迎来反弹。换言之，"政策底"领先于"市场底"，"市场底"又领先于"经济底"。从数据上看，标准普尔500指数的底部均出现在衰退时期内。不过，美股调整幅度并不完全取决于衰退程度：1970年和1980年的"软着陆"中，以及1981—1982年的"硬着陆"中，标准普尔500指数跌幅均不超过20%；只有1973—1975年的"硬着陆"中，标准普尔500指数跌幅接近40%。从反弹幅度看，四轮衰退和美股调整后，美股反弹都是较为强劲的，标准普尔500指数由低谷反弹的幅度均超过30%。其背后的逻辑或许在于，"软着陆"后的市场整体保持乐观，"硬着陆"后的市场虽然没有那么乐观，但由于此前"基数"较低，美股的性价比仍能吸引资金流入。这意味着,无论衰退程度如何,只要找准底部适度"前倾"布局美股,均有可能获得不错的收益。

美联储不是美股"永远的敌人"。对比1970年后和1980年后的美股表现,即便1980年后美国CPI通货膨胀率更高,美联储加息更为激进,衰退程度也不弱,但美股的整体表现显著好于20世纪70年代。20世纪70年代,标准普尔500指数在波动中几乎保持横盘,而1980年以后标准普尔500指数维持震荡上行趋势。尤其对比1973—1975年和1981—1982年,都是"硬着陆",但后一个时期美股下跌幅度更小、反弹幅度更大。两个时期最大的区别在于,后者美联储紧缩力度更强,在"制造"衰退中可能发挥了更重要的作用。在美联储激进加息过程中,通货膨胀率显著下降:一方面缓解了高通货膨胀对经济增长的抑制,另一方面市场对于美联储更有信心,继而令复苏预期更强、风险偏好更高。此外,1980年后,"里根经济学"登上历史舞台,在市场充分而痛苦地出清后,美国生产率快速提升。因此,美股受到通货膨胀可控后的政策利率下降以及上市公司盈利增长的"双轮驱动",反弹更为强劲。从这个角度来看,通货膨胀才是美股"最大的敌人",而美联储不是;有能力遏制通货膨胀的美联储,最终反而成了美股的"朋友"!

(二)美债:与货币政策"共舞"

20世纪70年代,美债市场经历了一段长期熊市,高通货膨胀和高利率共同驱动美债利率上行。但是,10年期美债利率的波幅明显小于CPI通货膨胀率和政策利率的波幅。值得一提的是，美国经济衰退与美债利率的相关性并不明显：在1970年、1973—1975年、1980年和1981—1982年的四轮衰退前后，10年期美债利率在第一轮有所回落，第二轮震荡上行，第三轮大幅走高，第四轮震荡偏强。这或许体现了美联储货币政策逻辑的演进过程，即对通货膨胀的重视不断提高，对经济的兼顾不断弱化。继而随着时间的推移，市场更少地交易"衰退"、更多地交易"紧缩"。直到1982年第三季度以后，当CPI通货膨胀率低于5%、GDP同比萎缩时，市场相信美联储能够心无旁骛地降息，美债利率才明显走低。

20世纪80年代，10年期美债利率走势与政策利率走势更加紧密相关。1980—1981年，美国CPI通货膨胀率呈下行走势，但10年期美债利率快速上行，主要由货币政策强力紧缩驱动。1982年以后，10年期美债利率与政策利率波动趋势比较贴合，这体现了沃尔克时代货币政策改革的成效，即美联储对债券利率的驱动力显著提升。

虽然10年期美债利率与政策利率"共舞"，但波动幅度更小。20世纪70年代以前，10年期美债利率与联邦基金利率的绝对水平和走势都很相近。20世纪70年代，当高通货膨胀到来、美联储加息时，10年期美债利率虽然也会上升，但上升幅度更小，继而"跑输"政策利率。原因在于：一方面，高通货膨胀和高利率的出现，降低了市场风险偏好，美债发挥了一定的避险属性；另一方面，市场出于对经济增长的担忧，怀疑高利率的可持续性，继而压低了中长端美债利率（美债期限溢价为负）。当通货膨胀回落、美联储降息后，10年期美债利率虽然有回落，但幅度仍然有限，使美债利率"跑赢"政策利率，这一现象的原因或许是通货膨胀预期的上升。事实上，1983年以后，10年期美债利率下降幅度不足，一度成为美联储面临的新问题：美国通货膨胀率已回落至2%附近，但由于市场通货膨胀预期仍未及时回落，债券市场利率下降缓慢，阻碍了经济复苏。后来，沃尔克领导的美联储开始将债券市场利率视为通货膨胀预期的标尺，更加重视对通货膨胀预期的管理，10年期美债利率走势才进一步贴合政策利率。

（三）美元：多因素造就强美元

美联储加息、市场避险需求上升、非美经济受冲击等因素，共同造就了1981—1984年的强势美元。20世纪70年代，布雷顿森林体系崩溃造成美元汇率迅速贬值，这一时期的美元汇率与美国经济和货币周期相关性不强。1981—1984年，美元汇率持续走强，美元指数由1980年下半年的85左右，一度上升突破160的历史峰值；直到1985年"广场协议"签署，强势美元才得以终结。

如何理解这一时期的强势美元？第一，1980年以后，沃尔克领导的美联储严格控制货币供给，美元的稀缺性上升；第二，1981—1982年，美国经济因美联储激进加息而陷入衰退，美股经历明显调整，经济和市场风险激发了美元的避险属性；第三，1983—1984年，美国经济告别了高通货膨胀，步入强劲复苏，美联储政策利率和美债利率仍维持着相对高位。这一时期美元汇率仍在走强：一方面，市场对美联储的信心提升；另一方面，前期美联储紧缩对非美经济的外溢效应显现（如1982—1985年拉美深陷债务危机），这使美元资产具备十足的吸引力。

值得一提的是，在美联储激进加息时期，美元指数和美债利率均呈上行趋势。不过，美元汇率的反应滞后于美债利率：1980年6月，10年期美债利率已经开始快速上行，而美元指数的上行滞后了3个月左右；1984年6月，10年期美债利率受市场降息预期影响开始回落，但美元指数的回落滞后了9个月。

五、对当下的新启示

第一，本轮美国通货膨胀成因与20世纪70—80年代有诸多相似性，但整体压力更为有限。

类似20世纪70年代，当前美国的高通货膨胀同样是货币和财政宽松、美联储行动迟缓、供给冲击等多重因素交织的结果。但对比来看，我们倾向于认为美国通货膨胀不会像当时那般失控。

首先，这一次美国政府并未像当年尼克松政府那样实施粗暴的价格管制，价格信号对供需的平衡作用并未消失，降低了日后通货膨胀反复的风险。

其次，当前美国工资-价格螺旋风险相对更低，一方面得益于目前仍较为稳定的中长期通货膨胀预期，另一方面得益于美国工会力量的长期削弱。

最后，当前美国消化石油危机的能力更强，尤其是2010年页岩油革命后，美国能源消费占私人消费总额的比重已下降，美国也从原油的净进口国转变为净出口国，因此油价对美国核心通货膨胀率的传导下降。即便当前美国CPI能源分项同比增速高达

40%，是20世纪70—80年代两次石油危机的程度，但核心CPI通货膨胀率明显低于当时。

第二，本轮美联储虽然也曾"犯错"，但在抗击通货膨胀方面更占据主动。

货币政策的"反复无常"，以及市场对货币政策缺乏信心，是20世纪70—80年代滞胀反复的重要背景。对比来看，美联储如今掌握更多主动，即便在2021年低估了通货膨胀的可持续性（通货膨胀暂时论），这一错误也仍有挽回的余地。

首先，在认识和应对滞胀上，如今美联储已不再"摸着石头过河"，货币政策早已明确"物价稳定"的目标。2022年以来，美联储宣称"物价稳定"是"最大就业"的前提，将遏制通货膨胀视为货币政策的首要任务。

其次，沃尔克-格林斯潘时代后，美联储监控通货膨胀预期的能力更强（如2000年以后通货膨胀保值债券诞生），与市场沟通的效率更高，建立了较为良好的信誉。2022年以来，美联储紧缩信号显著抬升了美债名义利率，资本市场的敏捷反应折射出货币政策的可信性。当下美国通货膨胀预期并未"脱锚"，克利夫兰联邦储备银行模型监测的10年通货膨胀预期不超过2.5%，远不及20世纪80年代4%~5%的水平。

最后，如今美联储的独立性更强。当前，通货膨胀是拜登政府和美联储共同面对的"敌人"，美联储紧缩受到总统的支持。即便未来经济压力加大、总统向美联储施压，预计美联储也会较为坚定地捍卫信誉。正如鲍威尔领导的美联储曾在2018年四次加息，不顾时任总统特朗普的批评一样。

第三，本轮美国经济衰退几乎成为必然，且存在"硬着陆"

风险。

20世纪70—80年代，当美国CPI通货膨胀率升高至5%以上时，经济衰退便如期而至。对比当前，首先，2022年美国CPI通货膨胀率最高达到9.1%，不仅超过了此前触发衰退的水平，且已超过1970年美国经济"软着陆"时期的水平。

其次，当前美联储表现出很大的决心遏制通货膨胀，或将政策利率维持在"足够限制性水平"较长时间，不惜付出经济衰退的代价（参考我们此前发布的报告《美联储信誉保卫战》）。这意味着，类似1981—1982年沃尔克时期，本次美联储紧缩力度可能足以"制造"一场衰退。

最后，目前尚不能排除未来通货膨胀反复的风险。如果未来不幸发生了新的供给冲击，或者美联储实际紧缩力度不足（如未来当美国经济切实进入衰退、政治压力上升或发生金融风险时，美联储过早停止紧缩甚至降息），那么美国通货膨胀仍可能反复，从而酿至更大程度的衰退。

第四，本轮大类资产价格走势与20世纪70—80年代或有较强相似性。

一是美股：通货膨胀仍是核心影响因素，未来仍有调整压力，但调整幅度或许不会太深，反弹或待衰退兑现。

类似20世纪70—80年代，当前通货膨胀走势与美股表现也有较强相关性。2022年上半年，随着美国CPI通货膨胀率不断上升，美股迎来一轮深度调整；6月中旬至8月中旬，大宗商品价格与通货膨胀预期降温，美股阶段性反弹；8月下旬以来，随着高通货膨胀的持续性超出预期，美联储政策取向更加强硬，美股对货币政策的关注加强，上演了新一轮紧缩恐慌。

未来一段时间美股市场或仍将承压，类似1981—1982年沃尔克抗击通货膨胀并"制造"衰退的时期。1981—1982年，虽然美国CPI通货膨胀率持续回落，但美联储紧缩对经济和股市造成冲击。类似地，当前美联储似乎想要重回"沃尔克时代"，势必确保通货膨胀回落，不惜付出衰退代价。目前，美国通货膨胀仍处于高位，经济尚未实质性衰退，市场对衰退的计价尚不充分，后续美股或仍有调整空间。从历史经验看，美股在经济衰退初期仍可能下跌，直到衰退中后期货币政策开始放松，美股才迎来持续性反弹。

不过，美联储不会是美股"永远的敌人"，若美联储顺利帮助通货膨胀回落，美股调整幅度或许不会太深。1981—1982年沃尔克"制造"衰退时，美股调整幅度相对有限，并未跌破1980年初的底部。美联储大力抗击通货膨胀虽然带来了"短痛"，但可避免通货膨胀反复的"长痛"。考虑到本轮通货膨胀形势比20世纪70—80年代还更乐观一些，美联储的行动也不算太过被动，这一轮美股调整幅度或许不会太大，反弹也可能较历史经验更提前一些。

二是美债：货币政策仍是核心影响因素，衰退兑现时也未必立即回落，需要等到货币政策明确开始放松的时候。

类似20世纪70—80年代，当前10年期美债利率的核心影响因素也是货币政策。20世纪70—80年代的经验是，债券市场在"衰退交易"和"紧缩交易"之间徘徊。但随着美联储抗击通货膨胀更加坚决，债券市场更少地交易"衰退"、更多地交易"紧缩"。2022年7月，因通货膨胀预期降温、衰退预期升温，10年期美债利率明显回落。但8月下旬以来，随着美联储政策取向更加强硬，市场更加关注紧缩，因此近期10年期美债利率持续反弹并已突破4%，超过6月中旬3.5%的阶段高点。

如果美联储在衰退时也坚持紧缩，那么衰退初期10年期美债利率未必很快回落。正如在1981—1982年美国经济衰退初期，即便美国CPI通货膨胀率已由高点明显回落，但与2%的目标仍有很大距离，货币政策并未放松，10年期美债利率保持在高位。我们预计，即便2023年上半年美国经济开始衰退，美联储仍可能选择坚持紧缩、不会降息，债市可能也不会过早交易衰退。

10年期美债利率下降或需政策利率实质性下降。1982年下半年，当美国CPI通货膨胀率回落至5%以下、经济衰退程度较深时，美联储开始大幅降息，美债牛市才真正开启。此外，我们注意到，当时政策利率下降的起点领先于10年期美债利率，下降幅度也更大。这意味着，等到货币政策明确开始放松后，10年期美债利率或许才能明显下降。

三是美元："强势美元"可能持续较久，美元汇率回落或需美债利率回落。

从中周期看，当前"强势美元"的逻辑与20世纪80年代十分相似。1980—1984年，美元指数走出了"历史大顶"，即便那段时期美联储降息，美元汇率也长期保持强势。当前，支撑美元的逻辑与20世纪80年代十分相似：美国经济相对非美地区有明显优势，美联储紧缩底气强于其他发达经济体。往后看，即便美国经济由滞胀走向衰退，非美经济金融风险也未必消除（这从2022年欧洲、日本债券和汇率市场的波动中便可见一斑），反而市场对美元资产的信任会增强（如当前比特币等加密货币已然走弱）。因此，至少在未来1~2年，美元指数波动中枢有望持续高于新冠疫情发生前的水平。

从短周期看，美债利率或许是判断美元走势的"领先性指标"。1980年，10年期美债利率早于美元指数开启上行周期；1984—1985年，10年期美债利率先于美元指数回落。事实上，过往的市场表现也基本印证了美债利率对美元指数的领先性：在10年期美债利率触顶回落后的1~3个月，美元指数通常也见顶回落。如前所述，本轮美债牛市的开启或许要等到衰退兑现且货币政策趋松，在此之后的美元指数触顶回落迹象才能日渐清晰。

15

硅谷银行事件：
想象一下美联储的视角[①]

近期，一场发端于美国地区性银行的挤兑危机迅速发酵，并逐步演变为全球金融市场的信心危机。2023年3月10日以来，美国硅谷银行、签名银行先后倒闭并被监管当局接管。第一共和银行流动性承压，银行股集体下挫，全球金融市场震荡剧烈。3月15日，远在欧洲的瑞士信贷也受到牵连，机构股价大幅下挫并创历史新低，后来传出瑞银集团要并购瑞士信贷的消息。

与此同时，各种评论猜测喷涌而出，不少观点认为挤兑情绪的持续蔓延使美联储的加息路径受到约束，硅谷银行系列事件或倒逼美联储放缓加息脚步，甚至转为降息，以平息全球金融市场的恐慌情绪。

在如此热烈的讨论中，唯一没有直接发声的恰恰是整个事件所涉及的最重要的机构——美联储。美联储不发声，其中简单的

[①] 本文作者：郭凯，中国金融四十人研究院执行院长、高级研究员；杨悦珉，中国金融四十人研究院青年研究员。本文作于2023年3月。

原因是已经进入了联邦公开市场委员会会议前的静默期，而更重要的原因也许是，在联邦公开市场委员会充分地评估和讨论此事之前，草率发声不是上策。

只是在市场如此飘摇的时刻，长时间的静默也是不稳定的巨大来源。毕竟，市场在各种信息（其中掺杂着错误信息）之间猜测着美联储的反应函数，这本身就造成了巨大的不确定性和波动。美国2年期国债的收益率是受美联储政策影响很大的指标，其在几个交易日之内出现了上百个基点的变动，就是具体体现。

因此，现在一个有用的思想实验也许是，想象一下美联储的视角。也就是站在美联储的立场，思考当下的情况和决策时面临怎样的取舍。

这里试图思考一个非常具体的问题：硅谷银行事件如何影响货币政策决策？

美联储需要判断的第一个重大问题是：加息是不是增加了美国银行体系的系统性风险？

一种比较流行的观点是，美国的银行体系持有大量的美国国债、机构债券、住宅抵押贷款债券等资产，在利率大幅上升的背景下，这些债券的票面价值会大幅下降。

举例而言，一只久期为10年的债券，如果利率上升4%，其票面价值会下降40%。如果银行的资产负债表完全按照市值来估值，大幅升息的结果就是银行的资产缩水，从而导致大额的损失，甚至资不抵债。硅谷银行事件恰恰是这一过程的体现。

事实上，美国联邦存款保险公司报告的数据显示，截至2022年底，美国银行业未实现的损失达6 200亿美元之巨。这些未实现的损失基本就是美国银行业持有的资产全部按市值估值后的损失。如果这不是系统性风险，还有什么是系统性风险？

但是站在美联储的角度，如果把银行体系作为一个整体来看，那么上述的逻辑并不成立。加息对美国银行业并不是一个单边的利空事件，加息并不必然增加银行体系的系统性风险。这里有两个细分的原因。

其一，加息过程中，银行体系资产端的收益率通常比负债端上升更快。基本的原因是，加息过程中银行新发放的贷款和新购买的资产可以迅速重新定价，而银行的存款中有大量的活期存款不需要重新定价，其他负债也会因为储户的黏性而只是慢慢地部分重新定价。因此，在加息的过程中，银行体系的盈利通常不仅不会恶化，还会在短期内有所改善。

这个事实对关注银行业的人并不陌生。德雷克斯勒、萨沃夫和施纳布尔（2021，2023）则系统性地提供了这样的证据。图 15.1 是联邦基金利率和美国银行整体的存款利率，很明显存款利率并不会随着联邦基金利率大幅上升。图 15.2 则是美国银行业的净息差，银行业的净息差和联邦基金利率的水平并没有明显的关系，如果有关系，近期的加息其实增加了美国银行业的净息差。

其二，将整个银行体系持有的资产都按照市值来推算损失，是标准的"合成谬误"。单个银行确实需要在必要的时候出售资产来偿还负债，即使出售的价格要远低于买入的价格。硅谷银行被接管的一个直接原因就是，其出售资产的损失太大而很可能处于资不抵债的状况。

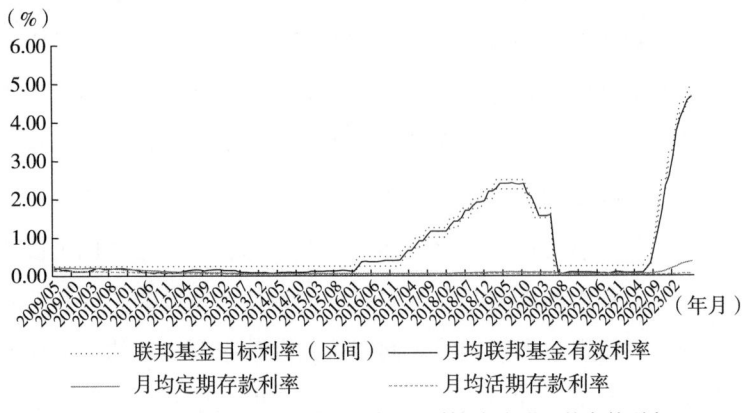

图 15.1　2009 年 5 月—2023 年 2 月美国银行业平均存款利率与联邦基金利率走势

资料来源：美国联邦存款保险公司，圣路易斯联邦储备银行。

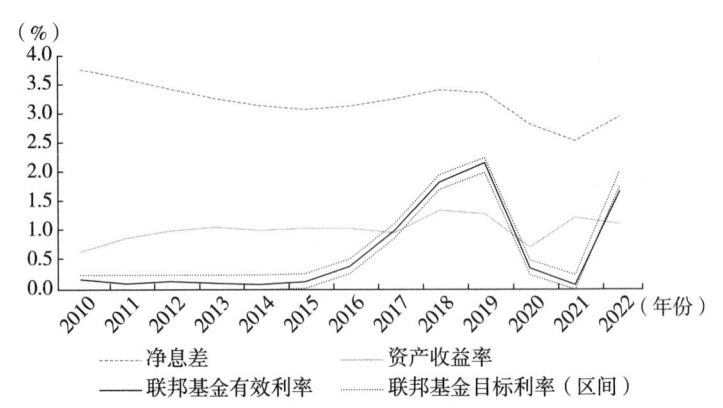

图 15.2　2010—2022 年美国银行业净息差、资产收益率与联邦基金利率走势

资料来源：美国联邦存款保险公司，圣路易斯联邦储备银行。

但银行之间的买卖并不改变银行体系整体持有的资产数量，银行体系作为一个整体基本会把手上的资产持有到期。如果持有到期，单纯因为利率变动导致的账面价值变动就不重要，联邦存款保险公司计算的 6 200 亿美元的损失不会变成真正的损失，至少很大的比例不会变成真正的损失，会计准则允许持有到期的资产不按市值计价，这是合理的。

上述的视角表明，需要区分个体和整体，加息一定会对一些个体银行产生压力，但加息并不必然导致银行体系的系统性风险上升。

美联储需要判断的第二个重大问题是：硅谷银行事件究竟是个案，还是具有普遍代表性的事件？

关于硅谷银行的分析已经有很多，这里不需要再重复，基本的结论似乎可以是以下两条。

第一，硅谷银行绝非一个典型的银行，不具有广泛的代表性。

从图15.3和图15.4可以看出，与美国银行体系相比，硅谷银行明显持有更多的债券。根据新闻报道，这些债券多是长期债券。硅谷银行的负债端则明显有更多的活期存款。这些活期存款多为硅谷科技企业的存款，多数高于美国存款保险覆盖的25万美元的上限。

这种组合使硅谷银行在加息的环境中格外脆弱，而且特别容易发生挤兑。用一位美国观察人士的话（稍有改动）形容：硅谷银行所有的储户基本在同一个群里。因此，硅谷银行的问题不具有广泛的代表性。

第二，硅谷银行存在的问题，在一批美国中小银行中同样存在。

从美国监管机构接管签名银行，之后美国11家银行宣布联合注资第一共和银行来看，很明显美国有一批中小银行或多或少地在美联储加息的背景下暴露出了明显的脆弱性。这些银行难免会被硅谷银行的问题"传染"。

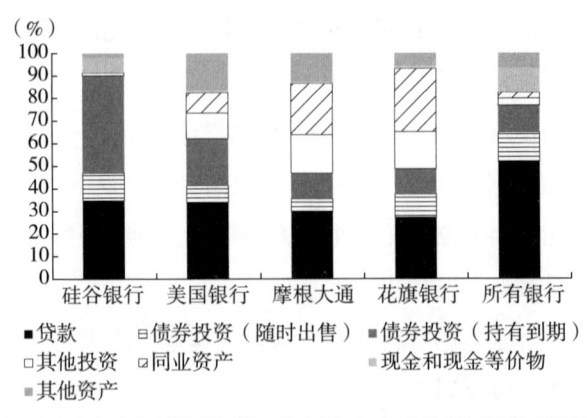

图15.3 2022年末硅谷银行与美国所有银行、三大头部银行资产端结构对比

资料来源：美国联邦存款保险公司，硅谷银行年报，美国银行年报，摩根大通年报，花旗银行年报。

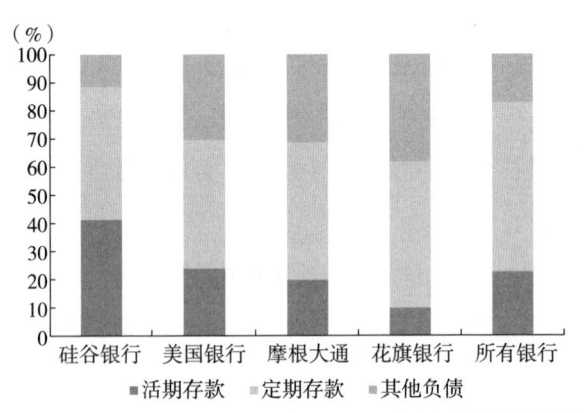

图15.4 2022年末硅谷银行与美国所有银行、三大头部银行负债端结构对比

资料来源：美国联邦存款保险公司，硅谷银行年报，美国银行年报，摩根大通年报，花旗银行年报。

因此，美联储也许会得出这样一个结论：虽然银行体系整体上看起来没有问题，但是不排除会有一批银行承压，主要是规模不大的区域银行。硅谷银行事件尚不是一个系统性问题，但也不是个案。

美联储需要判断的第三个重大问题是：这批可能面临压力的中小银行，面临的究竟是流动性危机还是偿付性危机？

对于美联储目前怎么想这个问题，似乎已经不用做太多分析，美联储、美国财政部和联邦存款保险公司的行为已经表明它们的观点：如果这部分银行出现问题，则主要是流动性问题，而不是偿付问题。

这个观点可以由美联储、美国财政部和联邦存款保险公司采取的紧急措施倒推得出。美国的政府、中央银行和监管当局大致做了三件事。

一是宣布全额担保硅谷银行和签名银行的全部存款，使其不再受 25 万美元上限的限制。无额度限制的担保存款等于"安民告示"，即告诉民众不用担心存款的安全，这样做的动机是防止其他中小银行也发生挤兑。如果确实只是流动性风险，政府在这个过程中不需要花一分钱，具体的原理就是 2022 年诺贝尔经济学奖的三位得主最重要的贡献。

二是美联储创设新工具——银行期限资金计划（BTFP）。这个工具的核心是允许银行把持有的合格证券用面值（而不是市值）抵押给美联储以获得流动性，这样就可以避免硅谷银行按市值出售证券导致损失的情形。

BTFP 本身是一个相对标准的流动性工具，它的设计基本遵从经典的白芝浩原则：慷慨放贷，需要有好的抵押品，仅借给没有偿付问题但遇到流动性困难的银行，利率要高得令银行不会过度使用。

三是（在美国当局的鼓励下）支持美国 11 家银行联合为第一共和银行提供 300 亿美元的流动性支持。这 300 亿美元支持的形式是不受存款保险保障的存款。

这些措施能否终结危机还需要观察，但这些措施背后的假设相对清晰，就是美国当局目前对事件的判断仍是流动性风险，而不是偿付问题。

美联储需要判断的第四个重大问题是：中小区域性银行如果真的出问题，那么最坏的结果会是什么？

坦率地说，这个问题非常难以回答，因为事情还在快速发展。如果非要揣测，美联储也许会从以下两个维度来看。

第一，中小区域银行对美国的银行体系有多重要？从数据上看，截至2023年2月末，美联储定义下的中小银行（即资产规模排名25名以后的银行）有4 000余家，它们的资产、信贷和负债分别占美国银行体系的19.8%、37.6%和29.33%，似乎是一个非常重要，但是如果不是同时都出现类似硅谷银行这样的挤兑问题也不用过于紧张的比例。美联储需要避免的是大规模的传染和市场的恐慌，这也是美国当局出台一系列措施的基本出发点。

第二，历史上有什么样的危机可以用来比照理解当下中小银行的问题？很多人立刻想到的也许是2008年全球金融危机，但2008年的危机和当下的危机有着太多的不同。

与当下情形更具可比性的是20世纪80年代的美国储贷危机。美国储贷危机的缘起也是美联储的激进加息，是沃尔克领导下的美联储与高通货膨胀搏斗的结果。一边是美国的储贷机构看着自己的负债成本大幅上升，另一边是资产端大量的长期住宅抵押贷款利率无法随之调整，资产和负债收益率的倒挂使储贷机构的商业模式完全不可持续。

这次危机的后果是1 000余家储贷机构在20世纪80年代倒

闭或者被接管。这场危机的直接财务成本大约是 1 600 亿美元，美国政府支付了其中的 1 300 多亿美元。但是，如果从远处回望这场由美联储激进加息引发的银行危机，也许有两个事实更值得注意：一是储贷危机并没有影响美联储控制通货膨胀的决心，二是 20 世纪 80 年代美国的经济表现并不算差。

简单总结一下上述分析的初步结论：加息并不必然带来系统性银行风险；硅谷银行的问题不具有广泛代表性，但确实暴露了部分中小区域性银行的问题；部分中小区域性银行的问题主要还是流动性问题而不是偿付性问题；局部的中小银行危机从数量级和历史经验看可能不会有系统性影响。

但这是不是意味着天下无事，可以高枕无忧？不是。

在即将召开的联邦公开市场委员会会议上，美联储官员在决定货币政策时，至少面临四个维度的取舍，上述这些初步结论只是其中的一个维度，而且很可能会被现实证伪。

面对大量的不确定性，要在各种选择之间艰难取舍，正是考验美联储的地方。

美联储需要判断的第五个重大问题是：怎么解决一个四体问题？或者换个说法：是 50 个基点、25 个基点、0，还是 −25 个基点？

即将召开的联邦公开市场委员会会议将是一次困难的会议，原因是美联储并没有完美的选择，而是必须在四难格局中选择一个最合理的妥协。

美联储面对的四难是：通货膨胀、增长、短期的金融稳定、中长期的金融稳定。

在硅谷银行事件发生之前，美联储主要面对两难，也就是在增长和通货膨胀之间的取舍。考虑到最近的就业数据和通货膨胀数据都比此前预期的更强,市场在硅谷银行事件之前已经普遍预期美联储将在这次的联邦公开市场委员会会议上加息 50 个基点,鲍威尔本人也基本是这个表态。硅谷银行事件使整个问题的复杂度显著提高了。

这里一个简单的观察是,在一定范围内,加息幅度越小,越有利于缓解短期的金融风险,但同时增加中长期金融风险,而且使控制通货膨胀的难度加大。

缓解短期金融风险的逻辑比较明显,毕竟这次风险的暴露是由加息触发的,加息越多,脆弱机构的压力就越大。

控制通货膨胀的困难加大也比较容易理解,加息的幅度越小,对需求侧抑制的就越少,而美联储通过加息抑制通货膨胀,主要就是通过抑制需求来实现供需平衡。

增加中长期金融风险从何说起?这里至少有三个可能的渠道。

第一,如果一个风险直接涉及的银行数量有限,而美联储仍按照流动性风险来应对,进行货币政策的明显调整,会给市场一个强烈的信号——美联储对风险的容忍度很低,这无疑会助长金融体系的冒险行为。

第二,如果因为短期金融稳定而牺牲应对通货膨胀,中枢的通货膨胀水平和名义利率水平可能会上移,短期略低的利率对应的是中长期更高的利率,会进一步加剧中长期的风险。

第三,拖延应对通货膨胀会使通货膨胀和增长之间的取舍变得更加困难,日后需要更深的衰退才能使通货膨胀回到合意区间,这也会增加中长期的风险。

总之，一个金融体系如果只能接受降息，无法接受升息，而且升息了就会发生风险，那么在风险面前放松货币政策，只是把风险向后推迟，而并没有消除风险。

美联储需要考虑的是四个选项：按原计划加息 50 个基点、加息 25 个基点、不加息、降息。如何选择其实取决于美联储"内心"在四难问题上的权重。

但如果前面的分析是对的，我们可以基于下面的假设去猜测美联储的行为：（1）不考虑金融稳定问题时，平衡增长和通货膨胀最好的妥协是加息 50 个基点；（2）少加息会减少短期金融风险，而增加中长期金融风险；（3）加息本身并不必然增加系统性风险，而且当前的风险仍然不是系统性的。

根据这些假设，美联储加息 25 个基点的概率看起来最大，加息 50 个基点的概率其实要超过不加息的概率，而降息的概率应该为 0。

不加息和降息的概率低，是因为这样做会过度远离应对通货膨胀的利率，在短期和中长期的金融稳定之间似乎也过于关注短期的稳定而牺牲了中长期的稳定。

更为重要的是，这样做是货币政策的重大转向，会向市场透露美联储的某种"恐慌"，意味着银行体系实际的风险要大于美国官方所承认的风险。

加息 25 个基点则既能展示继续对抗通货膨胀的决心，又留下了关注事态发展的空间，进退都有余地，因此最有可能。

继续加息 50 个基点，会稍显美联储对于近期的风险有些无动于衷、过于自信，也不是最优之选。但纯粹从技术的角度看，加息 50 个基点也不是可以完全排除的选项，因为美联储可以对货币政策和金融稳定政策进行区分，在加息50个基点的同时发表较为有力的捍卫金融稳定的声明也是一个可选项。

美联储需要判断的第六个重大问题是：未来怎么办？

给定过去几年所发生的各种意外，给定美联储一路走来犯了多次错误，给定未来的增长、通货膨胀和眼下的银行危机如何演变都充满了巨大的变数，也许最好的策略就是不再假装自己有上帝视角，承认很多事情一时无法看清，但清晰地表达一边应对通货膨胀，一边维护金融稳定的决心。

美联储应该向市场表明，美联储有货币政策和金融稳定两套工具，只要不发生系统性金融危机，这两套工具可以各司其职，货币政策工具用来应对通货膨胀，金融稳定工具用来应对局部的金融稳定问题。即使发生系统性风险，美联储2020年的工具箱就在那里，可以随时启用。

美联储真的能做到一边加息，一边通过贴现窗口和BTFP这样的工具向需要的银行注入流动性维持金融稳定，而两者互不干扰吗？

2023年3月中旬，美联储的资产负债表扩张了3 000多亿美元，有评论家将其解读为缩表结束，新一轮的量化宽松正在路上。

如果是在全球金融危机以前，担心美联储扩表和加息不能同时进行并非没有道理，那时美联储采取的是稀缺准备金框架，美联储扩表对应的就是银行体系超额储备金增加，联邦基金利率可能会相应下跌。

但全球金融危机后，美联储已经过渡到了充足准备金框架，美联储先是通过对超额准备金付息，现在越来越多的是使用隔夜逆回购来回收流动性，保持联邦基金利率处于联邦公开市场委员会确定的区间。由此，美联储可以做到一边向部分银行大量提供流动性，一边用逆回购回收体系内的流动性，确保不影响货币政策。

图 15.5 显示了美联储资产负债表规模和联邦基金有效利率走势，可以明显地看到，美联储可以很好地控制联邦基金利率，无论资产负债表是在扩张还是在缩减。或者说，不能简单地把美联储资产负债表扩张看成货币政策态势的变化。

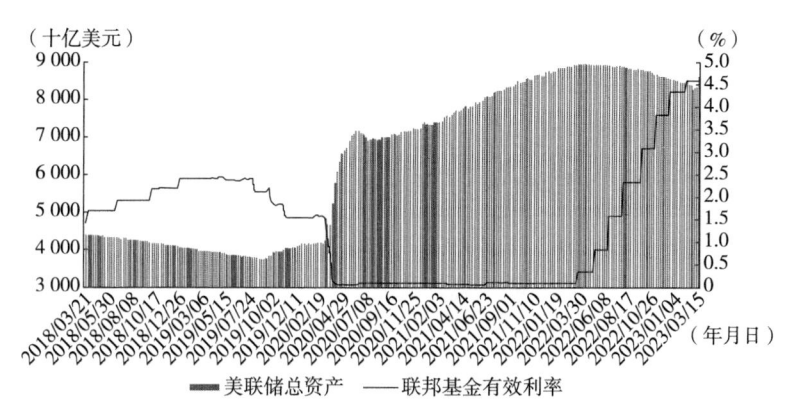

图 15.5 2018—2023 年美联储资产负债表规模和联邦基金有效利率走势
资料来源：圣路易斯联邦储备银行。

至于未来会发生什么，当下确实难以看清，其实现在预测三天后美联储的决定都充满了风险和不确定性。在联邦公开市场委员会会议后的记者会上，鲍威尔也许可以学习一下格林斯潘和德拉吉的话术——一方面要告诉市场，"如果你觉得听懂了我说的话，那你一定是误解了我的意思"；另一方面要表明，"相信我，就足够了"。

第三篇

中国通胀隐忧与货币政策展望

16

中国通胀形成机制的观察[①]

中国通货膨胀的形成机制与经济学的基本原理存在非常大的一致性,但也表现出很多自己独有的特点。

过去40年,中国经济经历了翻天覆地的变化,实现了极其惊人的快速增长,如今已经非常接近高收入国家的门槛。在这一过程中,中国从一个相对封闭的经济体转向了一个高度开放的经济体,从一个计划经济体转向了一个市场经济占主导地位的经济体,从一个农业占比较高的经济体转向了一个工业和服务业主导的经济体,从一个农村人口占大多数的经济体转向了一个实现了高度城市化的经济体。

在这一过程中,中国通货膨胀的形成机制也经历了重要的结构性变化。深入地分析和理解这些结构性变化,观察和透视中国经济在过去40年所经历的翻天覆地的增长和变革,为深入理解当下通货膨胀的形成过程提供了非常重要的背景。

---

① 本文作者:高善文,CF40成员,国投证券首席经济学家。本文作于2022年10月。

一、从封闭走向开放的中国经济

首先讨论中国通货膨胀形成机制中第一个非常重要的结构性变化。

观察中国的工业品出厂价格和美国的工业品出厂价格的数据，把时间跨度设定为1980—1996年。在1983年之前，中国还存在着由计划经济相伴生的很强的价格管制，但是在20世纪80年代中期以后，中国在工业领域的价格管制逐步放开，价格呈现市场化的波动特征，振幅也越来越大。

美国的工业品出厂价格在这段时间也经历了几轮非常明显的波动。但是在这16年里，中国工业品价格和美国工业品价格波动之间的关联并不是特别紧密，二者的相关系数是 –0.2。

1996年后，中国和美国的工业品价格开始表现出极其紧密的联系，相关系数从 –0.2 上升到 0.92。在这26年里，每一轮工业品价格的上升和下跌，在中美之间都是完全同步的，甚至在很多时候顶部和底部幅度都很接近。

如图 16.1 所示，1996 年是一个非常明显的分水岭。中国 PPI 在 1996 年以前为年度数据，中美 PPI 在 1980—1996 年相关系数为 –0.2，在 1996—2021 年相关系数为 0.92。

一个基本的问题是：为什么中美工业品价格波动会从毫无关系变为紧密相关？

原因非常简单：一是中国在20世纪80年代扩大开放，并在90年代后以非常快的速度融入了全球经济；二是中国在1996年开放了经常账户下的外汇买卖和交易，此后很长时间将人民币兑美元的汇率维持在相对比较固定的水平。

图 16.1 中美 PPI 同比

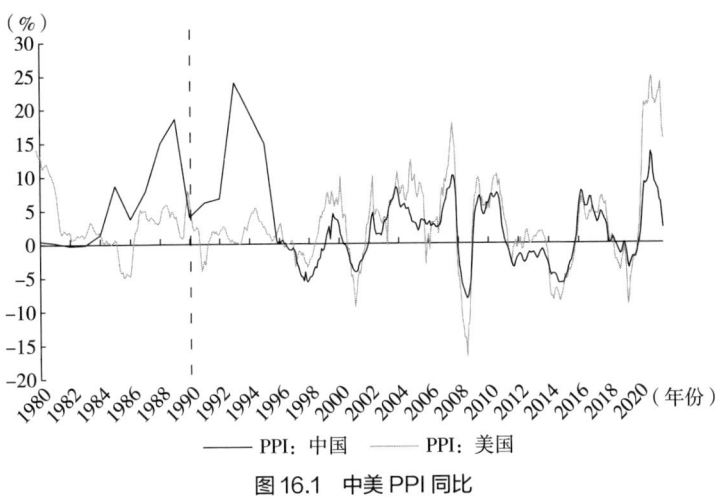

资料来源：Wind，国投证券。

在这样的条件下，一价定律就开始发挥作用。如果中国的钢材价格显著高于全球市场的钢材价格，进口商就可以大量地从国际市场进口钢材，这会把中国钢材价格压低到跟国际钢材价格接近的水平。因此，中美两国在 PPI 的层面上就表现出了非常强的同步性。

这表明，随着中国快速地融入全球经济，在人民币汇率波动相对不大的条件下，中国可贸易品及工业品价格的波动迅速成为全球工业品价格波动的一部分。

在这样的条件下分析和理解中国工业品价格的波动，必须把视野拓宽，分析包括中国在内的全球经济景气的变化和全球地缘政治的变化，分析全球范围内大国货币政策的变化等因素。

二、食品通货膨胀主导消费价格指数

接下来观察食品通货膨胀与一般消费价格之间的关系。

从图16.2可以看到三个序列的数据，实际上可以把它归结为两个序列的数据。第一个就是灰线所代表的中国CPI的波动，第二个是由黑线所代表的剔除食品以后的CPI的波动。

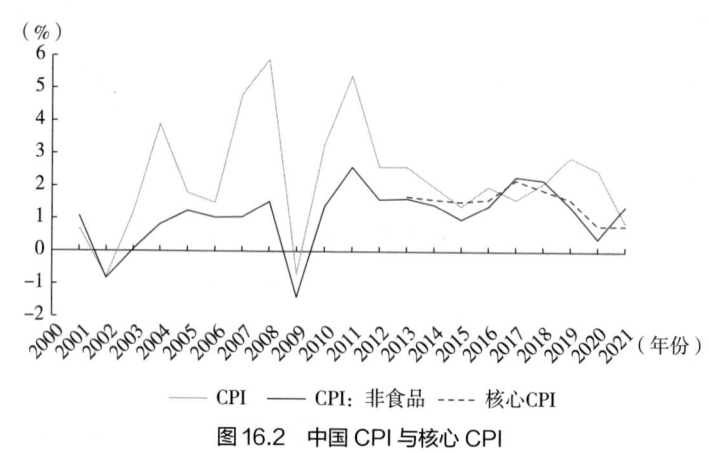

图16.2 中国CPI与核心CPI

注：中国核心CPI从2013年开始公布。
资料来源：Wind，国投证券。

首先，把观察范围限定在2000—2012年（把2000年之前的数据包括进来，结论是一样的，这么做主要是出于方便比较的目的）。2013年以后，中国通货膨胀形成机制出现了第二次重要的结构性变化。

把观察的范围限定在2012年之前，第一个重要的事实是，中国的非食品部门通货膨胀年均涨幅低，而且波动小。它大多数时候在0%~1.5%这个明显偏低的区间运行。但是与此同时，总体CPI的波动非常大。

如表16.1所示，在2002—2011年，CPI年均涨幅为2.6%，其中食品的平均涨幅为6.4%，贡献了总体涨幅的97%。剔除食品后的CPI年均涨幅只有0.7%，涨幅和波动均非常小。

表 16.1 过去 20 年 CPI 和食品分项统计

年份	其间累计涨幅（%） CPI	其间累计涨幅（%） 食品分项	食品项贡献率（%）	同比算术平均 CPI	同比算术平均 食品分项	变异系数 CPI	变异系数 食品分项
2002—2011	29.3	84.5	96.9	2.6	6.4	0.9	0.8
2012—2021	22.6	44.7	60.8	2.1	3.8	0.3	1.0

注：食品分项在 CPI 中的权重在 2006 年之前尚未公布，鉴于恩格尔系数在 2002—2011 年匀速下降，假定这段时间食品权重均值等于 2006 年的 33.6%，推算出食品项贡献率。

资料来源：Wind，国投证券。

第二个重要的事实是，1996—2012 年，中国的食品价格与工业品价格的波动是高度同步的（见图 16.3），相关系数达到 0.77。

如前文所述，中国的工业品价格是全球工业品价格波动的一部分，因此二者的紧密相关多少令人惊讶。

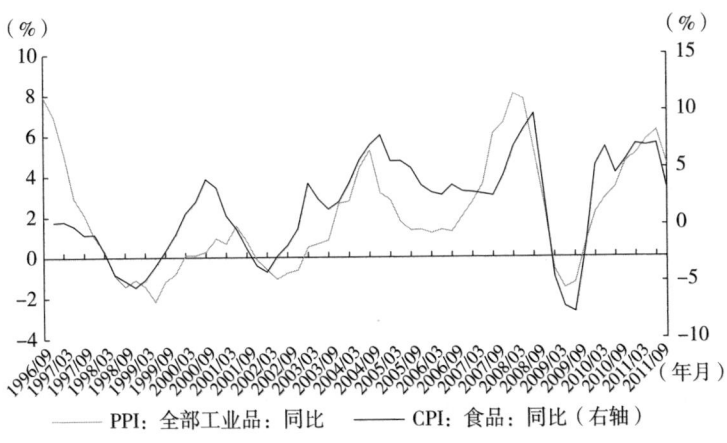

图 16.3 中国 PPI 和 CPI 食品分项当季同比

资料来源：Wind，国投证券。

一种解释是食品价格取决于供应，天气的好坏、作物的丰歉和牲畜的疫病是核心影响因素。如果这种解释是正确的，那么食品价格的波动对于宏观经济就是噪声，但它与工业品价格高度同步的结果很难支持这一解释。

第二种解释是成本传导，工业品是食品生产过程中重要的原材料，化肥、种子、农药、农业器具、运输等都来自工业部门的投入。在这样的条件下，工业品价格的上升导致了农作物生产成本的上升。

首先观察农产品生产价格指数和农业生产资料价格指数（见图16.4）。二者高度同步并不令人意外，真正意外的是二者计算的弹性是1.1，这意味着农业生产资料价格涨10%，农产品价格平均会涨11%，这显然不利于成本传导假说，因为农产品生产投入除了农业生产资料，还包括土地和劳动力。

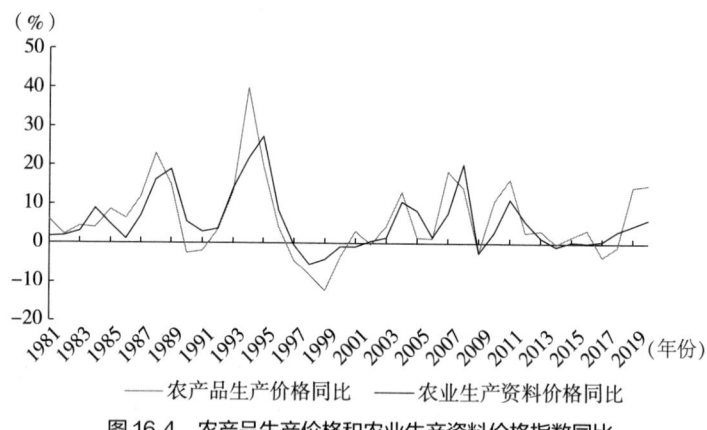

图16.4 农产品生产价格和农业生产资料价格指数同比

注：回归后弹性为1.11，标准差为0.168。
资料来源：Wind，国投证券。

如果可以假定农业生产资料在农产品生产成本中的占比不超过70%，那么在仅有成本传导机制的情况下，二者的弹性应低于0.7。因此，从统计结果看，就可以拒绝成本传导假说。

还有一个证据是农村人均来自农业的纯收入，其与农业生产资料价格的弹性为1.14，同样大于1（见图16.5）。每一次农业生产资料价格上涨的时候，农户来自农业生产的收入同样上升，并且上升的幅度更大。这一结果同样不利于成本传导假说。

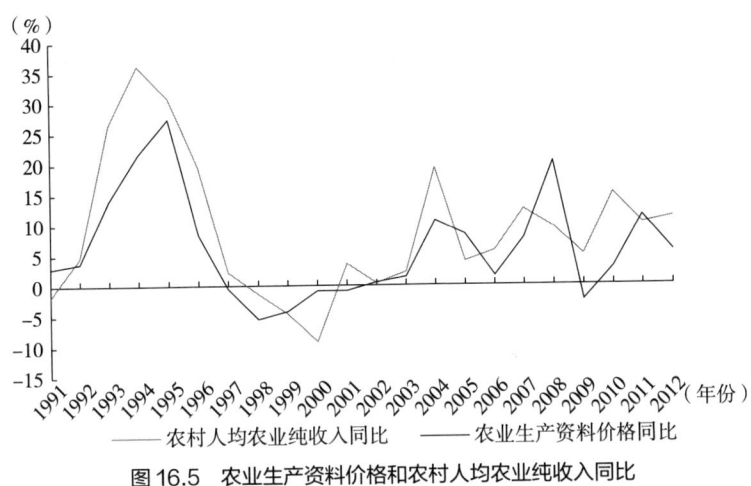

图16.5 农业生产资料价格和农村人均农业纯收入同比

注：回归后弹性为1.14，标准差为0.173。
资料来源：Wind，国投证券。

第三种解释是农产品价格的波动来自通货膨胀预期。当农户观察到农业生产资料价格上涨后，农户产生了通货膨胀预期，认为农产品价格也会上涨，随后增持存货，减少销售，这一行为立刻造成了供应紧张。

考虑到农产品的需求相对稳定，这会立即导致农产品价格的上涨，这就是通货膨胀预期传导机制。

这一解释最早是由北京大学的宋国青教授提出的，他在20世纪90年代分析1994年的通货膨胀时就倡导这一解释。

这一解释非常有洞察力，但是在很长的时间里似乎未被广泛接受。

通货膨胀预期这种假说，有没有排他性的证据？

我们可以设想，如果通货膨胀预期和存货调整是一个重要的机制，那么难以储存的农产品价格应当与工业品价格无关，易于储存的农产品与工业品价格的联系会非常紧密。

观察图16.6，左侧相关系数较高的农产品存储更加便利，从而方便进行存货调整，而越靠右侧则越难储存。

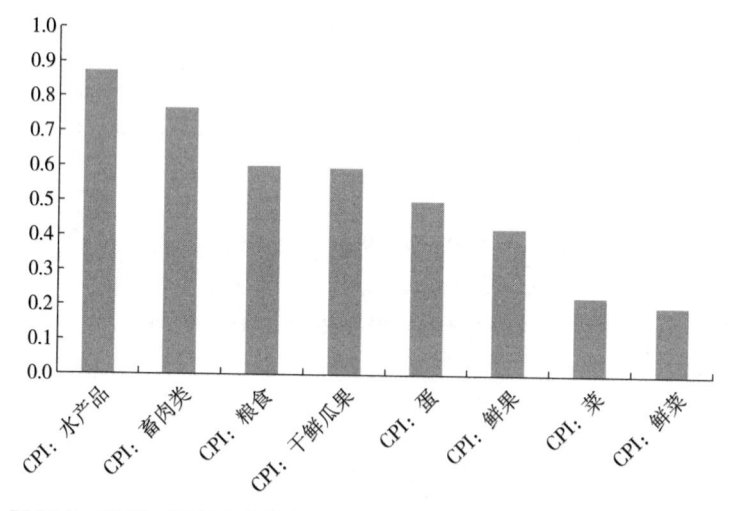

图16.6 2001—2011年各类食品价格对第二产业GDP缩减指数的相关系数
资料来源：Wind，国投证券。

根据常识，储存便利性的排序是粮食 > 干鲜瓜果 > 蛋 > 鲜果 > 菜 > 鲜菜，而对于畜肉，除了冷冻储存，另一个重要渠道是压栏。就是当生猪已经可以出栏的时候，将其出栏时间推迟一些。

还可以进一步观察这些产品的价格与工业品价格的弹性。

如图 16.7 所示，与相关系数的关系类似，总体上越利于存货调整的品质，弹性越大。这一模式是无法用天气的好坏以及生产成本来解释的。

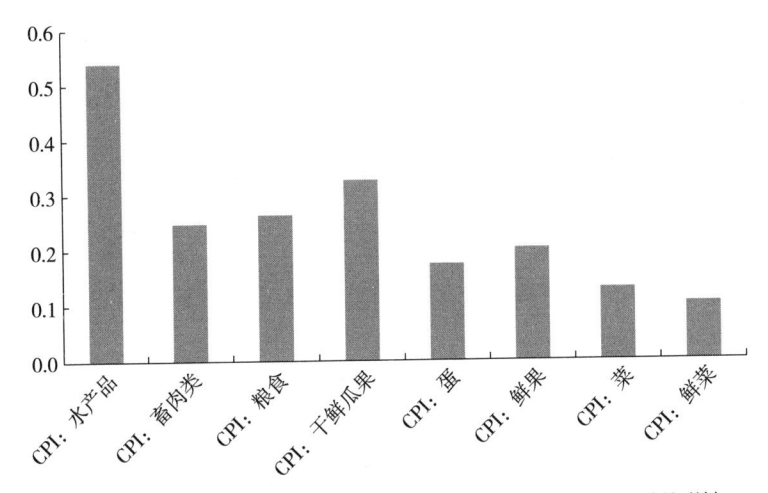

图 16.7 2001—2011 年各类食品价格对第二产业 GDP 缩减指数的弹性
资料来源：Wind，国投证券。

从这些情况看，通货膨胀预期机制得到了较有力的支持。

三、非食品部门通货膨胀开始具备指示性

如前文所述，1996—2012 年，中国的食品价格与工业品价格的波动高度同步，但是如图 16.8 所示，2012—2022 年这种同步性消失了。

过去 10 年，二者的相关系数为 -0.62，在 2016 年之后实际上出现了非常强的负相关关系。

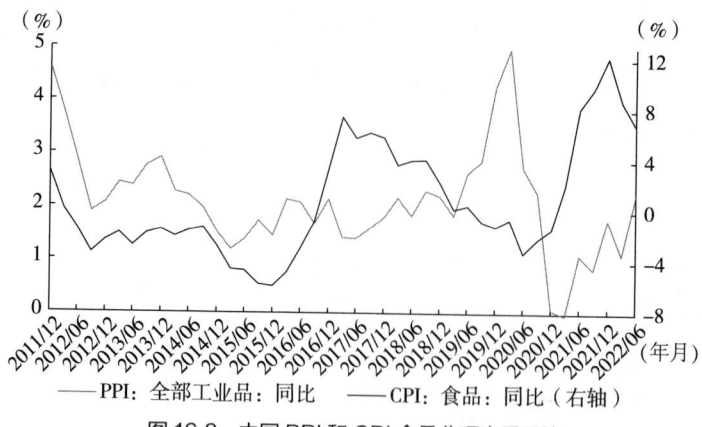

图16.8 中国PPI和CPI食品分项当季同比
资料来源：Wind，国投证券。

更进一步，如图16.9和图16.10所示，2012—2021年，食品价格的波动与工业品价格之间的弹性和相关性模式也消失了。

这些发展表明，通货膨胀预期和农产品存货调整机制在2012年以后不再发挥明显的作用。

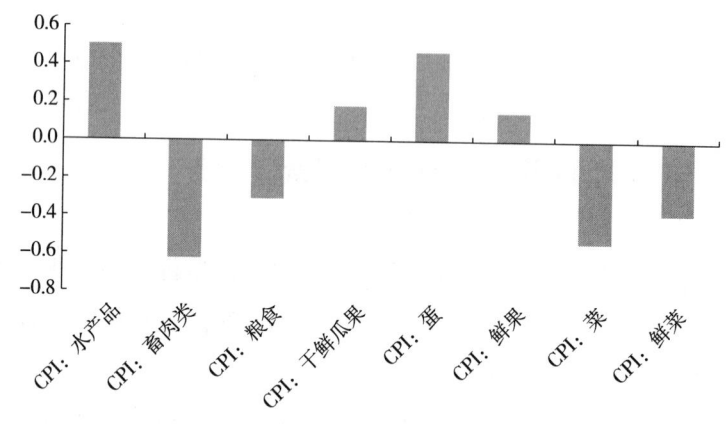

图16.9 2012—2021年各类食品价格对第二产业GDP缩减指数的相关系数
资料来源：Wind，国投证券。

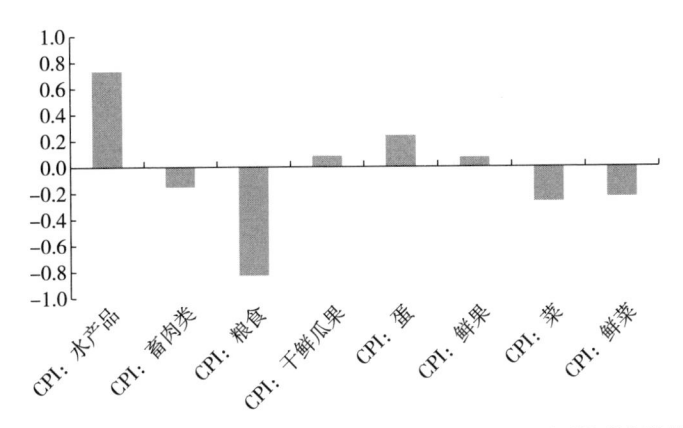

图16.10　2012—2021年各类食品价格对第二产业GDP缩减指数的弹性
资料来源：Wind，国投证券。

同时，如前文表16.1所示，2012—2021年，CPI累计上升了22.6%，其中60.8%的贡献来自食品，食品的贡献率从前10年的97%下降到60.8%，仍然是最大的涨价因素，但影响显著下降。

CPI的波动性也明显下降。前10年其变异系数为0.9，显著大于后10年的0.3。这一变化主要来自波动的最主要来源——食品分项的贡献率下降。

此外，核心通货膨胀显著上升。非食品通货膨胀中含有能源，但可以认为接近核心通货膨胀。前10年的核心通货膨胀均值为0.7%，后10年均值为1.5%，显著上升。

如果进一步考虑到2012—2021年，大多数产品价格的涨幅明显下降，经济增速也显著更慢，那么核心通货膨胀的上升就更为突兀，值得特别注意。

如果观察核心通货膨胀的各个细分项，如表16.2所示，可以发现价格涨幅的上升十分普遍，并非来自某一分项的异常波动。

实际上，在这些细分科目中，只有租房科目的涨幅在下降，其他科目的涨幅都在上升。

表 16.2 2002—2021 年非食品 CPI 细项统计

年份	服装	生活用品和服务	交通通信及服务	文娱用耐用消费品	旅游及外出	租房	非食品
2002—2011	−1.2	0.2	−1.0	−7.2	0.4	3.50	0.7
2012—2021	1.7	1.0	−0.2	−2.4	2.3	2.25	1.5

注：新冠疫情对租房有显著负面影响，如果直接对比 2002—2009 年和 2012—2019 年，租房 CPI 均值分别为 3.10 和 2.84。
资料来源：Wind，国投证券。

从宏观上看，我们可以将食品、工业品和劳动力作为非食品部门的投入品，那么非食品价格涨幅的扩大是否来自成本压力呢？

如表 16.3 所示，所有这些投入品在后 10 年的价格涨幅都明显更低，这使非食品部门通货膨胀的加速十分反常。

表 16.3 2002—2021 年非食品部门投入品细项统计

年份	CPI：食品	PPI	城镇工资	农民工工资
2002—2011	6.4	3.0	12.7	12.4
2012—2021	3.8	0.4	6.3	8.1

资料来源：Wind，国投证券。

我们认为，其中的关键原因是 2013 年前后，中国经济通过了刘易斯第二拐点（见图 16.11）。

我们知道，在 2005 年前后，中国通过了刘易斯第一拐点，此前低端劳动力的工资在剔除通货膨胀以后长期维持稳定。2005 年以后，低端劳动力工资水平开始快速上升。

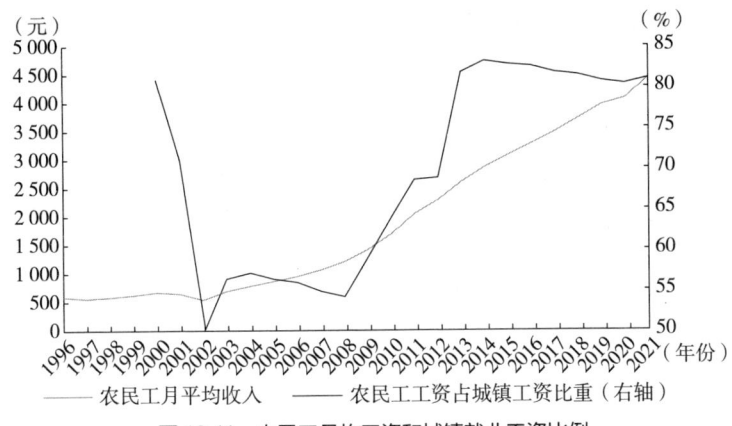

图 16.11　农民工月均工资和城镇就业工资比例

资料来源：Wind，国投证券。

但在到达刘易斯第二拐点之前，低端劳动力的工资水平仍然低于其在工业和服务业部门的边际产出。这样，工业和服务业部门存在很大的动力去加快雇用更多的低端劳动力，这在劳动力市场造成雇用快速扩大和（或）工资水平加速上升的同时，也给产品市场造成了持续的价格下跌压力。

在可贸易品市场上，由于价格水平在全球范围内由供求平衡形成，作为价格接受者的国家，这种压力表现为竞争力的提升、市场份额的扩大和汇率的升值压力。

在不可贸易品市场上，这种压力在价格信号上显示出来。

这不是说在到达刘易斯第二拐点之前，经济不会遭遇通货膨胀压力，而是说，这时的通货膨胀压力主要来自资本存量的短缺所导致的生产能力的瓶颈。

在经济通过刘易斯第二拐点之后，劳动力市场进入均衡状态，工资水平等于其边际产出水平，不可贸易品部门产品的系统性价格下跌压力消失。

从长期的观点看，如果认为可贸易品部门的劳动生产率的增速快于不可贸易品部门，均衡状态下劳动力的工资处于二者之间（考虑汇率因素后等同于可贸易品部门），那么不可贸易品部门此时将出现更快的价格上升。图 16.12 显示了中国分部门的劳动生产效率的增长情况。

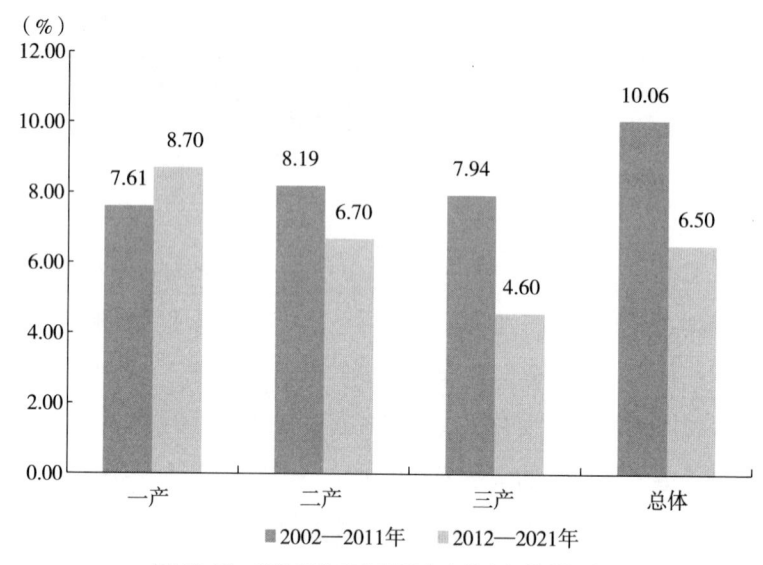

图 16.12 总体和分产业劳动生产效率年均增长率
注：劳动生产效率增速使用该产业增加值的实际增速和从业人员增速计算。
资料来源：Wind，国投证券。

结合表 16.3 中的数据，2002—2011 年，劳动力工资的增速平均为 12.5% 左右，显著超过第二、第三产业或总体的劳动生产效率的年均增速，但这段时期中国可贸易品部门竞争力提升，不可贸易品部门的价格涨速很低（或接近于通货紧缩的状态）。

2012—2021 年，劳动力的工资增速下降到 6.3%（城市职工）和 8.1%（农民工）的水平，第二产业劳动生产效率的增速为

6.7%，明显快于第三产业4.6%的水平，出口竞争力的提升放慢，不可贸易品部门的价格压力开始显现出来。

经济通过刘易斯第二拐点之后，劳动力市场进入均衡状态，核心通货膨胀和产出缺口的关系就变得紧密起来。原因在于，当经济加速增长的时候，工资水平加快上升，超过不可贸易品部门的劳动生产率的增长，从而形成了该部门的价格上升压力，并通过非食品部门的价格上升表现出来。后者对可贸易品价格的依赖显著低于对不可贸易品价格的依赖。

图16.13显示了我们计算的2013—2019年产出缺口与核心通货膨胀之间的关系，其中产出缺口的计算方法在本文附录中，基本想法是计算特定年份前后各两年的均值。考虑到2020年以来新冠疫情的影响，这段时间没有包括在样本中。

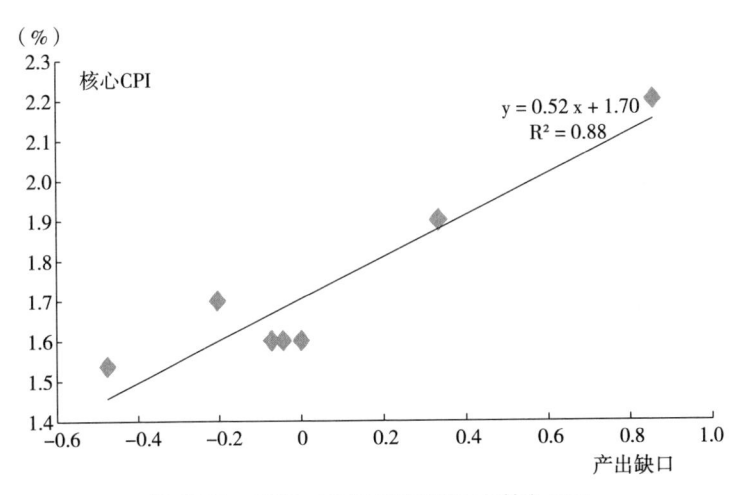

图16.13　2013—2019年产出缺口与核心CPI

注：由于新冠疫情的扰动，2020年和2021年潜在增速估计较为困难，故略去。t值为5.96。

资料来源：Wind，国投证券。

四、城乡居民生活方式的趋同

在经济通过刘易斯第二拐点之后，低端劳动力的价格等于其边际产出，城乡劳动力市场基本融合，这意味着经济发展水平的显著提升，此时农户的生产经营行为，本质上开始成为广泛的市场调节过程的一部分，而不再是自给自足的封闭个体，其资产配置行为也开始与城镇居民趋同。

那么，是否存在一些微观证据支持这些判断呢？

（一）居民食品支出的变化及国际比较

1978年以来，由于中国经济的快速增长和人均收入大幅上升，食品支出占居民支出的比重从65%下降到30%以下，恩格尔系数的显著下降（见图16.14），反映了生活水平的快速提高。

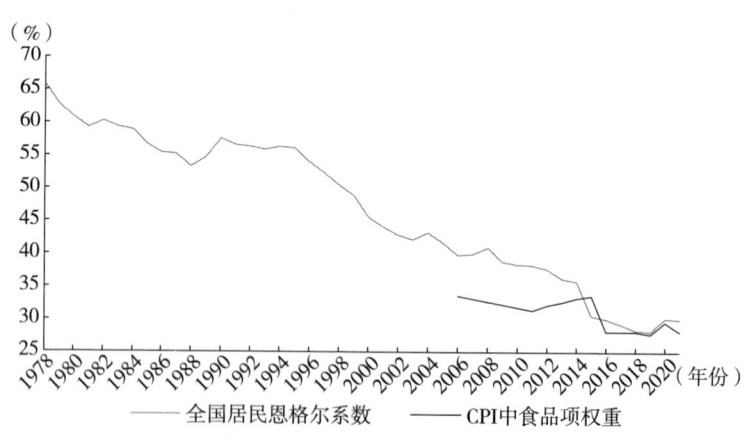

图16.14 全国居民恩格尔系数

注：2015年之前使用农村和城镇居民恩格尔系数和城镇化率计算，食品分项权重自2006年开始。

资料来源：Wind，国投证券。

国际比较也支持了这一点。如图 16.15 所示，中国大陆居民的食品烟酒在消费支出中的占比已经和欧盟、日本、韩国、中国台湾等国家和地区接近。

根据世界银行的标准，中国 2021 年的人均收入距离世界银行定义的高收入国家的门槛大概只差 4%。如果从食品支出占比这个维度看，中国与发达经济体的情况的确十分接近。

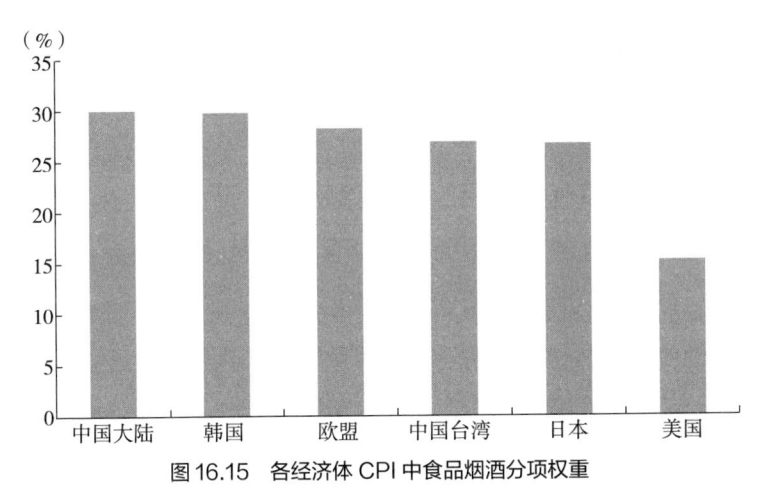

图 16.15 各经济体 CPI 中食品烟酒分项权重

注：部分经济体 CPI 中食品项定义不含外出就餐，为保持口径一致，调整后加入。
资料来源：Wind，国投证券。

（二）农户支出行为的变化

观察农村居民支出行为中现金的占比。农户非现金支出主要来自自产自用，例如住自己的房屋、吃自己种的粮食蔬菜。总的来说，非现金的支出占比越大，说明生活方式越接近自给自足。现金类的占比越高，就说明越广泛和深入地参与了市场的生产与交换过程。

如图 16.16 所示，1980 年农村居民在生活消费中大约一半是不需要现金的，2012 年下降至 10%，新口径下为 20%。这代表农户部门 80% 的生活消费支出都需要去购买，是市场分工和交易体系的一部分。

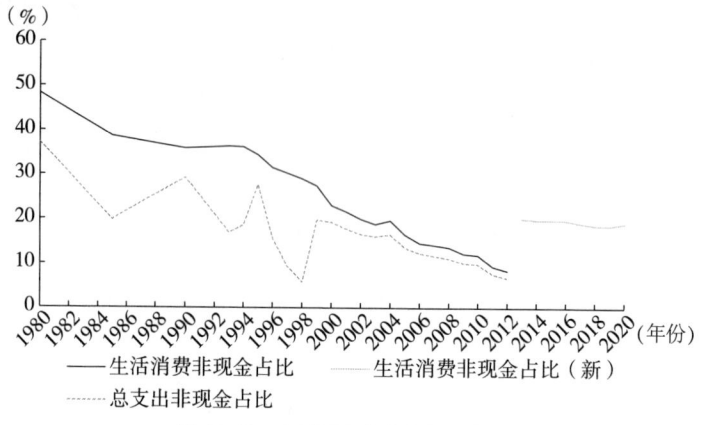

图 16.16　农村居民支出中非现金占比

注：2013 年家庭住户调查口径进行调整，生活消费支出口径存在差异，导致现金占比发生变化。
资料来源：Wind，国投证券。

对比城镇居民的情况（见图 16.17），城镇居民的消费中同样存在非现金支出，很大一部分是由于自有住房。此外，随着社会保障和医疗保险等体系的普及，医药消费的非现金支出比率上升，叠加医药消费占比提升，这是城镇居民非现金消费支出占比上升的重要原因，农村居民也有类似的情况。

容易看到，2018 年后，农村与城镇居民在消费支出中的现金占比基本一致，显示出城乡居民消费模式在市场化程度方面基本趋同。

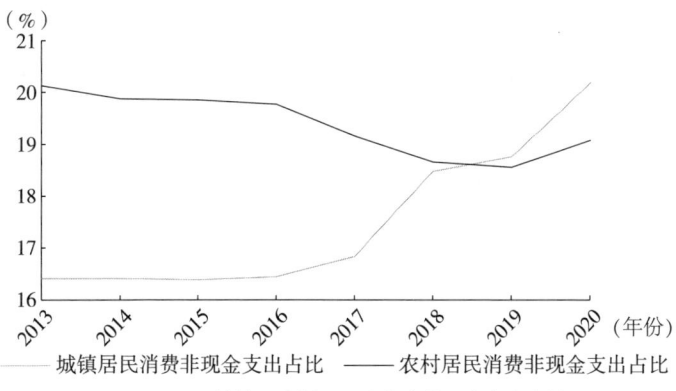

图 16.17　城镇和农村居民消费中非现金支出占比

资料来源：Wind，国投证券。

（三）农户资产配置行为的变化

进一步观察农村居民储蓄配置行为的变化，这里的储蓄定义为没有消费完的收入，这可以配置在银行储蓄存款、农产品存货、自有住房、农田改造，农业生产设备等各种用途上。

我们计算农村居民储蓄存款占其总储蓄的比例，以此来衡量农村居民的收入结余在多大程度上成为银行体系融资过程的一部分。

如图 16.18 所示，2002 年之前，这一比例低于 50%，2007 年接近 100%，在 2009 后上升到了 150%。

显然在早期，相当一部分储蓄都用于农村农业的固定资产形成和相关的生产活动，而到了后期，其总储蓄全部成为银行融资过程的一部分。

为什么 2008 年以后，该比例迅速超过了 100%？

看起来只有一个解释，就是总体上来看农户处置和变卖了自己的资产，将其转换为银行储蓄存款。

第一种可能性是，城市近郊农民的房屋和土地均被政府收购，相当于拆迁后农户处置了资产，处置资产获得的收入就以银行存款的形式表现出来。

第二种可能性是，随着农民工工资在刘易斯第二拐点之前爆炸性增长，在农村从事农业养殖等活动越来越不划算，所以农户不再新增投入，甚至处置这些资产，离开农村进入城市。

图16.18　农村居民当年新增银行存款占总储蓄比重

资料来源：Wind，国投证券。

我们看一个非常重要的案例，即农户的养猪行为。

我们假设年出栏数低于50头的养殖场代表农户小规模散养，年出栏数大于50 000头代表用工业化的方法来养猪。

总体上，如图16.19所示，在过去的20多年里，散养的数量在持续下降，而集中养殖的数量在持续上升，但是散养数量的急剧下降发生在2015年前后。

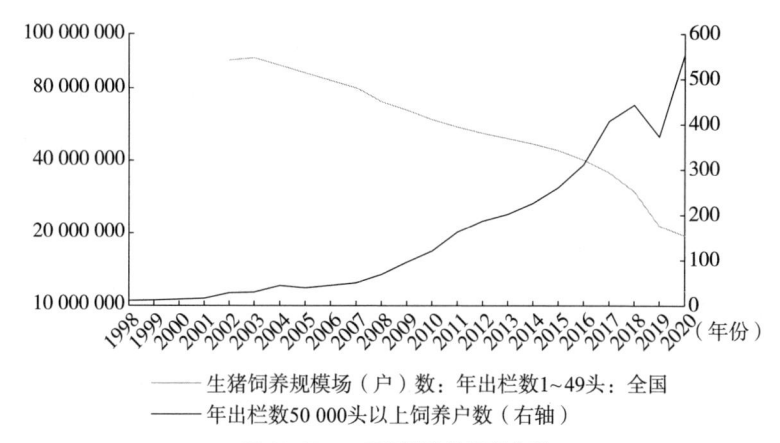

图 16.19 不同规模生猪饲养户数

注：左轴为对数坐标。
资料来源：Wind，国投证券。

如图 16.20 所示，在 2008 年之前，规模养殖和散养的生产成本基本一致。随后开始快速下降，2014 年后，规模养殖的生猪的生产成本稳定在散养的 85% 左右。这种显著的成本差异，促使散养户卖掉存货和养殖场，所获得的资金，就进入了储蓄存款。

图 16.20 规模养殖与散养生猪生产成本比

资料来源：Wind，国投证券。

这些证据显示，在经济通过刘易斯第二拐点之后，城乡居民的经济行为模式逐步趋同，存货持有和调整不再成为农户配置资产的主要方式，从而解释了2012年之后工业品价格与食品价格之间联系的断裂。

附　录

对于产出缺口的计算，我们采用移动平均方法计算出当年的潜在增速。使用前两年和后两年的GDP增速均值（共计4年）作为当年的潜在增速。在估计2018年和2019年潜在增速的时候考虑到2020年和2021年的异常，假设未发生疫情的情况，2020年和2021年的GDP增速分别为5.75%和5.5%。

此外，考虑到供给侧结构性改革对部分行业产生了显著抑制，是政策压制了经济增长，导致2016—2018年工业增加值内部出现异常的裂口，将其调回（见图16.21）。

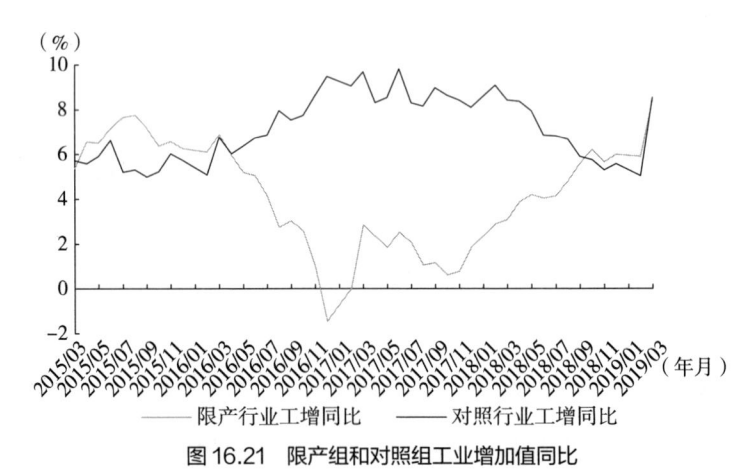

图16.21　限产组和对照组工业增加值同比

资料来源：Wind，国投证券。

调整前后 2016—2018 年的 GDP 增速如表 16.4 所示。

表 16.4　2016—2018 年的 GDP 增速

年份	GDP：同比	去产能修正后 GDP
2018	6.75	6.99
2017	6.95	7.67
2016	6.85	7.21

调整后潜在增速与产出缺口如图 16.22 所示。

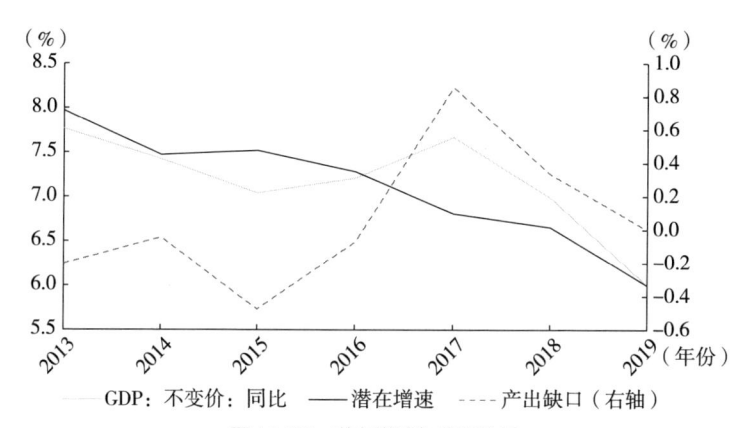

图 16.22　潜在增速与产出缺口

资料来源：Wind，国投证券。

17

中国如何应对通胀回升[①]

在过去10多年里,中国的通货膨胀率一直很低,CPI增速平均为2%左右。2020年第一季度,中国经济受到新冠疫情的冲击,在经济增速下降6.8%的同时,CPI同比上升4.9%。此后,CPI增速下降,在2020年和2021年之交为负增长。但在2021年10月,CPI回升到2.3%,为疫情暴发后的峰值。此后,CPI的上升速度趋缓,2022年5月CPI上升速度为2.1%。

PPI自2019年7月到2020年12月(除2020年1月)都是负增长。2021年PPI快速回升,10月创下13.5%的最高纪录。此后PPI增速逐渐回落。2022年6月PPI增速为6.4%。

2021年10月PPI增速飙升一度引起市场的不安。市场担心随着时间的推移,PPI的高增速将转化为CPI的高增速。然而,

[①] 本文作者:余永定,CF40学术顾问,中国社科院学部委员。本文作于2022年7月。

这种担心并未实现。目前，世界各国都在为通货膨胀的急剧恶化而忧心忡忡，中国的通货膨胀问题并不严重。我的问题是：在可预见的未来，如一两年内，中国的通货膨胀形势是否会突然恶化？

在总供给曲线给定的情况下，总需求增加（总需求曲线右移）将导致产出水平和物价的上升，反之则反。在总需求曲线给定的情况下，不利的供给冲击（总供给曲线左移）将导致产出水平的下降和物价的上升，反之则反。在总供给和总需求曲线同时发生移动的情况下，通货膨胀形势则是由总供给和总需求的相对变化所决定的（见图17.1）。

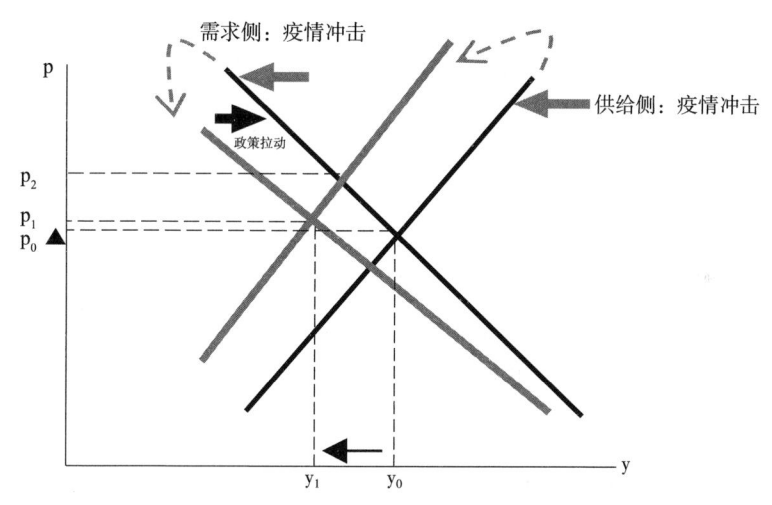

图17.1 新冠疫情以来，中国总供给和总需求曲线的移动以及物价和产出水平的变化

2020年第一季度新冠疫情暴发后，中国经济受到供给和需求的双重冲击。在某些特定时段，供给冲击占主导地位，在另一些时段，需求不足占主导地位。总体而言，自疫情暴发以来，中

国经济的基本特征是有效需求不足和负面供给冲击并存。

如图 17.1 所示，疫情导致供应链中断，总供给曲线大幅左移，按道理，在产出水平下降的同时，中国应该出现严重通货膨胀（如 p_2 所示）。但是，由于疫情同时导致有效需求减少，尽管产出下降幅度巨大（由 y_0 下降到 y_1），但物价上升幅度较小（如 p_1 所示）。由于总需求的减少幅度小于总供给的减少幅度（这是一个实证问题而不是理论问题），物价依然会上涨（$p_1>p_0$）。如果物价不升反降，则说明总需求曲线左移的幅度超过总供给曲线。在这种情况下，产出的下降幅度将更为严重。面对总需求和总供给的双重冲击，政府必须做出抉择。如果政府认为经济增速下降、失业上升是主要威胁，就必须采取扩张性财政和货币政策，尽可能把总需求曲线推回到原有位置，甚至进一步右移。在这种情况下，如果供给冲击并未消除，物价水平将会大幅度上升（如 p_1 所示）。

为了判断中国通货膨胀的性质，首先有必要搞清楚 2021 年第一季度以来中国 PPI 快速上升的原因。在此期间，在 PPI 篮子中对 PPI 上涨贡献最大的前三大类产品是石油和天然气、煤炭和洗煤以及化学材料。我们的问题是，在此期间中国油气价格上涨的主要原因是需求拉动还是外部供给冲击？

2020 年新冠疫情暴发后，国际油价一度跌到 0 美元以下，中国国内油气价格也大幅度下跌。2020 年 4 月国际油价见底回升，中国油气价格下跌速度则开始放缓，并于 2021 年初开始迅速上涨，同年 5 月增速达到最高值。2021 年下半年至 2022 年，中国油气价格依然在上升，但增速明显降低。不难看出，中国油气价格上涨与国际原油价格上涨的方向是一致的。而中国对油气价格的管控[①]，则使中国油气价格的涨跌幅度低于国际油价的涨跌幅度。总而言之，中国油气价格的上升主要是供给冲击，而不是需求拉动的结果。

中国的煤炭价格自2021年开始迅速上涨，2021年10月达到13.5%的峰值。煤炭价格成为2021年10月中国PPI增速达到创纪录高度的重要原因之一。2021年煤炭价格飙升的前因后果大家都很清楚，这里不再赘述。简言之，煤炭价格飙升也主要是供给减少而不是需求增加导致的。化工产品价格上升同油气价格上升的原因应该也是大致相同的。

在CPI篮子中，对CPI增长贡献最大的三项依次是：通信和交通运输、食品和饮料以及文化教育和娱乐。而通信和交通运输价格又是上升最快的。显然，在新冠疫情发生后，对交通运输的需求是急剧下降的。通信和交通运输价格的上升，只可能是油气等能源价格上升造成的。不难想象，如果不是需求疲软，通信和交通运输价格的上涨幅度还要大得多。食品和饮料价格的上升应该也主要是供给方原因造成的。至于文化教育和娱乐价格上涨的原因还有待进一步分析。

---

① 根据国家发展改革委2016年发布的《石油价格管理办法》："当国际市场原油价格低于每桶40美元（含）时，按原油价格每桶40美元、正常加工利润率计算成品油价格。高于每桶40美元低于80美元（含）时，按正常加工利润率计算成品油价格。高于每桶80美元时，开始扣减加工利润率，直至按加工零利润计算成品油价格。高于每桶130美元（含）时，按照兼顾生产者、消费者利益，保持国民经济平稳运行的原则，采取适当财税政策保证成品油生产和供应，汽、柴油价格原则上不提或少提。"简言之，中国成品油存在40美元和130美元的"地板价"和"天花板价"。在40美元到80美元之间，中国国内油气价格是以国际油价为基准波动的。

可见，PPI上涨只是部分转化为CPI上涨（如通信和交通运输价格），但由于缺乏有效需求，PPI上涨的相当大一部分未能转化为CPI上涨。而这又意味着利润或亏损沿着供应链从上游到下游的众多企业之间的重新分配。

事实上，同2020年相比，2021年同大宗商品联系密切、处于供应链上游的大型资源性国有企业的盈利状况大幅度好转（这里有基数效应）；而处于供应链下游的众多制造业企业则盈利状况不佳。由于最终需求疲软，以及一些制度性问题，一般而言，CPI篮子产品的生产者缺乏议价能力，只能接受利润损失或退出市场，而难以把成本的上升转移给最终消费者。根据中国金融四十人论坛的研究，PPI上涨的相当一部分通过出口价格的上升转移到了国外。

总之，PPI增速明显高于CPI，且二者的差距缩小缓慢进一步说明中国的通货膨胀主要是供给冲击造成的。需求疲软抑制了通货膨胀形势的进一步恶化，但代价是经济增速下降。

现在我们需要回答的问题是：第一，外部的供给冲击，例如全球能源和食品价格的上涨将在何种程度上继续下去？第二，中国是否也面临通货膨胀的威胁？第三，如果中国在后疫情时代面临强大的通货膨胀压力，中国政府是否应该继续实施扩张性财政和货币政策，中国在未来是否应该容忍更高的通货膨胀率？

对于第一个问题我无法回答。后两个问题，我的答案是肯定的。首先，随着疫情的好转，被疫情抑制的有效需求将会回升。其次，为了稳定增长，政府将继续执行扩张性的财政和货币政策，从而使有效需求得到进一步提高。最后，中国固有的一些价格周期（如"猪周期"）或将发挥作用。

在总供给曲线不变的情况下，需求曲线的右移，意味着此前总供给曲线左移产生的通货膨胀压力将得到释放（见图17.2，物价将由 p_0 上升到 p_1）。而需求曲线的进一步右移意味着需求会进一步增加。当然，供应链的修复会导致供给的增加，而供给的增加有助于缓和新产生的通货膨胀压力（p_1 下降到 p_2）。但至少在初期，由总需求曲线右移导致的通货膨胀压力释放大概率会大于总供给曲线右移对通货膨胀压力的缓解作用（$p_2>p_0$）。因此，随着疫情的好转，中国通货膨胀形势恶化是一个大概率事件。需要提出的是，当前政府在刺激有效需求时，必须保证投资占据应有地位，以有利于供给能力在接续期的增加。

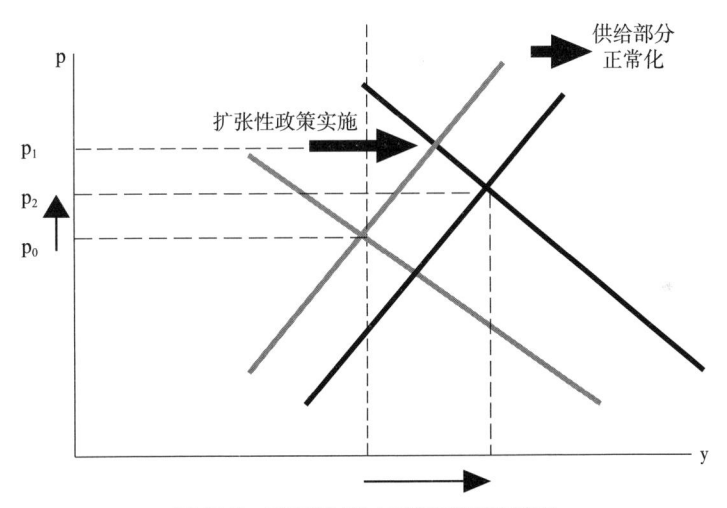

图17.2　后疫情时代中国的通货膨胀情况

在2022年第一季度，中国经济增速明显低于预期。中国需要且理应能够保持一个较高的经济增速。不仅如此，一个非常令人担忧的现象是，2022年5月的青年人口失业率已经达到了前所未有的18.4%。即使中国无法实现5.5%的增长目标，也应该尽力挽回 2022 年上半年的增长损失。为了实现 5.5% 或解决这一速度的增速目标，即使通货膨胀率上升，也应该继续实施扩张性财政和货币政策。换言之，中国应该接受一个较高的通货膨胀率。但是，这个可接受的较高的通货膨胀率到底是多少，在很大程度上是社会问题和政治问题，而不是经济学问题。最后，还应该看到，中国当前的宏观经济形势以及宏观经济政策的可行性和有效性，在很大程度上取决于新冠疫情的形势和相应的防疫政策。

18

通胀背后，需求与供给的均衡[①]

通货膨胀是各国中央银行逆周期调节的重要标的，也与每个人的财富增长或侵蚀息息相关。无论是对于单个股票的估值，还是对整个证券市场的估值，利率都是将未来的现金流或企业未来收入净贴现的一个重要指标。同样，国债收益率或利率债收益率在很大程度上与中央银行的无风险收益率变化密切相关。

正如米尔顿·弗里德曼所言："无论何时何地，通货膨胀都是货币现象。"然而，其背后也有深层次的供给和需求。货币流动性是引发通货膨胀的一个必要且充分条件，但其绝非所有的条件。

一、剧烈冲击下，价格为何波澜不惊？

通货膨胀是一个非常重要的变量，而在中国过去 30 年左右

[①] 本文作者：伍戈，CF40 特邀研究员，长江证券首席经济学家、总裁助理。本文作于 2021 年 9 月，发表于《复旦金融评论》，2021 年第 13 期。

的时间里，它不是一个显著的问题。但这并不意味着通货膨胀不会回来。通货膨胀一旦回来，会给我们的生活和投资带来非常重要的影响。薪酬购买力下降、债券收益率下滑，当然也有不少资产的名义收益率不降反升。

要判断通货膨胀是否会回来、会以怎样的速度回来，一个重要的框架是看总需求和总供给之间的平衡关系，这二者共同决定了均衡。假设总需求的增加大于总供给，通货膨胀大概率会发生；反之，通货膨胀会往下走。

总需求包括国内总需求与国外总需求的综合。国内的需求包括消费、投资和政府主导的基建需求，互相并不独立；国外总需求具体的表现形式就是出口，出口的增加实际上代表国外对国内生产的总需求变化。当国外需求出现疲软的时候，政府往往会通过财政政策或货币政策新增基建的方式对冲国外需求（或出口）的下降。

如果将中国面临两次经济下行压力后，也就是新冠疫情发生后 PPI 价格的波动与全球次贷危机期间的波动相比，我们会发现价格的波幅差别是非常大的。全球次贷危机期间价格下行幅度是非常大的，而新冠疫情发生后，尽管经济下行十几个百分点，但是 PPI 计量的价格波动幅度是非常小的。因为这次疫情的冲击同时具有需求冲击和供给冲击两个方面的特性，这就与此前的次贷危机有很大的不同。以至于在总需求收缩的过程中，供给也在收缩，这个时候价格就可能呈现波澜不惊的格局。

另一个值得注意的事情是，在中美贸易摩擦和新冠疫情的笼罩下，中国出口占全球的份额在近几年呈现抬升的趋势。市场有一种自发的力量，能够规避一些行政性因素。虽然从短周期观察，中国现阶段的出口占全球的份额是下降的，这个下降是以海外工业修复为前提条件的，中国的优势似乎在丧失，但是整个世界贸易的"蛋糕"在快速做大。因此，当世界贸易上升的快变量和中国出口份额向疫情前回归的慢变量结合在一起时，强大的外需支撑中国出口的强劲复苏。

所谓"兵马未动，粮草先行"。我们在观察中国经济未来演绎或短周期演绎的过程中，可以发现货币指标是非常灵敏的。比如社会融资规模是以金融机构资产方来定义全社会货币或流动性的一个总体指标，它包含以资产方统计社会的一些资金和流动性状况，包括贷款、债券等。社会融资规模衡量的不仅是货币，还有财政，比如政府债、专项债，还包含对于非标业务、影子银行监管的信息。根据历史经验，它的重要价值在于，能够领先于名义 GDP 半年左右，前瞻性地预测未来趋势。

二、调好中国市场的"美林时钟"

未来一段时间总需求会有一个上涨的趋势，原因之一是各国的宏观政策保持继续刺激的态势，使总需求上升，同时总供给也可能会下降。接下来中期的总供给态势取决于现在或者上一期的投资，而上一期的投资似乎不足，会造成总供给在近期下降。因此，需求上升、供给下降，通货膨胀可能会卷土重来。那么，在通货膨胀可能会回来的判断前提下，哪些投资产品会有比较好的抗通货膨胀特征？

首先，资产配置确实需要一些专业的知识，而没有一劳永逸的配置方向。特别是在中国资本账户目前还没有完全开放的情况下，在国内配置确实是非常艰难的。但我认为还是要根据不同的经济周期来考虑自己需要配置的资产（见图18.1）。

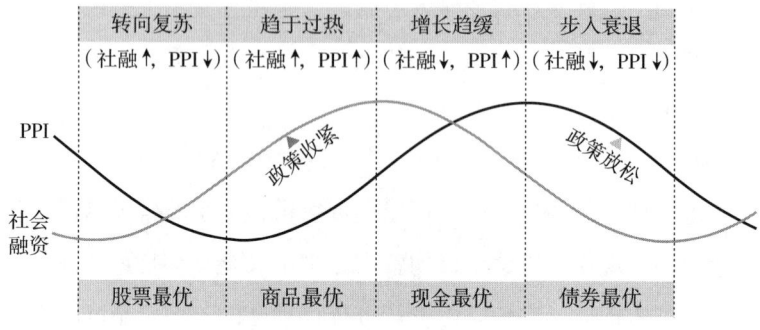

图18.1 货币周期与资产配置

比如在2020年，如果我们能够意识到，当经济下行且有流动性注入的时候，历史上大概率对应的是权益资产或者风险资产配置的最佳时期，那么直接投资股票或偏股类的基金就是有帮助的。但在2021年社会融资下降、PPI价格上升的过程中，可能现金为王是最好的。再遇到经济下行、货币收缩、价格下行，固定收益类产品可能是比较好的。如果这方面的金融知识多一点，在不同经济周期有意识地表达自己的风险偏好，可能在理财方面收益会强一点，而这是一个动态的过程。

房地产是中国人绕不开的一个话题。在新冠疫情发生后，主要发达国家和主要新兴市场国家的房价上升幅度都非常大，但是中国全国总体房价变化不是特别明显。总体而言，这与我们的货币条件在疫情发生后的波动是有关的。比如前瞻性利率、银行间市场利率温和下降，逐步传导至贷款端，对普通百姓需求端的影响不大。宏观审慎的措施在疫情发生后的影响相当微弱，其实与中央强调的"房住不炒"非常相关。

中国决策层不希望看到过多的资金进入房地产市场，调控的特征是需求面保持相对稳定的情况下，供给端的开发商调整自己的资产结构，不断加快销售回款。全国商品房的库存下降，意味着中国房地产的景气程度其实不会特别弱。因为如果供需矛盾没有进行很好的疏通，客观上还会造成市场的紧平衡。房地产的景气程度不仅会影响我们的投资，而且会影响大宗商品的价格，因为黑色金属的需求主要来自中国的地产和基建。

但是总体而言，目前中国房地产涨幅实际上已经受到了严格的限制。虽然目前的价格仍在上涨，但是否在跑赢通货膨胀的趋势上呢？我个人不是特别看好房地产投资，而且目前在一线城市购买二套房的成本相当高。因此，对有金融知识的人而言，建议更多从事一些金融资产不同周期的配置。

三、在经济规律下，实现碳中和

碳达峰与碳中和是中国应对全球气候问题的庄严承诺。从新冠疫情发生后的表现就可以看出中国政府的执行力非常强。但从某种意义上说，主观意愿必须符合客观的现实，"双碳"目标的配套措施还应符合经济规律，不可操之过急。

在供给侧，我们关注到碳达峰对供给和需求平衡的影响。如果仅从供给端控制钢铁产量，而不调节需求，就会造成供不应求、价格上升。因限产引发投机和囤积，造成国内黑色系（钢铁、煤炭等）价格短期内飙升。经济学中的很多经典案例，其实在中国到处可见。

相对于2030年前碳达峰的目标，2060年前碳中和从现在来看还是一个比较长期的目标，碳中和的目标压力更大。据我了解，现在很多行业还不是很明确碳达峰对它们到底意味着什么。因为目前碳达峰的目标是2030年同比增速达到峰值，达到峰值是以2029年为参照系的。可以不考虑前期的增量，而在2030年，同比增速降低。虽然减碳的执行力很强，但是很多行业的目标不是很明确。

实际上，很多行业经过了前几年的供给侧结构性改革，在环保指标各方面都做了很多技术更新，碳达峰其实已经不是难事（见图18.2）。例如，在北京周围的很多重要的钢铁企业，如河北钢铁就称其能在2022年实现碳达峰。但目前还没有看到各个行业出现可以真正落实的碳中和路线图和时间表。

各行业目标时点

| 水泥 | 钢铁建材 | 全国 |

2022年　2023年　2025年　2030年

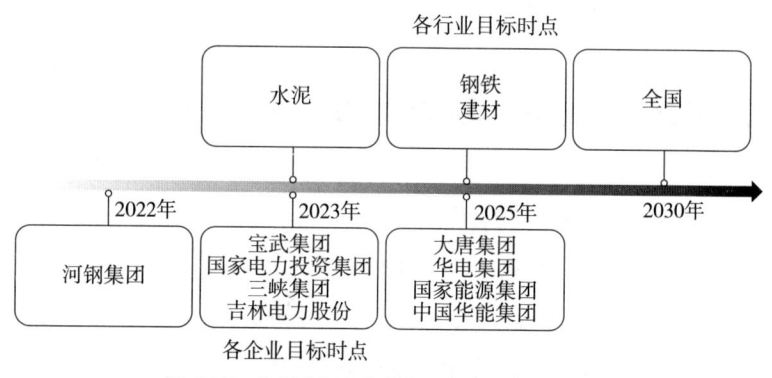

| 河钢集团 | 宝武集团
国家电力投资集团
三峡集团
吉林电力股份 | 大唐集团
华电集团
国家能源集团
中国华能集团 |

各企业目标时点

图18.2　各行业和各企业实现碳达峰的目标时点

就具体理论而言，无论是要实现碳达峰还是碳中和，关键就是两个因素——降低总需求或是在供给端实现技术进步，二者兼顾是更佳的选择。

目前中国总需求下降可能与老龄化背景下潜在增速下降是一致的。但是需求下降的速度是否应该快于潜在增速的下降速度，目前还没有科学的测算结果。作为宏观分析人员，我们目前看到的还是一些理念，还没有看到清晰的路线图。我认为，资本市场在提前炒作碳中和的概念，认为新能源汽车、风能、光伏是碳中和发展的方向。目前资本市场上大量的资金正在向技术方面转移，具有减碳技术的公司都能够比较容易地在资本市场上得到资金，有利于促进相关领域的科技进步。

总体而言，在未富先老的中国，就经济增长这个函数而言，碳中和是给中国经济增长增添了一个约束条件。在这个意义上，如果技术进步是不充分的或者经济增速下行是不充分的，要实现碳中和就可能需要通过成本上升。我在比尔·盖茨的《气候经济与人类未来》一书中察觉到一个经济学界不能充分解决的问题，就是"化石能源过于廉价"。这使我们期望通过经济规律，让人们自觉形成节能减排的良好习惯不可实现。通过市场化而不是行政的压力来抑制对能源的需求，就是提高能源的价格。因为在公共产品方面，私人部门不太愿意参与，或者参与不是特别有效。

19

全球滞胀与产业链重构下的中国机遇[1]

一、滞胀引发全球经济衰退的风险

从 2022 年下半年开始直至 2023 年,中国经济将会从深坑里慢慢爬坡,出现 U 形缓慢复苏,但是很难满血复苏。与 2020 年下半年新冠疫情之后出现明显的反转相比,这一轮复苏会更艰难、更缓慢,因为目前中国经济受到三重因素的交织影响。

其一,虽然 2022 年以来财政发力,货币边际放松,整体宏观政策已经比较积极,但在经济复苏基础不稳,房地产风险仍在发酵的当下,需要进一步发力,出台更多慷慨的刺激政策。

其二,监管层面纠偏的信号仍需加强。过去一年多从房地产到"双碳"以及互联网平台等,各个领域都经历了大刀阔斧的监

---

[1] 本文作者:邢自强,CF40 成员,摩根士丹利中国首席经济学家。本文作于 2022 年 7 月。

管重置。显然，在监管重置的过程中，很多企业和市场主体不太适应、比较迷茫，现在甚至开始"躺平"，信心低迷。为了推进监管程度进入特别透明化、稳健化的阶段，并且重塑企业家的信心，我们需要增大纠偏的力度。

其三，防疫和经济之间的平衡至关重要。在2022年4月上海大规模的静默管理结束之后，以大湾区为代表的深广地区经济一度恢复得比较快。但2022年的防疫手段以及其他一些政策，使消费端、出行端仍受到较大的影响。

值得警惕的是，经过两年多对疫情防控政策的不断调整，很多行业经历了长久的失业。根据摩根士丹利关于消费者信心的调研报告，可能有一部分消费者在经历长时间的失业之后，心理上会出现长期的伤疤，对未来工作和收入的长期预期会不太自信。因此，政策放开之后是否会有报复性的消费潮仍有待商榷。

最近政策端仍在加力，但还不足。对基础建设的投资举措特别多，例如金融债、特别国债，可能还会将2023年的专项债提前到2022年。但我们建议还是要考虑到当前消费端需要很强的、宽松的支持政策，如果光靠一些比较定向的家电下乡、新能源汽车的补贴，还不足以完全抵消。面对疫情对就业和收入信心的打击，可能需要考虑动用特别国债、扩大财政赤字来发放更为广泛的消费券等手段来恢复老百姓消费的信心。

我们需要与时俱进地探索疫情防控和平衡经济增长之间的关系，根据疫情新的特点进行科学的疫苗接种，以及医疗资源的分配。我们需要更合理地分配医疗资源，更科学地认识病毒是不是对肺部有更强、更直接的攻击性等。已经有很多前车之鉴值得我们研讨，目前众多官方媒体也在这方面释放出一定的声音。

相比其他主要经济体，中国在政策空间方面还是有一定优势的。因为我们的通货膨胀比较低，现在全球通货膨胀比较低的经济体是日本和中国。中国通货膨胀低是因为过去两年多没有过多地刺激经济，所以"放水"的后遗症比较小。此外，也和中国的经济复苏滞后有关，特别是消费端的复苏滞后，欧美很多地方已经是一房难求、一票难求、酒店火爆。我们还没有到那个程度，消费出行复苏比较滞后，这也为政策进一步宽松、监管进一步纠偏提供了更多空间。因此，当前的宽松力度还会加大，非常有必要把财政政策的规模扩大到和2020年一样的水平，即占GDP 5个百分点。比如，把2023年的地方专项债前移到2022年使用，调整家电在以旧换新方面的补贴和对新能源汽车的补贴，以及更广泛的消费券的使用也值得参考。

货币政策端现在还没有到要转向和"收水"的时刻。由于现在市场的信心没有恢复，有必要保持流动性，特别是房地产领域，中国的住房面临比较大的市场下行的压力，也有按揭贷款违约的情况发生。我们需要更大力度地对政策进行纠偏，防止房地产市场出现"硬着陆"的风险，特别是要防范出现像西方社会那样的传导式风险，即"滚雪球"之后对金融体系造成冲击。我们需要使用协调性的方法来扭转局面，防止房地产市场出现"硬着陆"的风险，按揭贷款违约就是一个很重要的警钟。因此，针对房地产领域可以采取美国在2008年全球金融危机发生之后使用的方式——财政拨款建立纾困资金，购买有毒资产，或者政府入股企业，将其国有化，这都是前车之鉴。

如何重置过去两年推出的监管框架是我们要思考的重点。过去20年，发展是第一要务，但过去几年国家把安全提升到跟发展一样重要的地位，甚至在上述某些领域，安全可能比发展更重要。但是政策框架转型快，很多企业和市场主体不太适应。在这个过程中，无论是在互联网领域，还是在房地产领域，政府要考虑如何让监管框架更透明、更具可预见性、更渐进，让大家不再担心"新的靴子落地"。最近国家也发出了新的纠偏信号，但还需要进一步落实才可以让市场主体进一步增强信心。

二、全球产业链重构背景下，中国的应对方法

美国拜登政府对中国采取的主要策略是竞争性的对抗，但是大规模增加关税是"杀敌一千、自损八百"，对美国目前通货膨胀比较高的局面是不利的。因此，美国会在敏感技术领域不断地加高壁垒，例如下一代的通信设备、人工智能、半导体，甚至新能源电池等领域。美国政府希望让更多的产业链搬迁回美国，或者美国所谓的友好经济体，而不过度地依赖和中国的贸易。在敏感科技领域，最终可能演变成"一个世界，两套科技标准"。

因此，中美只是软脱钩、部分脱钩，不会出现全面脱钩的情况，特别是对普通的日用消费品的脱钩风险比较小，毕竟中国在全球的产业链中具有中流砥柱的地位。与20年前相比，中国已经在亚洲彻底取代了日本、德国、美国的地位，并在整体上游和中游价值创造链中起到重要的作用。但是我们不能高枕无忧，美国以及西方联合起来采取的所谓"回流"以及"友岸外包"确实有进展，即将产业链搬回去和搬到友好经济体。摩根士丹利调研了414家跨国企业之后发现，它们对中国投资的意愿确实受到了影响。首先是中美关系的变化让大家有些担心，其次是国际地缘

政治局势紧张之后产业链的备份,"不把鸡蛋放在一个篮子里"也成为很重要的因素。过去产业链的布局基本是"即时管理"(Just-in-Time),确保效率优先,现在慢慢变成了"以防万一"(Just-in-Case),特殊情形下有备份也很重要,不能过度依赖单一产业链的来源地。再叠加疫情暴发后中国对房地产、互联网的调控和企业对政策不确定性的担忧,也加快了产业链的备份。我们通过对414家跨国企业的调研发现,过去5年中,它们在考虑新投FDI(外国直接投资)产业链时,有50%的企业在FDI层面会优先考虑中国,现在下降到不到23%。相反受益的是明显被它们考虑更多的经济体,即墨西哥、东南亚、印度、越南等。中国一定要发挥好产业链上下游集聚的优势,无论是监管的重置政策,还是疫情的防控政策,都需要与时俱进,给大家吃一颗定心丸,才能避免产业链大规模搬迁。

短期内中国经济是呈U形慢慢复苏、爬坡的。由于有三层因素的交织,我们需要更大的宽松力度、更强的纠偏信号以及处理好防疫和经济之间的关系,并且与时俱进。同时在中长期内,现在鉴于全球地缘政治的影响,逆全球化在加速,对几百家跨国企业调研的结果不容乐观,大家对中国新投FDI的信心在下降,虽然还没有发展到大规模搬迁的那一步,但绝对不能高枕无忧,一定要发挥高技术劳动力以及上下游产业链集聚的优势,通过努力开放和让国内的政策环境更透明来重塑企业家的信心,最终稳住产业链。

第四篇

通胀的风险与未来走向

20

美欧及全球滞胀：
历史经验与现实风险[①]

目前，美欧发达国家面临40年来最严重的通货膨胀，并倒逼实行严厉的紧缩政策，叠加俄乌冲突以及2022年夏季全球多地高温干旱派生成本推动效应，导致美欧预期经济增速大幅减缓并呈现衰退前兆。20世纪60年代后半期和70年代，以美国为首的西方经济体间歇性出现通货膨胀攀升、经济衰退与失业高企等宏观经济现象，曾对美西方经济体造成巨大冲击，并对其宏观经济政策演变产生关键影响。当前美西方宏观经济形势的类似演变特征，派生学界和社会对这些国家再次落入滞胀困境的担忧，并引发对所谓全球滞胀的关注讨论。

如何理解全球滞胀概念的准确含义与现实风险？如何看待未

[①] 本文作者：卢锋，CF40学术顾问，北京大学国家发展研究院教授；李昕，北京师范大学统计学院教授；李双双，中国社会科学院数量经济与技术经济研究所副研究员；任慧，北京大学国家发展研究院博士后。本文缩写版发表于《清华金融评论》2022年第10期。

来滞胀演变前景？如何评估美欧及全球滞胀对我国的影响？历史和现实都显示，滞胀产生的根源往往包含来自供给冲击的关键推动因素，同时也是在特定经济学理论思潮的影响指导下，较长时期宏观超常规刺激导致需求过度的产物，因此需要结合经验事实具体分析。从20世纪70年代和目前的情况看，典型滞胀主要是美西方经济体经历过和正在经历的特殊宏观经济失衡的产物，将其称作全球滞胀或世界滞胀，是就其在更大范围的现实溢出效应而言的。本文将以美西方国家作为基本对象，特别是结合美国经济形势进行考察。

本文首先回顾20世纪70年代前后西方经济体的滞胀历史，并在此基础上对相关概念提出几点探讨，以便厘清目前滞胀讨论的必要思路。接着从新冠疫情直接冲击及其激活宏观政策超常规刺激效果等不同角度，考察美欧发达经济体通货膨胀的特殊形成机制。然后针对美西方国家的紧缩政策，以及俄乌冲突对全球能源供应的冲击，讨论美西方国家经济出现滞胀的现实风险。最后分析美西方国家滞胀的几种前景及其可能对我国造成的影响。

一、美欧滞胀的历史缘起

"滞胀"（stagflation）一词，最初是由英国保守党议员伊恩·麦克劳德于1965年11月17日在议会发表关于英国经济政策的讲话时提出的。[1] 当时英国月度物价和工业生产出现几个月

---

[1] Edward Nelson and Kalin Nikolov, "Monetary policy and stagflation in the UK," Working Papers of Bank of England, p.7, 2002.

的反常匹配，这位反对党影子财政大臣在批评工党政府的政策时，新创了滞胀概念。西方世界大规模滞胀到20世纪70年代才全面展开，执西方经济之牛耳的美国，理所当然地成为最重要的舞台。

从美国的情况看，20世纪70年代滞胀经历了三个阶段。

一是内外扩张政策推动滞胀形成。1952—1965年美国消费价格年均涨幅约为1.4%，属于低通货膨胀，1963年底接替遇刺身亡的肯尼迪总统入主白宫的约翰逊总统，在"伟大社会"的纲领下大规模扩大政府支出①，导致财政和外贸赤字扩大和通货膨胀压力上升，1968年出现4.3%的通货膨胀记录，仅次于1951年。1969年初尼克松总统主政后，通货膨胀形势更趋恶化。1965—1970年经济增速从6.5%下降到负增长0.25%，同期通货膨胀从1.6%上升到5.8%，滞胀现象初步形成。

二是在石油危机的冲击下滞胀全面展开。尼克松总统在财经高官和核心顾问的影响下，坚信当时占据主流的通货膨胀不是货币现象而是价格现象，因此主要采用工资与价格双控制手段应对通货膨胀。②直接价格干预初期，取得了短期效果并赢得了民意赞同，但是真实的通货膨胀压力有增无减。1973年第一次石油危机，导致国际市场原油平均价格从1972年的1.82美元/桶，增长到1973年的2.8美元/桶和1974年的10.97美元/桶，英、

---

① 这一计划的宗旨、措施和具体预算，体现在1964年1月8日时任美国总统约翰逊致国会的年度咨文中。

② 这时尼克松总统仍要采用冻结价格措施。对于经济顾问赫伯特·斯坦的质疑，尼克松回复了那句典型的表现他机灵特点的名言："只要冻住就可以。"George P. Shultz, John B. Taylor, *Choose Economic Freedom: Enduring Policy Lessons from the 1970s and 1980s*, p. 35, Hoover Institution Press Publication No. 708, 2020.

德、法、日等国也出现不同程度的衰退与严重的通货膨胀，西方世界滞胀全面展开。

三是 1979—1980 年再次滞胀。1973 年滞胀来袭时，尼克松政府仍不放弃价格管制应对手段。福特总统任期内设计实施"立即制止通货膨胀"（Whip Inflation Now）政策，通过鼓励公民拼车出行、关闭家庭空调和在家庭种菜等个人行为劝导和自律应对通货膨胀，这类措施显然难以逆转宏观经济规律作用。1978 年卡特就任总统，美国经济增速从上年的 5.5% 回落至 3.2%，但是通货膨胀反而从 7.6% 飙升到 11.3%，提示了第三波滞胀的形成征兆。1979 年伊朗爆发伊斯兰革命，1980 年发生"两伊战争"，之后第二次石油危机导致国际原油平均价格从 1978 年的 12.9 美元/桶，飙升到 1979 年的 31 美元/桶和 1980 年的 36.9 美元/桶[①]，把西方经济再次推入滞胀泥潭。美国 1980 年、1981 年、1982 年的经济增速分别为 -0.3%、2.5%、-1.8%，但是通货膨胀率分别为 13.5%、10.3%、6.1%。其他西方发达经济体也遭遇不同程度的滞胀。

然而，滞胀肆虐 10 余年，也出现了根治滞胀的条件，1979 年 8 月 6 日，保罗·沃尔克就任美联储主席，开始侧重通过紧缩货币治理通货膨胀的新实践。虽然面临美联储内不同意见的牵制以及白宫和国会方面的政治压力，沃克尔务实调整策略坚持货币紧缩方针，联邦基金利率从 1979 年 10 月的 11.6% 上升至 1980 年 4 月的接近 20%，最终以 1982 年出现战后最严重衰退为代价制服通货膨胀。1983 年，通货膨胀率下降至 3.2%，1986 年下降至 1.9%，经济也在寒冬中开始反弹：1983 年 GDP 增长率为 4.5%，

---

① 世界银行商品价格数据，2022 年 6 月 2 日更新。

1984年高达7.2%。1982年之后的25年间，美国经济年均增速达到3.3%的较高水平。

二、历史经验的几点启示

基于对20世纪70年代滞胀历史的回顾，结合当前美欧滞胀动向与讨论情况，可对滞胀问题的分析思路提出几点探讨。

第一，滞胀概念的狭义与广义区分。狭义滞胀直指衰退与通货膨胀同时发生的组合现象。这个描述新现实的概念颠覆了战后大行其道的菲利普斯曲线基本假说，对当时主导的宏观经济理论演变产生了关键的助推作用。然而，目前对于滞胀的讨论，有的分析通过推测美国等国的衰退前景来讨论滞胀发生的可能性，把通货膨胀制服后经济惯性下行出现衰退的组合现象也看作一种滞胀，这种先后发生的历时性滞胀可以看作广义滞胀。

从20世纪70年代前后美国的滞胀情况看，1970年、1974年和1980年属于典型的衰退与通货膨胀同时发生的狭义滞胀，1982年通货膨胀显著回落后发生严重衰退，大体属于上述广义滞胀。由于在经济周期转折阶段，紧缩政策制服通货膨胀后往往伴随着经济较大幅度地回落甚至衰退，因此广义滞胀可能具有更为广泛的现实场景。

第二，滞胀形成的根源包括总供求因素以及国内政策与外部冲击等多方面条件，其中能源危机对供给面的冲击影响尤为显著，以至于经济学教科书中有时把滞胀简化概括为总供给线向左上方移动造成的结果。全面观察经验事实，特定经济学理念影响下的政策选择对滞胀也造成了重要影响，甚至在某种意义上这种政策作用更具有实质性。

例如，20世纪70年代滞胀在美英等国初步发生与外部石油禁运无关，而是美英等国多年的宏观政策过度扩张累积作用的结果。1965年麦克劳德最早创造"滞胀"一词时，更不存在石油禁运或其他外部供给重大冲击影响。20世纪70年代美欧国家通货膨胀长期挥之不去和间歇性滞胀，除石油危机供给冲击发挥重要作用外，也与当时应对通货膨胀较为倚重直接价格控制而对必要宏观紧缩措施重视与实施不够有关。其背后不仅涉及经济学认知和学理争议，而且具有政策实施利弊指向方面的政治经济学根源。关键在于，主要借助货币和财政紧缩等手段虽然或许可以较快根治通货膨胀，但紧缩措施往往派生经济下行和失业压力，因此通常会被优先追求短期政治利益的决策者所忌惮和回避。后来沃克尔不惜矫枉过正重手整治并一举制服通货膨胀，从另一个角度提示通货膨胀和滞胀本质上与货币宏观政策影响具有内在联系。

此后几十年，美欧也曾经历石油危机冲击，然而并未发生严重滞胀，除了经济结构演变降低了能源利用强度，以及得益于经济全球化降低成本作用外，其宏观调控部门吸取20世纪70年代相关经验教训，宏观政策实施较为重视防范通货膨胀风险，包括有的国家的货币政策采取通货膨胀盯住制也产生了一定作用。然而，历史经验劝诫作用也具有时效性，长期温和通货膨胀环境使美欧决策者逐步淡忘了20世纪70年代货币过度扩张导致滞胀的惨痛教训。进入21世纪以来，出于对通货紧缩与长期停滞的双重恐惧，经济学主流思潮朝常态化扩大刺激方向摆动，成为新冠疫情发生后新一波大通胀的关键诱致条件，也成为分析后续滞胀发生机制的背景因素。

第三，滞胀国别同步性与异质性关系问题。由于石油危机等供给冲击具有全球影响[1]，加上美国等西方发达国家的相对经济体量以及在国际贸易和金融领域的特殊地位，其滞胀通过不同机制[2]作用于其他国家，使之面临不同程度的类似压力，从而令滞胀表现出不同程度的国际同步性。不过也要看到，其他国家由于资源禀赋、经济结构，特别是体制政策方面的差异，滞胀现象同时具有国别异质性，因此在严格意义上并不存在世界各国普遍遭遇的所谓全球滞胀。

由于冷战时东西方经济联系被体制性因素隔断，20世纪70年代美国等西方发达国家和一些发展中国家遭遇经济滞胀困扰时，计划经济国家的经济形势特点显然不是宏观经济滞胀问题。例如，1965年、1970年、1973年和1980年是20世纪70年代前后美欧滞胀发轫和展开的几个关键年份，从表20.1提供的中国和苏联那些年的经济增速与消费价格数据看，虽然个别年份如1965年通货膨胀接近10%，创下计划经济时期最高通货膨胀纪录，但是当年是经济恢复高峰年份之一，增速达到17%，属于经济过热，显然不是滞胀年份。在其他年份，中国和苏联的通货膨胀水平都比较温和，甚至边际负增长，经济增速差别较大，但是都不具备宏观经济滞胀失衡特征[3]。

---

[1] 由石油等能源处于现代经济上游行业并且具有可贸易性的特点所决定。
[2] 推动其滞胀的原因具有广泛影响，以及美西方滞胀本身的溢出效应。
[3] 当然，计划经济体制下经济运行存在隐含通货膨胀压力，同时还存在隐含冗员和失业、隐含公共债务和隐含汇率高估等系统性失衡，这类比较经济体制视角分析具有认识价值和重要政策含义。不过对这类与体制和机制扭曲相联系的长期结构性失衡，以及滞胀作为宏观经济领域的短期和周期失衡现象，在概念和分析层面仍需适当区分。

表 20.1　中国和苏联若干年份实际 GDP 和 CPI 增速

单位：%

年份	中国 GDP 增速	中国 CPI 增速	苏联 GDP 增速	苏联 CPI 增速
1965	17.0	9.8	8.0	−0.7
1970	19.4	4.0	9.6	−0.1
1973	7.9	4.7	7.5	−0.1
1980	11.7	4.1	4.5	0.7

资料来源：中国数据参见《新中国六十年统计资料汇编》。苏联经济增速是社会总产值的实际增速，1970 年和 1973 年 CPI 增速是 1970—1975 年的均值。苏联数据参见《苏联国民经济发展七十年》《世界经济千年统计》《帕尔格雷夫世界历史统计：欧洲卷 1750—1993》。

目前国际经济环境与冷战时代不可同日而语，不过分析滞胀仍需关注国别同步性与异质性关系。新冠疫情、能源转型、地缘政治冲突的全球影响，使不少新兴经济体与发展中国家在不同程度上面临经济减速与通货膨胀压力上升困难，世界银行在 2022 年 6 月的《全球经济展望》采用全球滞胀概念强调其同步性。然而，国别异质性仍广泛存在：有的国家如越南，新冠疫情发生后仍保持显著增长，平均通货膨胀水平也未上升，显然难称滞胀。印度、印度尼西亚等国虽然出现显著通货膨胀，但物价的升幅相对于疫情前远低于美西方国家，并且经济仍保持正增长，与美国等西方国家典型的滞胀仍有实质性差异。我国近年来经济走势特点更为显著：经济中枢增速趋于下行，但是仍实现中高速增长，由于内需疲弱及总供给大于总需求，通货膨胀均值甚至低于疫情前水平，可见经济矛盾不属于滞胀。近来能源粮食进口价格上升，加上国内猪肉价格周期上行，后续通货膨胀可能有所回升。然而，由于经济下行压力主要与疫情局部散发和流行影响有关，在疫情及相关政策没有实质性转变的前提下难以发生严重通货膨胀，同时较强宏观调控能力有助于防范经济下行压力变成全面衰退，可见我国经济遭遇滞胀的可能性较小。

三、2021年大通胀：滞胀的前置条件

依据历史和现实观察，大范围滞胀现象一般以早先发生严重通货膨胀作为前置条件，并往往以激进扩张宏观政策及特定经济学理论思潮为前提，因此，考察通货膨胀发生机制是理解滞胀成因的必要环节。20世纪70年代前的通货膨胀铺垫条件与凯恩斯经济理论及其政策含义有关，2021年大通胀的发生也有其现实经济环境与经济思潮根源。疫情对宏观经济供给与需求两侧的冲击不对称的特点，特别是在美欧宏观政策新思维范式的指导下，通过疫情救助实施的空前规模货币与财政相互配合的超常规刺激政策，是决定2021年美欧通货膨胀格局形成的基本推手。

首先看疫情对供求的直接影响。在疫情暴发初期缺少治疗药物和没有疫苗的条件下，社会主要通过非药物干预手段减少病毒传播。由个人选择和政府管制实施的各类社交距离措施，在控制疫情冲击的同时，对经济供求两端及其分类部门也产生了不同性质的作用，这方面的作用在疫情演变的不同阶段总体效果变化显著，足以影响宏观经济通货紧缩与通货膨胀压力的形成。

大体而言，疫情暴发之初休克式冲击短期阶段，经济需求端所受打击程度显著超过供给端，伴随物价下降和衰退式通货紧缩，市场极端看空预期，甚至在2020年4月一度导致石油期货市场负油价奇观。随着疫情最初的混乱较快得到控制，并在

2020年下半年逐步进入常态化防控阶段，需求端总体复苏较快，供给侧某些环节仍受到较多制约而恢复较慢，宏观经济供求关系在复苏阶段从供大于求逐步转向大体平衡以后，后续变为供不应求，在2021年第一季度以后形成通货膨胀升温的局面。

问题的复杂性在于，美欧疫情期不同阶段宏观失衡从通货紧缩转向通货膨胀，不仅受到疫情冲击的直接影响，同时也是美欧政府应对疫情选择实施的超常规宏观刺激政策作用的结果。推动通货膨胀形成的疫情与政策双重动因，在宏观决策层面派生出一种特殊现象：疫情对通货膨胀的直接冲击影响被宏观决策者所夸大，形成"疫情限制供给导致通货膨胀""通货膨胀将随疫情消退自然回落"的形势误判观点，由此为过量和过长刺激政策提供支持，结果导致通货膨胀来势如虎，一发而不可收拾。

与一般逆周期宏观调控政策不同，疫情发生后宏观政策大规模相机抉择，财政政策出台次数多且力度大。新冠疫情2020年3月全面暴发后的一年内，美国特朗普政府和拜登政府一共出台六个财政刺激法案，总规模约为5.65万亿美元，超过2019年GDP的1/4，远超应对金融危机时5%~8%的财政刺激占GDP的比重。财政刺激资金相当大一部分通过各种补贴方式直达居民个人和家庭，直接转化为居民购买力并支持消费需求提升，这对疫情发生后百姓纾困和稳定经济发挥了积极作用，但是力度偏大加剧供不应求和通货膨胀压力。

美国超常规财政刺激政策的出台，既受到疫情冲击经济的特点以及美国长期经济增速放缓引发焦虑等现实原因的驱动，也与其政府对财政调控基本认知的转变有关，自有其经济理论思潮演变的具体背景。近年来美国政学两界，特别是民主党阵营和凯恩斯学派经济学家认为,应对金融危机时财政刺激退出过早带来多重后果,强调在发债收益率处于历史低位的情况下公共债务可持续标准发生漂移,可大幅度提升财政刺激力度和节奏。这种财政决策新思维认为,无论是应对疫情危机还是周期衰退,都应采用超常规财政刺激手段帮助美国经济摆脱困境并实现重振目标。

在当代不兑换纸币制度下,货币超发是通货膨胀形成的基本原因。2020年3月中旬美联储迅速将基准利率降到接近零,并通过大规模资产购买实现远超应对金融危机时的基础货币扩张。其持有债券从2020年初的约3.8万亿美元扩大到2022年1月底的8.3万亿美元,2022年1月底比2017年上一轮量化宽松时4.26万亿美元的峰值高出94.8%。同期美联储资产规模从4.2万亿美元增加到8.9万亿美元,比2017年上一轮量化宽松时该指标4.48万亿美元的峰值高出98.7%。

另外,财政与货币联手刺激,实现近年美国广义与基础货币同步扩张。后金融危机时期年度M2同比增速在2011年达到6.7%,远低于20世纪70年代大通胀时14%的峰值,也低于2007年的11.7%。近年基础货币扩张毫无悬念地转换为广义货币创纪录飙升,美国2020年和2021年竟分别飙升到19%和16.8%,完美提供了大通胀出现所需要的所有货币条件。

最后需要指出,非疫情因素对2021年通货膨胀飙升也发挥了一定作用。比如在气候变化治理与能源转型的大背景下,疫情发生前多年,化石能源行业上游投资大幅下降导致新增产能相对不足,在石油需求快速复苏后,供给反应滞后派生缺口,成为推动通货膨胀的供给侧因素之一。2022年初爆发的俄乌冲突以及随后的夏季炎热干旱,从供给侧进一步加剧了通货膨胀压力。然而，2021 年大通胀的基本成因是，疫情背景下财政与货币政策联手实现的货币与需求超量扩张。就此而言，看似与 20 世纪 70 年代截然不同的通货膨胀表现，其发生机制在理论思潮 – 经济现实 – 政策干预互动层面仍存在类似的经济逻辑。

四、需求紧缩与供给冲击：滞胀的现实风险

面临近几十年未有的严重通货膨胀，美国等西方国家政府不得不紧急实施多年未见的大力度紧缩政策"救火"。在这一形势下，滞胀现实风险主要来自两个方面。一是从需求方面看，宏观调控政策会产生降低通货膨胀与紧缩经济两个方面的效果，这两个效果在"竞赛"，因此需要考察影响两个方面竞争性效果相对强弱大小的主要因素。二是历史经验与目前形势都提示，供给冲击会成为影响滞胀前景的关键因素，因此需要考察可能从成本方面推高通货膨胀，从而影响滞胀前景的主要变量。

当"通货膨胀暂时论"在 2021 年秋季被通货膨胀持续飙升的现实证伪后，美西方各国的宏观政策部门从 2021 年底开始转而诉诸货币紧缩政策工具应对通货膨胀。给定经济增长对利率的响应程度，滞胀出现概率的关键取决于通货膨胀对利率变动的弹性。从 20 世纪 70 年代的历史经验与目前的形势看，以下几点因素对通货膨胀利率弹性具有关键影响。

一是货币当局调控决心和公众对通货膨胀调控政策的预期。20 世纪 70 年代，西方通货膨胀调控政策不得要领，通货膨胀久治不愈、愈演愈烈，使公众对政府的治理能力和信任度几近丧失，预期因素又反过来增加了通货膨胀的治理难度，并加剧了滞

胀风险。20世纪80年代初美联储重手治理通货膨胀成功，加上过去几十年经济学理论对预期重要性的认识加深以及盯住通货膨胀政策的实施，公众对货币当局治理通货膨胀的信心有所提升，有利于目前美国等发达国家控制通货膨胀。不过在治理通货膨胀伴随着经济减速和失业率回升的环境下，能否真正"拔牙不怕出血、不怕疼"，仍具有不确定性。

二是在企业组织和社会结构层面是否存在阻止工资和价格对经济基本面和银根紧缩做出反应的制度性安排。20世纪70年代，工会组织规模和影响力较大，在一定程度上限制了工资对劳动力市场以及宏观经济变化进行调整，由此派生的工资-通货膨胀螺旋效应不利于宏观紧缩政策顺畅传导。部分由于20世纪80年代初成功制服通货膨胀实践推动的宏观经济学主流理论思潮变化，过去几十年工会影响力大幅降低。例如1960—2020年，美国劳动力市场集体讨价还价率和工会成员覆盖率，分别从34%和30.9%下降到12.1%和10.3%，被看作有利于治理通货膨胀和避免滞胀的关键因素之一。但是在美国分配差距和族群矛盾加大的背景下，进步主义思潮声势浩大，分配干预政策优先度提升，对于名义和实际工资能否伸缩变动自如以适应通货膨胀治理要求同样存在疑问。

三是高杠杆率和高资产价格的不利影响。目前美国等西方国家与20世纪70年代存在的重要差别之一是，应对金融危机以来长期实行零利率加量化宽松的超级宽松政策，导致严重的通货膨胀与高杠杆加高资产价格并存的局面，与历史上单纯的CPI通货膨胀不可同日而语。这方面差异对治理通货膨胀政策会产生多方面影响。首先是会对必要的货币紧缩政策带来掣肘作用。其次是在杠杆率与资产价格高企的环境下，紧缩政策派生的去杠杆效应会加剧经济减速和衰退压力，使治理通货膨胀过程更为复杂和棘手。最后是可能出现资产泡沫破灭和资产负债表急剧收缩带来的衰退，这个可能的局面会对通货膨胀治理造成颠覆性冲击。

货币及宏观紧缩政策主要通过影响需求端来实现控制通货膨胀目标，此外滞胀风险形成还具有供给冲击因素的作用。20世纪70年代供给-成本冲击主要由于地缘政治矛盾激化推高石油价格：先有1973年第四次中东战争促成阿拉伯国家对美国石油禁运导致油价数倍飙升，后有1979年伊朗伊斯兰革命和1980年"两伊战争"推高油价，通过上游传导和成本传递派生滞胀压力。当下现实滞胀风险也具有供给侧原因，然而与20世纪70年代的情形比较，目前助推滞胀的供给面因素要更加多样化和更为复杂。

例如，俄乌冲突对粮食、天然气等相关大宗商品供求关系冲击导致其价格短期飙升，最近国际市场这类商品价格显著回落，然而，如果两国军事冲突在更长时间范围内持续，会在一定程度上成为未来通货膨胀的助推因素之一。又如，经济全球化承压带来国际经济交易成本上升，加上中国等新兴经济体人口与劳动力成本趋势性变化，会从早先抑制全球范围经济成本转变为提升成本并影响通货膨胀和滞胀风险。另外，主要发达国家在疫情肆虐等因素的影响下，部分劳动适龄人口退出劳动力市场导致劳动力相对供应紧缺助推通货膨胀。如美国目前劳动参与率比疫情前下降1.2个百分点，提示超过190万劳动适龄人口退出劳动力市场。

最后，全球气候变化治理与能源转型时代潮流从长期和短期给全球通货膨胀与滞胀风险带来更为复杂的影响。《巴黎协定》

签署后，世界主要国家先后承诺在不同时间点实现碳达峰与碳中和的"双碳"目标，能源转型所派生的绿色溢价会逐步转化为能源成本，助推其价格上升，从而形成所谓的绿色通货膨胀压力。给定未来几十年上述趋势性变化，近年和最近的气候变化治理与通货膨胀压力关系通过两个不同方向变动表现出来：一方面，与气候变化相关的 2022 年夏季北半球多地炎热干旱极端天气推高电力需求和冲击水电供给；另一方面，过去 7~8 年全球油气化石能源部门上游投资大幅收缩，抑制传统油气能源供给反应能力。这些方面的复杂因素与俄乌冲突等因素影响叠加，导致一些地区特别是欧洲能源价格数倍甚至更高飙升，推高美西方国家以及全球通货膨胀压力和滞胀风险。

五、美国滞胀的前景展望

未来可能面临的情形是，美国等西方国家会出现某种形式的滞胀。以美国为例，比如美联储真的会像鲍威尔主席在 2022 年 8 月底的杰克逊霍尔会议上表态的那样，将效法当年沃克尔强势货币紧缩政策果断遏制通货膨胀，比较可能的情形是经济增长会较快回落，而通货膨胀响应紧缩政策趋于消退或需较长时间，通货膨胀调整滞后效应会导致后续可能出现衰退和通货膨胀同时发生的经典形态滞胀。也可能发生类似于 1980 年前后的情形，即先有共时性滞胀，通货膨胀回落后出现深度衰退形成历时性滞胀。如果通货膨胀治理紧缩措施导致经济收缩和阵痛引发民众更多抱怨，推动政治弱势的拜登政府和被民粹氛围支配的国会对美联储加大施压，导致紧缩政策力度减弱甚至提前退出，或许会落入鲍威尔主席发誓要规避的 20 世纪 70 年代通货膨胀治理拖泥带水并久治难愈的僵局。

考虑多年来的超常规宏观刺激造成的高杠杆和高资产价格背景条件，一种更为糟糕的可能是货币政策紧缩治理通货膨胀与去杠杆以及资产价格调整叠加，可能出现更加复杂的形势，甚至触发难以掌控的危机。20 世纪 70 年代通货膨胀治理需要面对经济减速、失业率回升等常规宏观周期变量制约，然而，在长期过量刺激政策与过度金融化导致过高杠杆化与金融脆弱性的今天，紧缩银根治理通货膨胀伴随去杠杆与资产价格调整，因此是具有更大不确定性和资产负债表危机潜在风险释放的过程。2008 年全球金融危机，直接原因在于美联储应对通货膨胀的紧缩政策，刺破了早先的次贷与次债资产泡沫。如果再次出现 2007—2008 年紧缩刺破泡沫引发资产负债表危机，将使美联储不得不中断紧缩政策并重启大规模刺激救火，从而引发更加复杂与难以预料的危机形势。

当然也不能排除美国经济超水平发挥调整能力，在避免经济深度衰退的前提下较快化解通货膨胀压力，较为顺利地过渡到未来常态化增长期。要实现这个对美国有利的小概率演变前景，至少需要包括几个方面条件的罕见组合同时给力。一是美联储治理通货膨胀承诺得到社会各界较为广泛的认同，在紧缩政策导致经济减速和失业压力加大阶段，仍能为美联储抗击通货膨胀政策提供必要的理解和支持。二是在工会成员与集体工资谈判覆盖面下降的背景下，通过紧缩治理通货膨胀避免受到工资－通货膨胀螺旋机制的影响，这意味着工人群体要为治理通货膨胀支付实际工资下降的成本。三是美联储在充裕储备背景下进行紧缩货币政策操作，能够总结 2019 年货币市场钱荒波动的经验教训，同时保证货币市场必要流动性为通货膨胀治理提供稳定环境。四是需要假定在一系列经济和社会政策议题上相互对峙的进步派和保守派能够摒弃前嫌求同存异，寻求政策立场和主张交集推动政策创新调整，从而提升美国经济的有效供给。

需要指出的是，即便美国治理通货膨胀比较顺利从而避免落入滞胀陷阱，但美国通过宏观政策超常规刺激支持消费的能力将受到遏制，美国企业在开放环境下可盈利投资机会不足的长期矛盾会进一步发展，这意味着美国经济长期增长动力不足问题将更加凸显。换言之，21 世纪以来美国经济增长模式遭遇深度通货膨胀阻击后，其未来演变面临两难困境：或是强硬通货膨胀治理使美国经济落入滞胀陷阱，或是侥幸躲过滞胀一劫后面临所谓"长期停滞"趋势的更严格制约。在凭借主要货币发行国地位而无限度运用宏观刺激的空间大幅逼窄后，美国经济未来增长将面临更严峻的新挑战。

美国大通胀治理及可能出现的滞胀前景，对我国会产生多方面直接和间接影响。从直接影响看，货币紧缩及滞胀风险会抑制我国出口，其全球溢出效应可能使出口冲击超出双边范围。由于我国在疫情发生后出口跨台阶大幅增长，因此潜在回调和冲击力度可能超出通常周期调整。考虑到我国经济受疫情牵制内需严重不足的背景，需要更加重视这方面的风险。不过，我国近年出口增加得到可贸易品部门生产率追赶与产业结构升级基本面条件的支持，美国经济收缩派生的进口需求调整压力，相当一部分可通过加快对竞争性产品不同程度的替代所缓解。超出双边关系范围，美元流动性紧缩会加剧一些经济基本面较为薄弱的国家的主权债务偿付困难，我国作为不少发展中国家的重要债权方，利益会受到相应影响。

美国调整客观上会给我国带来一些积极效应。美国经济减速伴随美元国际流动性减少，会对国际大宗商品价格飙升产生抑制作用，有助于降低我国大宗商品进口价格，并缓解一段时期以来贸易条件不利变化带来的国民福利损失。美国回归常态化货币政策和控制通货膨胀，有利于减少我国持有的美元债券资产价值因美元购买力下降带来的损失。另外，迫于国内宏观经济严重失衡的压力，美国可能会考虑边际调整对我国的经贸政策，舒缓其调整压力，为两国提供局部合作机会，这有助于遏制对华强硬派试图与中国经济脱钩的企图。

21

全球面临经济衰退而非金融危机，宏观政策的三大挑战[①]

一、理解本轮美元升值的三个视角

2022年9月美联储第三次加息75个基点后，美元指数进一步大幅走强，一度突破114。判断美元何时见顶，首先要理解本轮美元升值的原因。近期美元升值的范围广、速度急，2022年以来除了俄罗斯卢布，几乎所有货币都对美元贬值，尤其是第三季度美元指数达到7年以来最大季度涨幅，这似乎和新冠疫情发生以来美国货币大幅扩张相矛盾。美国广义货币M2在2020—2021年短短两年增长40%，大幅超过其他主要经济体，包括中国、欧元区和日本。按照传统的货币数量论，货币扩张带来贬值，对内体现为通货膨胀（这已经发生），对外体现为相对于其

[①] 本文作者：彭文生，CF40成员，中国国际金融股份有限公司首席经济学家、中金研究院院长。本文作于2022年10月。

他扩张较慢货币的汇率贬值，但现实是美元相对于其他货币反而升值。这如何解释？

我们可以从三个视角来看本轮美元升值。

第一是经济周期内生的汇率波动。在美国货币放松的早期（2020年下半年），利率大幅下降，短期利率接近零，美元相对于其他货币贬值。汇率贬值是货币扩张刺激经济的传导机制的一部分。随着经济复苏，通货膨胀促使美联储紧缩货币政策，利率上升，汇率升值也是货币紧缩影响经济的传导机制的一部分。过去两年多，美元指数虽然经历了上下波动，但和疫情前的2019年底相比较，2022年美元升值了15%，显然周期波动不足以解释这么大幅度的变动。

第二是外生的贸易条件变化对汇率的影响。俄乌冲突、高温干旱等供给冲击，导致能源、矿石、农产品价格上升。美国传统上是粮食和矿石出口国，近些年也成为化石能源净出口国。美国的贸易条件改善，意味着以进口衡量的实际收入上升，促进总需求，支撑美元汇率走强。作为对比，欧洲、日本、中国等资源进口经济体的贸易条件恶化，能源供给冲击尤其使德国的工业生产受到重大影响，出口下降，多年来第一次录得贸易赤字。

第三是美元作为国际货币的角色，体现在融资货币和投资货币两个层面。在美国长时间的低利率环境下，其他国家，尤其是新兴市场国家借了美元债，现在美元利率上升，借了美元债的国家再融资条件紧缩，需要更多的美元还债，甚至提前还债，推升了全球市场对美元的需求。作为投资货币，美国国债和其他高等级债券为国际市场提供了安全资产，美联储大幅加息导致美元安全资产的收益率上升，其他国家对美元安全资产的需求增加。到目前为止，融资货币的作用似乎更大，美国国债收益率的持续上升（价格下降）显示外部的需求不是那么大。

基于以上三个视角，美元汇率见顶还有多远？虽然波动难以避免，但俄乌冲突导致的能源价格上升不会是持续的冲击。美元的国际货币角色起到放大作用，但源头是美国经济和利率的周期波动。美国的财政和金融条件在紧缩，按照国际货币基金组织的估算，美国财政赤字率 2022 年在 5% 以内，比 2021 年的 10% 和 2020 年的 15% 显著下降。M2 在 2022 年上半年只增长 0.8%，利率和汇率上升、股票价格下跌都意味着金融条件紧缩。从金融条件紧缩到总需求下行，再到通货膨胀下降有时滞，叠加对利率敏感的房地产已经降温，美国经济衰退难以避免，势必带来利率和汇率的拐点，大概率在未来 12 个月发生。不确定性更大的是波动的幅度，也就是拐点之前美元的高度。

二、美元紧缩的外溢影响和背后成因

美国是全球第一大经济体，其金融体系和美元在全球的重要性更超过其经济的占比。由此，美国货币政策通过利率和汇率的波动影响全球经济与金融市场，正如有一句话所说：美元是美国的货币，是其他国家的问题。

过去的经验显示，美元利率和汇率的波动对新兴市场的冲击更大，甚至可能导致新兴市场的金融危机。这次不仅新兴市场货币贬值，主要发达经济体，比如日本、英国、欧元区的货币也对美元贬值，其贬值幅度甚至超过很多新兴市场货币。原因就是上面提到的第二点，这次汇率波动的源头之一是外生的贸易条件冲击，俄乌冲突带来的能源价格上涨对美国有利，对那些资源出口国的新兴市场经济体也有利，对欧元区、英国、日本等能源进口经济体不利。

另外，我们还需要关注非经济因素导致的供给冲击的特殊性。过去两年多全球经济经历了新冠疫情、俄乌冲突、高温干旱的冲击，三者的共同特征有两点：一是供给冲击，二是非经济因素。其结果是供给约束增加，市场调节的效率下降，或者说价格弹性下降（量对价格变化的反应下降），使现在同等量的变化要求比过去更大的价格变动，也就是价格容易走极端。聚焦在汇率上，一方面，难以判断美元汇率的高度；另一方面，一旦供给约束改善，美元汇率下行的动力也比较大。

美国货币紧缩外溢影响的一个最新发展是英国的市场波动，在美元利率上升的大环境下，英国保守党新政府的减税和举债计划导致市场参与者对英国政府债务可持续性的担忧增加，英镑急速贬值，国债价格大跌（利率上升），引发连锁反应，尤其是退休基金抛售国债以增加现金，加剧了市场恐慌情绪。英格兰银行在 2022 年 9 月 28 日采取紧急行动，暂停国债出售，并推出规模达 650 亿英镑的债券购买计划。消息发布之后，英国国债收益率明显下行（国债价格上涨），英镑汇率反弹，似乎有成效。问题在于，购买长期国债意味着投放基础货币，可能加剧未来的通货膨胀和汇率贬值压力。为什么美国的财政扩张导致利率上升和汇率升值，而英国的财政扩张导致利率上升和汇率贬值？差别在于，美国是最大的经济体，美元是国际储备货币。

英国近期的事件给包括美国在内的全球市场提示了一个风险：在低利率环境下形成的高杠杆，在利率上升的环境下，风险暴露可能带来强劲的去杠杆动能，甚至造成"踩踏"事件。虽然历史上有多次金融危机的教训，但金融市场参与者改不了线性思维的习惯，注重年度平均收益率和标准差，真正重视尾部风险的人少。这次英国 30 年期国债收益率在短短 3 个交易日上升 120 个基点，就是这样的尾部风险，这次是英国的退休基金受到冲击，应该还有其他金融和投资机构有类似的风险还没有暴露。

汇率波动可能是经济和市场遭受冲击的结果，也可能成为经济和市场不稳定的来源，比如汇率贬值导致市场恐慌。从贸易渠道来讲，汇率贬值促进外部需求（出口），但在金融渠道，本币贬值增加外债（美元债）的偿还负担，不利于内部需求，甚至导致信用紧缩压力，衍生金融风险。亚洲国家的货币表现尤为明显。近期亚洲多国货币贬值，日本、韩国、泰国、印度尼西亚等国接连上演"货币保卫战"，日本还罕见地采取了汇率干预措施。这方面，我们需要区分日本和其他亚洲国家，日本的私人部门持有对外净资产，日元贬值既促进出口，又增加私人部门净资产（日元计价），历史上看，日元贬值往往和股市上涨联系在一起。就金融层面来讲，日本的韧性相对于其他亚洲国家较强。

其他亚洲国家的差别在于，私人部门对外净负债。有两种情形：一是本国居民负有美元债务，汇率贬值增加债务偿还负担，导致净资产下降、融资紧缩甚至债务违约问题；二是外国居民持有本币债，贬值预期加剧资金外逃，带来进一步贬值压力。亚洲金融危机后，亚洲国家注重发展本币债券市场，包括主权债务，发达国家投资者配置新兴市场本币债。外国居民持有本币债带来的风险比本国居民负有外币债的风险相对较小，在后一种情形下，汇率贬值导致的损失由外国投资者承受。

在实体经济层面或者说贸易层面，与日本比较，东南亚一些国家比如印度尼西亚、马来西亚有一个优势——它们是自然资源出口国。俄乌冲突、高温干旱的影响在经济层面是供给冲击，体现为能源、矿石、农产品价格上涨，对日本、韩国这样的资源进口国来讲，贸易条件恶化增大了汇率贬值的压力。

三、从经济基本面看，人民币汇率不具有单边持续贬值基础

人民币有效汇率（相对于一篮子货币）指数 2022 年以来贬值 0.9%，自 2019 年以来升值 11%，显示人民币并不是弱势货币，人民币汇率的波动反映美元的强势。2022 年中期，人民币相对于美元贬值较多，这背后主要是经济周期和货币条件的差异。中美所处的经济周期阶段不同，导致货币条件有差异，美联储大幅加息，美国的货币条件显著紧缩，而中国人民银行降息，货币条件放松。从这个角度看，人民币对美元贬值是中美经济周期波动的内在要求，而经济周期有上有下。

俄乌冲突导致的能源价格上升对像中国这样的能源进口国来说意味着贸易条件下降，可能给人民币汇率带来一定的贬值压力。此外，俄乌冲突对欧洲经济的冲击最直接，能源供给问题不仅影响民生，也影响工业生产，中国作为制造业大国，自新冠疫情发生以来一直起到弥补其他经济体工业生产缺口的作用，是中国经济竞争力的一部分。综合这几点，从经济基本面看，人民币汇率不具有单边持续贬值的基础。

当然，汇率不仅反映商品的相对价格，作为资产价格，其受

预期的影响大，容易出现超调，尤其在地缘政治等非经济因素的冲击下，汇率可能成为经济波动的源头而不是结果。管理预期有助于防止汇率过度波动，包括发挥人民币汇率中间价的调节作用，还有限制短期投机性行为的宏观审慎管理措施，以稳定跨境资本流动，必要时中央银行应该在外汇市场卖出美元，直接干预以稳定汇率。采取有力措施稳增长、遏制经济下行压力是稳汇率的根本之道。

四、全球经济衰退是大概率事件

全球范围内利率的普遍上升，基本可以从三个视角来看。第一，自然利率上升，总供给和总需求平衡（低通货膨胀）所要求的实际利率上升。第二，通货膨胀风险溢价上升，投资者对因（预期）通货膨胀造成收益损失的补偿要求上升。第三，信用风险溢价上升，投资者对债券违约风险的补偿要求上升。现实中，这三种情形可能相互交叉，但本轮利率上升，在美国主要是自然利率上升，欧美发达经济体还有通货膨胀风险溢价的贡献，新兴市场经济体面临信用风险溢价上升的问题。

就对全球经济的影响而言，美国作为第一大经济体的角色特殊，加上美元的国际货币地位，这一次美联储误判通货膨胀形势，导致后面急剧加息，冲击其他经济体。

美国加息影响其他国家有两个渠道。第一是实体经济，本币对美元贬值促进对美国进口价格上升，尤其以美元计价的大宗商品进口价格上升，可以说是美国通货膨胀外溢，这在欧元区、日本和英国等发达经济体中体现得尤为明显。第二是金融渠道，美国加息，美元升值，美元债偿还负担上升，给其他国家带来信用紧缩压力，由此导致的内部需求疲弱抵消汇率贬值对出口的刺激作用，甚至带来金融风险，其他国家的中央银行为稳定汇率而加息。

在过去几十年，金融渠道是美国加息影响新兴市场经济体的主要渠道，这一次也有体现，目前印度尼西亚、墨西哥、巴西等大型新兴市场经济体相对美国的利差显著高于欧洲国家相对美国的利差。但这一次的新动向是通货膨胀上升，欧元区和英国的CPI同比增长率达到两位数，与过去几十年发达经济体的低通货膨胀不同，这一次欧洲的高通货膨胀成为货币政策紧缩的驱动力量。

就中国而言，现阶段政策的关键是稳增长。首先是继续推动疫情防控措施优化，以畅通产业链、降低预期的不确定性，这既促进需求又促进供给，可有效助力稳增长。就宏观政策而言，关键是财政扩张，尤其是财政直达消费，比如给受疫情影响的人群、低收入人群直接发放补助，可以直接拉动需求，提升（自然）利率，对汇率是升值的影响。

参考美国的经验，支撑美国当前利率和汇率上升的基本面源头，正是前期的财政扩张。货币放松的传导机制则不同。为促进投资和消费需求，中央银行引导市场利率下行，甚至到低于自然利率的水平，易带来汇率贬值压力。

过去40年，金融周期成为驱动经济在中周期波动的主要力量，波动的载体是需求，经济衰退往往由金融危机爆发触发，银行信用大幅紧缩带动需求下行。典型的例子有20世纪80年代的拉丁美洲债务危机、20世纪90年代的亚洲金融危机、2008年的全球金融危机、2010年的欧洲债务危机。而这次不一样，经济受到的冲击是供给冲击，供给是载体，先是疫情蔓延，之后是俄乌冲突，接着是高温干旱。疫情导致停工停产，交通物流受到影响，俄乌冲突最大的影响是使能源供给受限，高温干旱拖累农业生产和工业生产。供给冲击给GDP带来直接的负面拖累，导致收入下降，带来更大的需求下行压力。

供给冲击带来滞胀压力，但根本还是"滞"，是经济下行。如果没有政策支持需求，供给冲击会带来更大的需求下行压力；如果有政策支持需求，供给下降意味着通货膨胀会起来，政策不得不紧缩，增长最终还是要下来。美国前期为了应对"滞"，刺激需求的政策走过了，现在为了应对"胀"，难免经济衰退。中国的情形不同，需求下行压力超过了源头的供给冲击，"滞"的压力更大。

总之，本轮经济波动和过去40年不一样，连续的供给冲击意味着全球经济衰退是大概率事件。谈到供给冲击，一般会想到20世纪70年代的能源危机，但现在和20世纪70年代的一个重要差别是债务问题，利率上升带来债务偿还问题。在这个过程中，金融可能起到放大的作用——经济衰退加快了过去在低利率环境累积的金融风险的暴露，增加了经济衰退的广度和深度。

发达经济体和新兴市场都存在金融风险，就金融风险的暴露和影响来讲，这一次也和过去不同，过去是金融危机触发经济危机，这次首先是经济危机，在此过程中可能触发金融风险暴露。欧洲受俄乌冲突导致的供给冲击影响最大，由此供给冲击和金融风险相互促进，经济衰退风险在欧洲最突出。

最近市场有不少投资者担忧欧洲一家大型银行的稳健，其股价大跌、信用风险溢价上升，但我认为，其触发全球性金融危机的可能性不大。有三个方面的考虑：第一，与过去几十年金融危机触发经济危机不同，这次是经济危机触发金融风险暴露，源头是疫情、地缘政治冲突等非经济因素；第二，全球金融危机和欧债危机后，各国金融监管加强，包括欧洲国家在内的金融体系稳健性有所提升（资本充足率、流动性覆盖等）；第三，现阶段欧洲政府有更多意愿和能力干预金融，社会也更容易接受。当然，这不是说没有问题，在利率上升、地缘政治冲突的环境下，金融风险暴露会进一步加大市场波动。

相对来讲，亚洲经济体因离俄乌冲突较远，不是供给冲击的中心，其脆弱性比欧洲经济体低。在亚洲，中国具有特殊的系统重要性。近几年房地产领域的相关债务出现了明显紧缩，在2017年金融周期顶部的时候，新增贷款里有45%是房地产开发贷和按揭贷款，到2022年第二季度，这个比例只有10%。我们和美国金融周期下半场的一个重要差别在于，同期基建、制造、绿色、普惠贷款大幅扩张，这几项贷款占新增贷款的比例，从2019年的30%多上升到现在的60%。这个趋势的背后，是政策性金融的作用。中国在金融周期下行调整的过程中，避免了信贷塌方和系统性的债务危机，政策性金融发挥了关键的作用。

五、全球宏观政策面临三个方面的挑战

短中期来讲，全球宏观政策面临三个方面的挑战。

第一，增长和通货膨胀之间的关系发生了变化。新冠疫情、俄乌冲突、高温干旱等供给冲击意味着潜在增长率下降，对货币

政策来讲，要维持过去的经济增长速度，就必须接受比过去更高的通货膨胀水平；而要把通货膨胀维持在过去的水平，就要接受更低的经济增速。准确把握潜在增长率下降幅度，需要在增长和通货膨胀的平衡中试错，美联储的误判是一个典型的例子，其他国家的中央银行正在或将要面临类似的挑战。

第二，物价稳定与金融稳定之间的关系发生变化。一般认为物价稳定和金融稳定在大部分时间是一致的，如果说有矛盾，过去40年主要体现为低通货膨胀、低利率的环境助长了债务扩张和金融不稳定风险的累积，或者说低通货膨胀助长了金融风险。新形势下，方向可能反过来，金融风险暴露可能增加中央银行控制通货膨胀的难度。近期的例子是，英格兰银行在通货膨胀率超过10%的情况下，因为担心金融市场波动，不仅暂停缩表，而且宣布在一段时间重启购买长期国债，效果是扩表投放货币。类似的事情会不会发生在其他中央银行身上？在通货膨胀处于高位的情况下，为稳定金融而增加的货币投放会不会使通货膨胀成为一个长期问题？

第三，经济和金融变量波动上升，给政策应对带来困扰。供给约束增加，价格弹性下降，尤其在非经济因素的冲击下，数量和价格的波幅增加，甚至达到极端水平，典型的例子是欧洲的天然气价格上涨，还有美元指数的强势上升。在"大缓和"时期，经济的短周期波动下降，金融的中周期波动驱动经济波动。在新的形势下，经济和金融的短周期波动上升，对政策制定者来讲，如何区分暂时的波动和持续的变化、如何应对极值，是新的挑战。

上述挑战在政策层面的一个含义，可能是在增长、通货膨胀、金融风险之间的平衡中，通货膨胀容忍度的上升。另一个可能的含义是，面对非经济因素的冲击，公共政策尤其是结构性导向政策的重要性上升，在经济领域体现为民生扶助的增加，在金融领域可能体现为政策性金融工具的增加，以及政策引导的债务重组。

供给约束增加不仅是短期的问题，人口老龄化、碳中和、全球产业链调整以及和平红利下降等因素，意味着滞胀压力或将长期存在，应对的根本之道是提升效率、增加供给。2022年9月，英国保守党新政府宣布了减税、放松监管等措施，引起很大争议，然而在宣布短短几天后就被迫撤回降低最高税率的措施。新政府的政策号称是效仿20世纪80年代初的里根、撒切尔夫人的供给学派改革，但似乎忘记了现在的贫富差距比那时大很多。科技创新有外部性，具有公共品属性，在知识型经济时代提升包括教育、医疗、基础研发等方面的公共服务水平，有助于科技创新，是比减税更有效的提升效率的手段。

六、未来国际货币体系走向

货币具有网络效应，使用人数越多，其通用性越强。国际货币具有惯性和路径依赖，通常需要经济社会重大冲击来打破原有格局。二战后，美国在军事、经济和金融等领域一家独大，围绕美国打造的布雷顿森林体系相对平稳地运行了30多年。随着越南战争和中东石油危机等地缘政治事件的冲击，布雷顿森林体系于1973年彻底瓦解。在此之后的40多年，全球进入了美元主导的国际货币体系。美国经济占全球经济总量的比重已从20世纪

60年代的40%左右，下滑到目前的25%，但美元在全球外汇储备的比重仍维持在60%左右的水平。

布雷顿森林体系崩溃以后，美元的国际地位并未下降，其根源在于世界经济的全球化和金融化两大趋势。尽管经济学理论寄希望于通过浮动汇率制维持国际收支平衡，但现实中金融发挥了重要作用，美国为其他国家提供了安全资产和融资。中国和日本以及能源出口国等贸易顺差国购买美国国债和其他金融资产作为安全资产，能源进口等贸易逆差国则通过美元融资弥补国际收支缺口。经济全球化和金融化可以说是美元的国际储备货币地位的基础。

全球金融危机后全球化和金融化放慢了脚步，新冠疫情和俄乌冲突加剧了逆全球化和去金融化的趋势，去金融化体现为从私人部门债务转向政府债务，从金融资产转向实体资产，大宗商品的重要性上升。具体来讲，新冠疫情对全球产业链造成很大冲击，叠加俄乌冲突导致的能源和大宗商品供应紧张，使金融资产的通用性下降。在一些国家限制粮食出口、欧洲制裁俄罗斯能源出口的情况下，金融资产变现为实体资产的能力减弱。西方国家对俄罗斯的金融制裁直接引发对美元作为国际储备货币的可靠性的疑问。

随着全球化和金融化出现逆转，国际货币体系将朝着多极化方向发展。现阶段我们看不到可以替代美元的国际货币，但其绝对优势将下降。

在逆全球化、去金融化的大背景下，多极国际货币体系将呈现哪些特征？逆全球化和去金融化意味着政府的作用增强，这已经体现在金融监管加强和财政扩张上，近期西方国家对俄罗斯的金融制裁则是另类的资本账户管制，是从外部强迫的、非本国政府主动寻求的加强监管。

历史上，国际货币体系依赖政府作用的现象离我们并不远。在战后 30 年的布雷顿森林体系下，其他国家的货币汇率与美元汇率挂钩，美元汇率与黄金挂钩，这一安排的基础是对内金融监管和对外资本账户管制。历史不会简单重复，未来的国际货币体系不会是布雷顿森林体系下美元单极的机制，美元的优势地位将被削弱，影响多极货币体系发展的一个关键因素将是地缘政治。

首先，在货币的支付职能方面，双边、多边甚至区域货币协作机制的重要性将上升。一般来讲，实体资产的通用性比金融资产低，实体资产重要性的上升意味着货币支付职能的差异性将增加，各类非美元支付机制安排的空间增加。例如，欧亚经济联盟成员间贸易的本币结算比例已经超过 70%，近期俄罗斯更是要求其他国家用卢布支付天然气和粮食进口。在双边本币支付协议以外，还存在着多边货币协商机制，甚至是实物交易的可能。

其次，从安全资产供给来看，近期地缘政治事件所带来的金融制裁，降低了其他国家对美国国债作为安全资产的信心。这一点对于与美国关系不够友好的国家尤为明显，这些国家可能转而寻求美元以外的战略储备资产，例如实体资产中通用性相对较强的大宗商品，从而削弱美元的安全资产地位。

中国已是全球第二大经济体，但人民币国际化程度与中国的经济规模相比有较大差距。过往对这一问题的讨论倾向于强调金融领域的限制因素，尤其是资本账户管制的约束。新趋势下，美国的强金融优势和中国金融发展不足的劣势都将有所淡化，促进人民币国际化，应该重视中国实体经济的竞争力。

22

在全球蔓延的通胀
会形成一场国际金融危机吗[①]

2022年6月，美国最新统计的价格指数上涨9.1%，创40年以来的最高纪录。英国、法国、德国、意大利等几乎所有欧洲国家通货膨胀高企，罢工、示威形成浪潮。毋庸置疑，通货膨胀正在席卷全球，已成为影响世界经济增长的最大因素。从2021年开始，不少有识者提到20世纪70年代发生的全球性通货膨胀，并与其相比较。那么，这次全球不断扩展蔓延的严重通货膨胀，其成因到底是什么？短期内能结束吗？是否会引发国际金融危机？未来国际货币体系、金融治理结构应如何改革完善？具体分三个方面谈一些个人意见。

[①] 本文作者：于学军，CF40学术顾问，国有重点金融机构监事会原主席。本文作于2022年7月。

一、布雷顿森林体系作为一项制度安排，既是失败的，又是成功的

近80年前的1944年，44国代表在美国新罕布什尔州布雷顿森林签署国际货币协议，该协议的核心点是美元与黄金挂钩，1盎司黄金兑换35美元，美元被确定为国际储备货币；其他国家的货币与美元挂钩，可按承诺的固定价格兑换黄金。当时美国大约有200亿美元黄金储备，约合黄金5.71亿盎司；按目前国际市场黄金价格每盎司约1 750美元换算，大约为1万多亿美元。应该说，当年美国的黄金储备数额巨大，约占全球用于货币黄金的2/3以上。

但是，这样一种汇率制度的安排，如果用今天的目光来审视，是不可思议的，即便让学专业课程的大学生简单想想，十有八九都会认为行不通。事情很简单，因为黄金储备的数量是有限的，受资源、开发成本等因素的约束，增加很少，又规定价格固定不变，那么由黄金作为国际储备资产，实际上很难扩大；而全球经济在持续增长，规模不断扩大，如何能够满足经济扩张对流动性的需求呢？这就相当于孩子在不断长大，而给他穿的衣服却保持大小不变，所以肯定不行，有朝一日非撑破不可。并且，对各国汇率的安排也是固定的，而现实世界的经济增长却千差万别，各经济体经常处于此消彼长的不断变化中。其结果必然是：用黄金作为货币储备，人为固定价格，并在此基础上确定美元与各国货币实行固定汇率，是一种固定板块，相对固化，缺乏弹性，长此以往肯定难以覆盖并适应全球经济增长、贸易扩大、投融资活动等对流动性的自然需求。因此，布雷顿森林体系自实

行之后，其自身的结构性缺陷便很快反映出来，只是在20世纪50年代早期，由于美国的经济实力强大（当时美国人口占世界的5%，生产的工业产出约占世界的40%，进口、出口则分别占15%、20%，且长期保持贸易盈余），又拥有巨额黄金储备，并使出浑身解数竭力维护，才勉强支撑到20世纪60年代。1961年肯尼迪担任总统时，已感到困难重重、危机四伏，在他就任时他的父亲就警告称，国际收支逆差是他总统任期内最大的潜在危险之一。肯尼迪常有两个主要担心——核战争和国际收支赤字，并认为"真正重要的是货币的地位"。因此，在肯尼迪执政时期，美国最早实施了美元的外流管制。

勉强维持到20世纪60年代末期，美国黄金储备大量流失，美元出现严重危机，所以在1971年尼克松总统执政时不得不宣布关闭黄金兑换窗口。这等于宣告布雷顿森林体系失去基石，悄然画上了句号。因此，从结果来看，布雷顿森林体系是一个失败的制度安排。

对于布雷顿森林体系存在的结构性缺陷，并不是今天来看才显然行不通的，即使在建立之初，实际上也有不少人表示过怀疑。当初纽约联邦储备银行拒不出席这次会议，认为制定的凯恩斯－怀特方案（布雷顿森林体系）只是空想。在纽约联邦储备银行一直负责货币市场干预计划的查尔斯·柯布斯曾表示，布雷顿森林体系最大的错误在于，人们幻想可以通过法律来固定黄金价格。

当然，有关布雷顿森林体系最有名的论断，非耶鲁大学教授罗伯特·特里芬莫属。他在20世纪50年代早期参与过重建欧洲的马歇尔计划，很早就发现一个悖论，即"特里芬两难"：如果美国不通过支付赤字输出美元，那么国际贸易就会因为缺乏融资手段而停滞不前；如果美国继续提供所需的流动性和国际储备，那么最终会导致美元过剩，从而人们不再把美元作为储备货币。他还表示，在贸易扩大和经济增长的背景下，几乎不可能长时间维持固定的黄金价格或者黄金与单一货币的可兑换性。后来他又表示，依靠与黄金价格固定的美元来满足不断扩张的世界经济增长带来的储备需求，这种体系正接近其自然极限。

实践也证明布雷顿森林体系是行不通的，勉强维持了大约27年，最终只能放弃。

那么，为什么又说它是成功的呢？这要从当时的历史背景谈起。二战前美欧主要国家均以黄金作为货币基准，实行所谓的金本位制，其中35美元兑换1盎司黄金是美国于1934年确定的。因此，布雷顿森林体系确定的固定汇率和美元可兑换黄金的基本框架，实际上有其历史必然性。此外，二战当中，国际货币体系遭到严重破坏，亟须设定一种相对固定的货币体系来稳定全球的金融治理，以维持和促进世界经济增长。时任美国财政部长摩根索在布雷顿森林会议上发表开幕致辞时表示，货币混乱在各国蔓延，它破坏了国际贸易、国际投资甚至国际信仰的根基。

布雷顿森林体系是在二战期间国际货币体系处于危急关头时设立的，目的在于帮助世界经济从战争中恢复过来，建立可以避免再次发生大萧条和世界大战的全球金融合作体系。二战之后百废待兴，早期在重建欧洲、恢复全球经济增长、稳定金融市场等各个方面，布雷顿森林体系的确发挥了应有的作用。因此，从这个方面来看，它又是成功的。

二、当前通胀已成为影响全球经济增长的最大因数

当前通胀已成为影响全球经济增长的最大因数，除了带来衰退、滞胀等大家普遍担忧的问题之外，极有可能引发强烈的国际金融危机。追溯起来，这与布雷顿森林体系之后形成的国际货币体系、金融治理结构相关。

1971年，尼克松总统暂停美元兑换黄金，当时美国的黄金储备已减少到不足100亿美元；与此同时，美国对外的国际债务快速上升到其黄金储备的4倍以上。1974年，经"二十国委员会"（与1999年成立的二十国集团不同）协商同意，所有国家的货币均实行浮动汇率；同时，美国宣布彻底解除汇率管制，美元与黄金正式脱钩；黄金按市场价格恢复交易，实现非货币化（当时金价已上升到每盎司140多美元，而其官方价格仍为42.22美元）。20世纪70年代，美国出现恶性通货膨胀，经与欧洲、日本等协调，美元曾两次大幅贬值10%以上，在这种情况下，各国中央银行当然更愿意持有黄金，1979年国际黄金价格曾陡涨至每盎司400多美元，并被戏称为"卡特黄金价格"。

布雷顿森林体系美元以固定价格与黄金兑换为基础，实际上等于将黄金作为币值标准；而该体系崩溃之后，全球并未达成一致的货币标准（以欧美发达国家为代表）。虽然仍以美元作为国际储备货币，各国货币不同程度地实行"浮动"或"固定"，但从此实际上国际货币体系成为无"锚"货币。后来形成一个不断扩大膨胀的所谓三角游戏：美国连年出现贸易逆差（1971年最早发生贸易赤字，1977年达到惊人的480亿美元），虽然可以用投资收益、服务贸易、手续费等进行弥补，但其总体国际收支仍

出现巨额缺口，致使美元流落到世界各地并汇集到各国中央银行，反过来又由各中央银行用于购买美国国债，等于为美国的财政赤字融资。这就是美国所谓"双赤字"的由来，这种模式、情况一直延续至今，未有任何实质性改变。如此，美国过着入不敷出的生活，财政赤字持续增加，债务规模越滚越大。1996年美国政府的债务总额首超1 000亿美元，2006年突破1万亿美元，至2022年5月末达到惊人的30.5万亿美元，占其经济总额的137%以上。虽然美国两党为设定债务上限经常争论不休，但其真实的约束力极为有限。2011年在金融危机时期，美国设定的债务上限为14.3万亿美元，2020年新冠疫情暴发时上调至21.99万亿美元。

20世纪70年代，美国发生波及世界的恶性通货膨胀，是由一系列国内国际事件和因素造成的，有些看起来也存在一定的偶然性，比如"水门事件"、石油危机、伊朗伊斯兰革命等。其间，美国经历了尼克松、福特、卡特三任总统，也有三任美联储主席登场，分别是伯恩斯、米勒、沃尔克。其中，卡特总统在两年中就先后任命了米勒、沃尔克两位美联储主席，当时美联储在货币控制和金融稳定上处于混乱之中。

然而，无论发生什么情况，无论有无人为因素，最终的成因都可以归结为：美元失去黄金标准的羁绊之后，美国长期实行过于宽松的财政和货币政策，致使货币供应量过快、过多增加。1972年和1978年美国的狭义货币供应量增长，分别创造过历史最高纪录。于是，人们开始认识到：实行无标准、无约束的浮动汇率制度可能形成全球性通货膨胀。

应该说，这样的危险性至今依然存在，并未找到有效的解决方案。只要美国出现通货膨胀，就极有可能引发全球性通货膨胀。因为美元是全球最主要的国际货币，大宗商品均以美元定价，美元在世界各地流通使用，所以一旦美国出现通货膨胀，自然很快会传导至全世界。

当前在全球不断蔓延的高通货膨胀，与20世纪70年代由美国引发的全球性通货膨胀相比，的确存在不少相似点。当今拜登政府所面临的通货膨胀局面，与当年卡特政府面对的执政难题极为相似——均为民主党政府上台执政，高通货膨胀率导致民调超低，成为竞选连任的最大障碍；前任正好都是共和党政府，所实行的超宽松刺激性政策使通货膨胀明显上升，而民主党新政府上台之后又使刺激性政策进一步加码，累积起来的叠加效应使通货膨胀形势雪上加霜，更加严重、复杂。

2021年上半年，当美国开始出现价格指数上涨时，当时对通货膨胀形势的看法主要有两种。一种以美联储和欧洲央行为代表，它们认为物价上涨主要是由基数效应和供应链中断造成的，是暂时性的，不出半年或一年，等这些因素消失之后，就可以恢复到美联储控制通货膨胀的正常水平，即2%左右，并预期到2023年末才可以考虑提高利率。因为两家机构至高无上的地位和无可置疑的权威性，这种观点不仅主导了全球的舆论，而且对学术界形成巨大的影响力，是具有统治力的主流观点。另一种看法较为微弱，认为这次通货膨胀并没有那么简单，除了基数效应、供应链冲击等短期因素之外，应该还与美国等世界主要国家的中央银行近几年持续实行超宽松的财政和货币政策等相关，通货膨胀不会在短期结束，有可能继续升高，维持较长时间，并对全球经济增长造成严重影响。

我支持后一种观点,在2021年上半年的公开论坛上就发表过这样的看法,在年末的论坛上更是进行了几次宣讲、阐述。我相信,所有的通货膨胀归根结底都是一种货币现象,这次由美国引起的全球性通货膨胀,其基础性原因正在于近几年美国、欧元区、英国、日本等世界主要经济体的中央银行持续大量放水造成货币严重超发,而新冠疫情、供应链冲击、俄乌冲突等只是其中的暂时性因素。

现在,我进一步认为,长期以来国际货币体系、金融治理的一些根本性难题,至今并未解决。一方面,美国消费多、储蓄少,财政赤字巨大,致使债台高筑;另一方面,美元充当国际储备货币,可以轻易从外国资本的洪流中获取资金,享受没有多大约束力的"过度特权"。全球随着美国政策的调整变化,一致性地放松或收紧经济政策,无标准、无节制,基本上每间隔一段时间,世界就会出现这样或那样的风险和危机。下一步,我预计不出3年,全球将会重现严重的金融危机。这一点,我在2022年3月已经讲过,可拭目以待。

三、未来的改革或发展方向

未来,亚洲可仿照20世纪70年代的欧洲共同体创造"欧洲货币单位"模式,即ECU模式,考虑设立一种亚洲货币,用于完善国际货币体系、金融治理结构。

21世纪被称为"太平洋世纪",亚洲的崛起正在深刻地改变着全球的发展格局、治理体系等,并已在区域内形成紧密联系的供应链、产业链体系,在全球的市场份额也不断提高,客观上需要亚洲创设一种与自身贸易、经济规模、投融资服务等相匹配的结算货币，以进一步促进区域内贸易、投资、融资等融合发展，使分工合作进一步合理化。

这是一项建议，如果未来能够实现，相信全球将逐步形成三种主要货币，美元、欧元、"亚元"三分天下，大约各占30%，从而构成三角三边平衡，这种结构会使国际货币体系、金融治理更加合理、稳定；再配有英镑、加元、瑞士法郎等小主权货币，会更加全面、完善。在这样一种体系下，可以避免过去一家独大形成的"过度特权"。自布雷顿森林体系崩溃之后，全球始终处于这种单边结构的不稳定、不平衡之中，极易周期性地引发各国金融危机。

从长远来看，国际货币体系、金融治理结构的终极目标，应当是在国际货币基金组织的基础上组建世界中央银行，创造全球公认的储备资产，发行世界货币。这相当于把欧洲央行的模式照搬在全球实行。到那时，相信国际货币体系、金融治理结构能真正走向大同。

23

通胀周期下,全球金融将如何抉择[①]

一、全球会迎来类似20世纪70年代的长期滞胀危机吗?

2022年以来,伴随新冠疫情后的全球经济复苏、俄乌冲突以及全球供应链脱钩的加速,美国等西方国家在疫情发生后"大水漫灌"的副作用逐步显现,欧美国家陷入高通货膨胀泥潭。全球高通货膨胀的演绎是否会形成类似20世纪70年代的长期滞胀,成为资本市场重点关注的话题。

从资本市场价格表现看,大宗商品价格既是驱动通货膨胀周期的原动力,又是全球资本对未来通货膨胀预期的最直接反映。以铁矿石、焦煤为代表的黑色系商品和以铜、铝为代表的有色系商品,在2022年第二季度初期破位下跌,伴随俄乌粮食协议达成和乌克兰粮食外运,国际小麦和玉米价格已回到2月俄乌冲突爆发之前的水平;同时,WTI价格也回到俄乌冲突前90美

[①] 本文作者:李迅雷,上海新金融研究院(SFI)学术委员,中泰证券股份有限公司首席经济学家。本文发表于《北大金融评论》,2022年第13期。

元以下的水平。可以认为，2022年第一季度前市场极为担忧的下半年可能出现的全球粮食危机、石油危机，正得到一定程度的化解。

就2022年而言，天然气或许是唯一较难解决短缺问题的大宗商品，当前荷兰234.50欧元/兆瓦时的天然气价格已接近历史最高纪录，且预计在2022年冬季进一步恶化。但如果我们将视野展望到未来3~5年，会发现天然气很难出现像20世纪70年代"大滞胀"时期原油那样的长期短缺。例如，当前欧盟已与卡塔尔、阿塞拜疆、哈萨克斯坦等国签订了长期增产协议，到2027年，仅卡塔尔一国就将增建6条液化天然气生产线，每年约增产700亿立方米，基本上覆盖俄乌冲突前俄罗斯向欧洲的全部天然气出口量。

因此，长期而言，市场担忧的类似20世纪70年代的全球长期滞胀危机，出现的概率并不大，预计2023年春季后，伴随能源类商品供求的改善以及欧美经济的衰退，本轮全球高通货膨胀的紧张局势或将逐步改善。

二、美国通胀"最高点"或已出现，但美联储"鹰派"加息仍在路上

本轮全球通货膨胀最直接的影响机制仍在于，通过美联储的政策调整从而影响全球流动性变化。美国2022年7月末季调CPI同比增长8.5%，其中交通运输项同比增长16.4%，住宅项同比增长7.4%，成为除能源和食品饮料外美国通货膨胀的主导因素，其背后则分别对应着以油价为表征的能源价格和以非农就业

为表征的工资收入。

伴随原油价格于 2022 年 6 月见顶，7 月美国通货膨胀率亦从 9.1% 向 8.5% 环比回落，可以预见，6 月美国 CPI 达 9.1% 或是其环比最高点，2022 年下半年美国通货膨胀整体将呈现见顶回落态势。这也是美联储 7 月议息会议中出现"在某个时候放慢加息步伐可能会变得合适"这种"二阶拐点"表述的原因，即美联储仍处于"鹰派"的加息缩表路径之上，但对大幅加息态度开始出现"松动"。

尽管美国通货膨胀环比高点或已逐渐显现，但在可以预期的未来半年至一年中，美国通货膨胀的回落速度较以往历史周期将更加一波三折。原因在于，美国工资 – 通货膨胀螺旋已在上演。由于上述支撑美国工资上涨的因素具有较强的"刚性"，本轮美国通货膨胀回落斜率较以往周期将显著放缓，且难以回到 3% 以下的合意水平。这意味着美联储至少在未来半年至一年内，将仍处于持续加息甚至是"鹰派"加息的轨道上。直到加息使美国经济进入真正意义上的衰退，或才能打破这一美国工资 – 通货膨胀螺旋。

三、本轮全球通胀的"黑天鹅"：第四季度欧洲天然气危机与主权债务风险

尽管我们提到，从长期看，对于本轮全球通货膨胀无须过于担心，并且美国通货膨胀或见顶回落，但这并不意味着本轮通货膨胀对全球经济和资本市场影响最大的阶段已经过去。与国内密切关注的美国通货膨胀风险相比，本轮通货膨胀最可能产生次生风险的地方或许是被忽视的欧洲，即德国天然气危机引发意大利

等主权债务危机的风险。

德国天然气危机风险早在2014年就已悄然酝酿。由于日本福岛核电站泄漏，各国虽然认为核电已不是安全能源，但这一舆论仅仅停在纸面上。而德国为迎合民意，对德国核电站进行了"一刀切"关停。由于当时核电占德国全国能源的比重超过30%，默克尔从俄罗斯大量进口天然气以弥补核电"一刀切"关停后留下的巨大能源供求缺口，这为德国的能源结构安全留下隐患。

俄乌冲突下，俄罗斯以各种"故障"为由大幅减少向欧洲输送天然气：2022年7月底，俄罗斯在获得了加拿大提供的涡轮机后仍然将"北溪一号"向欧洲输送的天然气单日供气量减少至原来的20%左右。伴随冬季欧洲天然气使用高峰的到来，这种短期严重的能源供求缺口将对欧洲经济乃至社会生产产生极大的压力。如果俄罗斯冬季天然气供应限制持续加码，将产生哪些影响？

首先，欧盟各国内部测算认为，一旦俄罗斯对欧洲完全"断气"，视各国对俄罗斯天然气依赖程度的不同，每个居民家庭一年会增加100~300欧元的支出，考虑到欧盟成员的人均GDP从最低约9 000美元到最高近14万美元，且社会基尼系数较低，故这种损失从社会角度而言仍属可承受范围。

同时，欧洲各国已对冬季可能产生的天然气断气危机做了提前应对，截至2022年9月，包括法国在内的多数欧洲国家，冬季天然气储备已达80%~90%。

其次，就2022年内能源紧张局势对欧元区经济的影响而言，欧盟虽然与卡塔尔等国签订了增产协议，意在覆盖长期能源供给缺口，但对这个冬季来说，仍是"远水难解近渴"。欧盟各国年内或主要通过需求侧控制的办法来缓解能源紧张局势，包括欧盟已经推出的自 2022 年 8 月 1 日起，将天然气需求在过去 5 年平均消费量的基础上减少 15%。伴随冬季天然气缺口的到来，预计还会有更多更严格的此类措施被陆续推出。

但客观地说，德国作为全球赤字率控制最为严格、财政状况最为良好的发达国家之一，近年来其政府部门杠杆率在主要发达国家中保持较低水平，2021 年该国政府部门杠杆率为 69.5%，处于全球较为安全的水平。虽然 2022 年经济下行压力较大，但出现"黑天鹅"风险的概率并不大。

然而，风险往往暴露在最脆弱的一环。

作为在 2012 年欧债危机中受影响最大的"欧猪五国"（PIIGS）之一，意大利面临的压力或不小于德国。天然气作为意大利最主要的能源，在意大利初级能源消费中占比超过 40%，且对外依存度超过 90%。俄乌冲突背景下，俄罗斯天然气供应不确定性不断加大，与德国相比，意大利所面临的经济下行压力和能源短缺形势更为严峻。

更重要的是，作为欧元区中债务状况最糟糕的经济体之一：意大利 2021 年政府部门杠杆率达 151%，在欧洲边缘国家中处于较高水平；2021 年全年财政赤字率为 7.2%，2022 年 7 月政府负债率为 130.57%，均远超稳定条约规定的 3% 的赤字上限和 60% 的债务上限。在后欧债危机时代，意大利政府往往需要通过不断"借新还旧"发债才能维持运作。

欧债危机爆发后，为帮助欧元区恢复担保债券市场的长期融资功能，欧洲央行提出了直接货币交易计划（OMT），允许欧洲央行以严格的约束条件在二级市场上无限量购买欧元区内各成员国的主权国债，起到"最后贷款人"的作用，作为意大利政府债券的最大购买者，欧洲央行对意大利政府发债提供了担保；同时，在欧债危机后建立的永久性救助机制——欧洲稳定机制（ESM），也为意大利等欧洲边缘国家在发生债务违约时提供援助。

而 2022 年冬季俄罗斯限制天然气供给，降低了德国和整个欧元区的经济增长，并大幅增加了欧盟包括新能源转型、难民救助等方面的财政支出，从而降低了欧洲央行整体的救助能力。在此基础上，意大利政府的换届或可能成为诱发债务风险的重要导火索。从目前的民调情况看，极右翼的意大利兄弟党领导的中右翼联盟有望胜出。由于意大利极右翼政党本身的"反欧盟"属性及其"放弃对俄罗斯制裁"等亲俄主张，届时很可能与欧盟当局发生强烈冲突，使财政能力本已受到制约的欧洲央行进一步降低购买意大利债务的意愿。

也就是说，2022 年第四季度，意大利很有可能面临整体经济因天然气危机受到剧烈冲击，在亟须财政支持的同时，反而由于政府换届而出现发行债券受限的"被动紧缩"，进而引发意大利主权债务风险。而 2012 年欧债危机之后"欧猪五国"的"互保机制"，即一旦作为欧盟主要成员国之一的意大利出现债务风险，市场恐慌情绪或进一步向其他欧洲重债国扩散，在欧洲稳定机制救援能力和欧洲央行新工具"火力有限"的情况下，又可能反过来造成一国债务风险向希腊、西班牙等其他财政状况不佳的欧元区国家蔓延的风险，最终可能再次酿成类似 2012 年的欧元区整体债务风险。

四、"此消彼长""与众不同"的通胀周期下全球金融将如何选择？

欧美大通胀的演绎、欧洲天然气危机和债务危机等错综复杂的环境，将对全球资金的选择，即对全球大类资产配置产生哪些影响？

全球大类资产走势难以复制过去通货膨胀周期中类似"美林时钟"式的典型轮动周期，作为资本市场的核心——各国的股票市场也很难复制过去20年全球化时代大致"同涨同跌"的模式，而是更体现出"此消彼长"的特点。2022年以来，特别是俄乌冲突爆发后，A股与欧美股市呈现明显的反向相关性：3—4月欧美股市大反弹时，A股持续下跌；5—6月，A股逆着美联储强硬加息和欧美股市大跌的风险走出"独立行情"。

以上证综指和标准普尔500指数为例，2000—2021年，上证综指和标准普尔500指数的相关系数为0.51，俄乌冲突爆发后，3—4月两个指数的相关系数减少至0.24，"同涨同跌"模式有所弱化；5—6月上证综指和标准普尔500指数的相关系数为-0.29，代表A股和美股"同涨同跌"模式被打破，A股走出"独立行情"。

欧美高通货膨胀引起的加息潮来临，全球整体流动性处于收缩通道，存量资金或只能在各个池子里进行腾挪，故而呈现出"此消彼长"的情况。展望2022年第四季度，由于欧洲天然气和主权债务风险加剧，这种"此消彼长"效应或将反转，此时A股又可能像5—6月那样成为全球资金阶段性的避险地。

因此，随着2023年美国经济进入衰退的预期逐渐强烈，

2023年中期后，美国通货膨胀可能趋势性缓解，此时美联储本轮加息周期或见到真正的拐点，这将减少我国汇率压力并增加国内货币政策进一步宽松的空间。故中长期我们依然看好流动性宽松推动的A股结构性行情。

对于债市而言，伴随欧美本轮经济周期走弱，油价等多数大宗商品价格下降，美国通货膨胀环比高点出现，国内疫情反复及地产周期下行对于经济的拖累，中美的国债收益率可能整体都将呈现下行的态势，将更多地凸显中美利率债的配置价值。但市场需要注意2022年第四季度的中前期时间窗口下利率债的阶段性调整。

对于大宗商品而言，伴随全球需求走弱，黑色系、有色系等大宗商品整体将进入下行通道，需要注意的是，能源类商品以及有色类中部分欧洲供给占比较高的高能耗商品（如锌等）或在2022年第四季度欧洲天然气危机发酵时出现阶段性反弹，并带来A股天然气、油运、锌等细分品种在第四季度的主题性投资机会。

对于黄金而言，从历史上看，全球经济衰退过程中利好黄金。但相对美国而言，欧洲或是本轮衰退中受冲击最大和最易出现"黑天鹅"的地区，这使美元将在本轮衰退周期中处于相对强势的状态，故未来不排除出现阶段性美元与黄金同涨的罕见情形。而美元的相对强势又将对同属一般等价物的黄金上涨构成一定的制约，使本轮黄金上涨斜率或慢于历史上的衰退周期。

24

通胀推手会随经济衰退而去吗[①]

眼前摆着一张有趣的图,叫作通货膨胀行星图(见图 24.1),由近及远,我们看到:当下通货膨胀最低的有中国、瑞士、越南等,CPI 不超过 3%;第二谱系有德国、法国、意大利、印度、韩国等,CPI 控制在 8% 以内;第三谱系是欧元区其他经济体和美国等,CPI 徘徊在 8%;第四谱系则有俄罗斯、荷兰和一些中东欧国家,CPI 在 10%~20% 之间;更有土耳其等一骑绝尘,深陷恶性通货膨胀之泥淖。连素未听闻通货膨胀的日本,物价也大有起色了。

看起来,通货膨胀不是一个小问题,在全球迅疾蔓延。最早做出通货膨胀预警的当数萨默斯,他是一位天才经济学家,曾担任哈佛大学校长和美国财政部长,他在 2021 年中期就指出,通

[①] 本文作者:钟伟,CF40 成员,北京师范大学金融研究中心主任。本文作于 2022 年 6 月。

货膨胀会出乎意料地高，且不会很快回落，并说从 2022 年底开始，美国经济有约 1/3 的概率陷入衰退。其鲜明的"鹰派"观点让华尔街恐慌，导致其欲出任美联储主席的努力失败，但真心实意地说，萨默斯近年来的经济预判有如"神谕"，准确度极高。

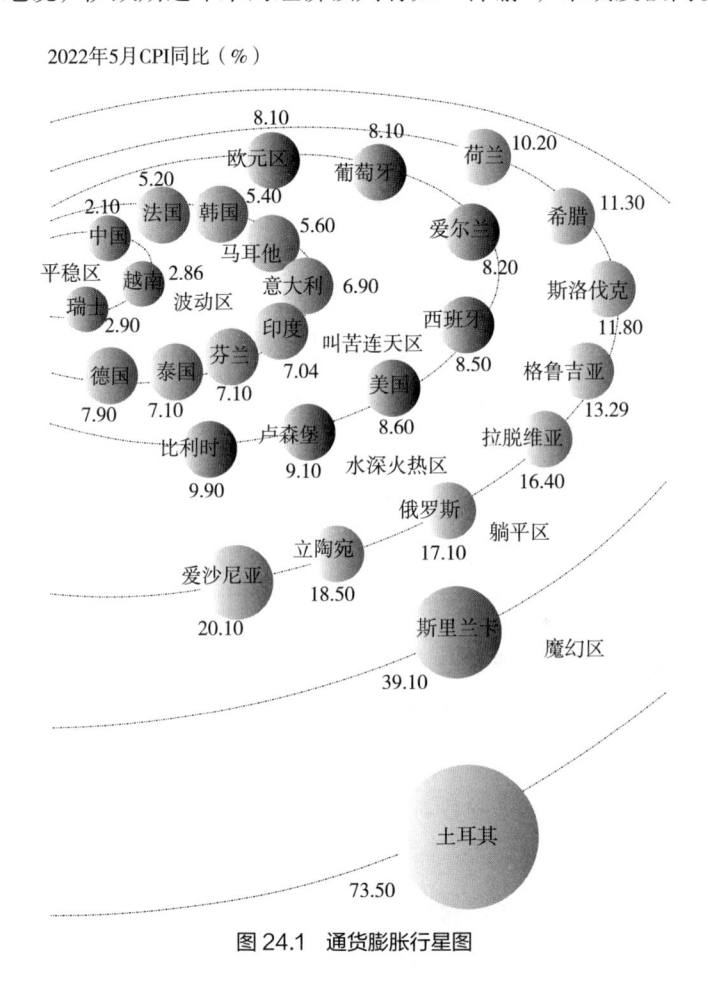

2022年5月CPI同比（%）

图24.1　通货膨胀行星图

也就是在 2022 年 6 月 15 日，美联储近 30 年来少见地一次性加息 75 个基点，面对有些亡羊补牢的美联储，想来萨默斯心中会很不平静。

此外，世界银行已指出，全球经济衰退的风险在上升，尤其要警惕类似20世纪70年代那轮滞胀的威胁。美国财政部长耶伦也公开表示，她误判了通货膨胀，而她曾任美联储主席且是极出色的经济学家。

更有意思的是，几乎所有的全球或区域性经济研究机构，都大幅调低了对2022年世界经济的增长预期，并且一路调低到2024年。差不多到2025年才会有部分经济体出现增长回升。看起来，后疫情时代的经济修复已接近尾声。

看当下，难免让人想起20世纪70年代席卷全球的经济滞胀。看起来那个"咆哮的20世纪80年代"的元凶是中东石油冲击，主因则是"日本可以说不"和"美国不容忍这样的事情发生"，牺牲品则是整体跌入中等收入陷阱的拉美国家，以及此后沉寂至今的日本。

历史似乎并非在曲折中前行，而或多或少地只是重复自身，包括重复好的和不好的，根源在于人类从历史中所学到的，似乎就是什么也没有学到。

那么，当下通货膨胀缘何而起？如何演变？中国如何？普罗大众如何应对？毕竟衰退或滞胀都不是令人喜悦的词语。

此轮通货膨胀缘起或有三个：一是全球化转为逆全球化，二是西方中央银行持续宽松难以为继，三是资源品系统重估。

第一，看全球化逆转。它不仅带来全球治理碎片化，更带来资源要素、生产链和供应链等在全球范围内配置劣化。自21世纪初出现所谓金砖国家概念，之后以2008年有学者喊出"中美国"（Chimerica）一词为标志，凸显全球化热潮鼎沸，然后一路转折至今，这15年来，合作共赢逐渐被相互设防所取代，即便有技术进步，也不能抵消逆全球化对国际经济的持续深入损害，国际分工合作配置效率劣化，大国供给端能力严重受损，投资和贸易障碍重重，人才和科技流动衰竭，已到了积重难返的程度，以通货膨胀上升来强行降低全球福利是很自然的恶果。

第二，看西方中央银行的"放水"行径。暂且不论现代货币理论的是是非非，日本、美国乃至欧盟的持续量化宽松操作，不是短暂行为，而是多年经营，其中日本银行延续了逾25年，美联储延续了逾15年。

对于通货膨胀是不是一种货币现象，在当下有争议，供给受限变差的同时，辅之以持续"放水"和贫富悬殊，通货膨胀卷土重来并不为过。

仍以美联储为例，看起来当下美联储确实在急迫地加息缩表之中，但美联储还回得去吗？次贷危机之前，美联储资产负债表规模不足万亿美元，到2015年已达4.8万亿美元之巨，2021年底则达到近10万亿美元。耶伦也曾尝试缩表加息，那是在2015年底和2016年，到2017年随着美国经济不景气，短暂的货币紧缩偃旗息鼓。

如今谁能预见，数年后，当衰退而非通货膨胀成为美联储面临的首要问题时，美联储货币是紧还是松？中央银行货币政策动态不一致，意味着此一时彼一时。有研究甚至认为，到2035年，美联储资产负债表规模突破25万亿美元也未可知。

第三，看资源品价格的系统重估。全球各地的人都在抱怨油价粮价的飙升。这是暂时的还是意味深长的？

看全球十大石油储量国家，近年来陆续已有委内瑞拉、伊朗、伊拉克、利比亚和俄罗斯等国几乎被逐出国际能源市场，不少国家的生产能力严重受损且难以恢复，再加上环保绿党力量在西方政坛的崛起，这使化石能源的价格体系已经有了系统性重估的必要，区区页岩油革命和新能源势力，在当下不足以填补供给端缺口。

粮食价格异动当然和俄乌冲突相关，但油价和化肥价格攀升，本身也改写粮价。2008年的此时，国际油价达到了每桶147美元的高点，恰也是中国高速增长和全球化高歌猛进的华彩之时。谁能预见，这147美元的纪录是否会被改写？

通货膨胀推手会随经济衰退而去吗？咆哮的20世纪80年代，隐约可闻。

中国会如何？从通货膨胀行星图看，中国的通货膨胀表现相当不错。改革开放以来，中国CPI中枢是逐渐下移的，20世纪为5%~8%，2001—2010年为3%~5%，2011年之后大致在3%以下，但物价结构呈现服务价格涨、必选消费稳、工业消费品落的格局。

从2022年看，中国GDP在第二季度深蹲之后，第三季度或为年内最高，第四季度再回落。2022年下半年CPI中枢有所抬高，个别月份高过3%是可能的。

我在《下半年探股，明年探房》一文中表达了看法，即从短期看，2022年5—9月可以尝试A股，债市机会不多。现在公募基金产品线很丰富，美国油气、恒生科技、煤炭开采、新能源、汽车、银行、地产等都有相应的QDII（合格境内机构投资者）或ETF（交易所交易基金）可供选择。用"探"字意味着眼疾手快不贪恋。尽管说通货膨胀无牛市，但2007年牛市前数年是通货膨胀，2015年牛市前数年则是通货紧缩，可见通货膨胀与否似乎不决定A股大势。

从长期看，良策寥寥。回顾百年通货膨胀史，一战后的魏玛共和国、二战后包括中国在内的诸多国家、此后的拉丁美洲国家、20世纪90年代的俄罗斯，都曾经历恶性通货膨胀和货币重估。通货膨胀在100~800倍。日本是例外，其增长泡沫破灭之后，是持续通货紧缩和经济总量的缓慢下沉。

搁笔之际，想起邻人老普，家甚殷实，人极谨慎。老普总是自嘲他的人生没有主升浪，因为高潮前他必已离场，当然其人生也就几乎没有回撤。老普笑着谈了长期之策：一部分拿着年轻朋友的创业股权，胜固欣，败亦喜；一部分慢慢买了些实物黄金，但并不看多金价；一部分换成了都市繁华区的住宅，但不在乎未来五年八年的房价涨落。天下事，公等在；浮生半日，此味清欢。

25

全球通胀分析框架、前景研判及政策启示[①]

一、供需结构性失衡推动全球通胀快速上行

在全球化背景下，分析国内通货膨胀问题不能只关注国内供需和流动性变化，还应关注全球供需和流动性变化情况。本文尝试构建全球化背景下的通货膨胀分析框架，具体包括总量、结构、金融和预期四个层面的影响因素（见图 25.1）。从总量层面看，当社会总供给小于社会总需求时物价会上涨，社会总供给短缺可能由国内生产下降或进口产品减少驱动，国内生产下降的主要原因包括公共卫生或战争等外生或突发事件、中间投入品和劳动力供给短缺、技术创新放缓等，进口产品减少的主要原因包括汇率贬值、国际物流链循环不畅及进口关税上升等。社会总需求

[①] 本文作者：陈卫东，CF40 理事，中国银行研究院院长；王有鑫，经济学博士，中国银行研究院高级研究员。本文发表于《中国货币市场》，2022 年 1 月，总第 243 期。

增加主要由消费、投资、出口等增长驱动。从结构层面看，某些领域的产品供求失衡会对全面通货膨胀产生影响，例如农产品、能源、芯片等全球或国内关键供应链失衡，以及绿色转型下高碳和棕色产品供给减少会导致物价上涨。从金融层面看，国内外宽松货币政策和积极财政政策将导致全球流动性过剩，压低利率、增加信贷投放、提升工资水平、推高金融资产价格，这些变化会导致国内需求增加。从预期层面看，不断延续的通货膨胀惯性、较长的通货膨胀持续时间和中央银行宽松政策的持续，将导致通货膨胀预期不断上移，最终推动预期自我实现。

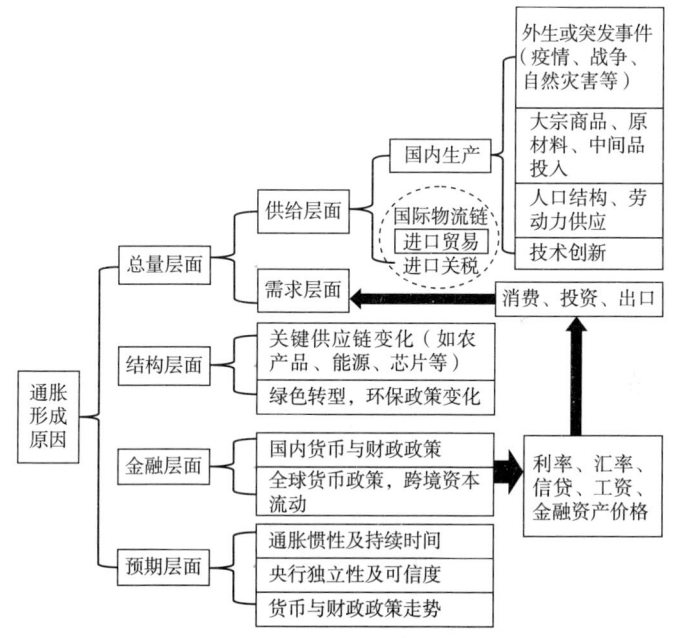

图 25.1 全球化背景下的通货膨胀分析框架

新冠疫情发生后，全球通货膨胀形势逐渐逆转。20 世纪 60 年代末至 80 年代初，在布雷顿森林体系解体、财政刺激、货币超发、两次能源危机、劳动力短缺等因素的影响下，发达经济体普遍呈现滞胀现象。1994 年之后，全球物价水平开始快速回落，21 世纪以来持续保持低位。2021 年以来，全球通货膨胀形势逐渐逆转，通货膨胀快速走高（见图 25.2），预计全年 CPI 涨幅为 4.3%，较 2020 年提高 1.2 个百分点，为 2012 年以来最高。2021 年前 10 个月，G20 经济体 CPI 月度同比增速均值为 6.0%，较 2020 年提高 1.6 个百分点。

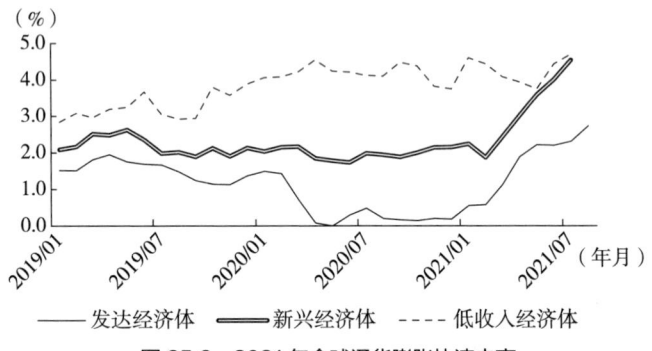

图 25.2 2021 年全球通货膨胀快速走高

资料来源：国际货币基金组织，中国银行研究院。

除了消费领域，生产和金融领域价格水平普涨。生产领域通货膨胀压力全面爆发，大宗商品原材料、中间投入品、工业出厂品、海运等领域同样面临价格上涨压力。在金融领域，截至 2021 年 11 月 18 日，MSCI（明晟）全球股指较 2020 年底上涨 18.7%；美国纳斯达克和标准普尔 500 指数分别较 2020 年底上涨 17% 和 24% 以上。

可利用全球通货膨胀分析框架解释本轮通货膨胀上涨的原因（见图 25.3）。

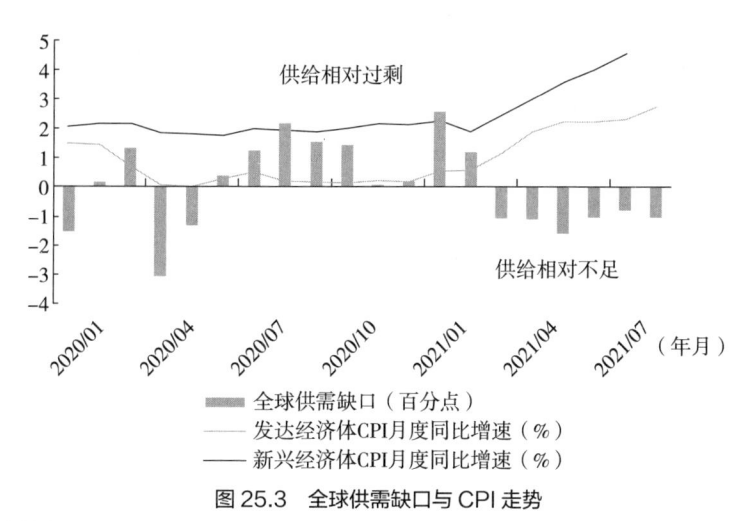

图 25.3 全球供需缺口与 CPI 走势

资料来源：荷兰经济政策分析局，中国银行研究院。

一是积极的财政和货币政策下超额储蓄快速积累，带动总需求反弹，全球出现持续的供需缺口。用全球出口贸易指数作为供给端复苏的代理变量，用进口贸易指数作为需求端复苏的代理变量，用（出口贸易指数/进口贸易指数 −1）×100 近似衡量供需缺口，结果发现，2020 年 6 月—2021 年 2 月，该指数为正，表明供给端复苏快于需求端；2021 年 3 月之后，该指数由正转负，表明需求反弹加快，超过供给复苏速度。出现供需缺口的时点与全球通货膨胀快速抬升的时点基本一致。

二是产业链上游的大宗商品和中间投入品价格快速上涨。与下游行业相比，上游行业的价格上涨将通过产业链和国际贸易渠道对全球最终消费产生较大影响。2020 年下半年以来，在全球经济复苏和能源转型等因素的影响下，大宗商品价格大幅上涨，推动了全球性通货膨胀。2021 年 9 月，国际货币基金组织测算的全球大宗商品价格指数达 172.6，较 2020 年底提高 47.0，为

2013年2月以来的最高点。其中，农产品、能源价格指数分别较2020年底上涨16.4%、79.9%。

三是供应链瓶颈突出。首先是受疫情影响，部分产业链生产遇阻、产量下降、交货时间延长，在大宗商品、原材料、关键零部件等中间投入品方面表现较为明显。其次是国际运力紧张，全球物流链失衡。各国不同步的疫情封锁措施扰乱了航运，主要港口病毒暴发进一步导致混乱，全球运费大幅提高。最后是发达经济体劳动力供求缺口加大，港口货物积压，国内物流效率下降，无法及时满足消费需求。

二、短期：通货膨胀将在2022年下半年达到峰顶，之后逐渐回落

第一，需求因素对通货膨胀的影响将逐渐减弱。各国针对低收入劳动者的财政纾困政策将陆续退出，超额储蓄将下降，对消费的提振作用将减弱。发达经济体采取的财政纾困政策对富裕人群更加有利，美国的超额储蓄中，80%属于富裕阶层，富人消费倾向低，对需求的刺激将弱化。此外，在全球货币政策收紧的背景下，金融资产价格将剧烈波动，并进一步抑制消费支出增长。

第二，供应链瓶颈对通货膨胀的影响将至少持续至2022年第二季度。供应链瓶颈持续时间是衡量通货膨胀走势的关键。目前全球经济主要缺疫苗、缺原料、缺运力、缺工人和缺芯片，既有生产环节问题（包括短期生产效率问题和长期产能不足问题），也有运输环节问题。全球交货时长已达到近20年最高，企业库存下降，在2022年第二季度前，消费者将面临持续的价格上涨

压力。不过目前供应链瓶颈主要是物流和生产效率问题，以短期因素为主，价格上涨不会持续太长时间。随着2022年下半年国际贸易和物流逐渐恢复，各国疫苗接种增加和就业生产恢复，相关行业价格将逐渐得到平抑。

第三，预计美联储2022年将加快实施紧缩性货币政策，通货膨胀预期将逐渐回落。过去10多年，全球通货膨胀在宽松政策下维持在较低水平，其中一个重要原因在于，通货膨胀预期较低且相对稳定。随着全球通货膨胀持续上行和供应链紧张状况持续，2021年市场通货膨胀预期明显上行。随着通货膨胀形势的持续演变，美联储政策重心逐渐由促经济转为防通胀，2022年加息节奏将快于市场预期，将对抑制通货膨胀和扭转通货膨胀预期起到重要作用。

三、中长期：通胀中枢将趋势性上移

过去20多年全球通货膨胀能够长期处于低位，核心因素在于全球化的推动。新兴经济体凭借年轻劳动力优势积极融入全球化，压低了全球产品和服务价格。随着全球人口、产业分工格局变化以及各国对绿色生产的重视，过去国际分工对全球低通货膨胀的贡献将不断弱化。

一是人口老龄化趋势使劳动力成本提高。作为全球制造业劳动力主要提供者的新兴经济体，同样面临人口老龄化趋势，全球人口红利逐渐进入拐点。阿克索伊等人（Aksoy et al., 2019）分析不同年龄组人口对通货膨胀的影响，结果发现年轻组人口占比对通货膨胀有明显的正向影响，工作组有显著的负向影响，老年

组有轻微的正向影响。在劳动人口萎缩、老年人口增加的时代，通货膨胀可能以比人口趋势更快的速度调整（见图25.4）。

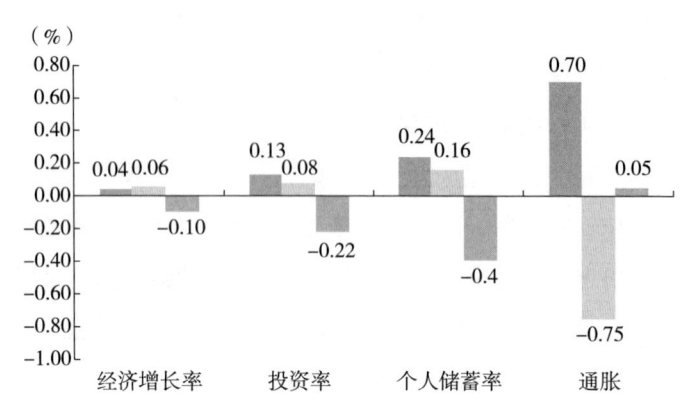

图25.4 人口结构上升1个百分点对相关变量的影响程度
资料来源：阿克索伊等人（2019），中国银行研究院。

二是贸易保护主义升温，传统国际循环链条受损。发达经济体采取关税和非关税贸易壁垒保护国内进口替代产业，推动再工业化和产业链回流，破坏了传统国际循环链条，将不可避免地推高本国物价水平。以美国对华征收关税为例，目前美国对华进口商品的平均关税率约为19.3%，在美国供应链、产业链面临瓶颈的背景下，关税在很大程度上被转嫁给下游消费者。有机构测算出，2021年美国发布的549项对华产品关税豁免清单，短期可降低美国通货膨胀0.1个百分点，长期降低通货膨胀0.45个百分点。

三是大国在高科技和关键核心产业链领域的竞争愈加激烈。发达经济体对外技术转移和扩散动力减弱，频繁采取出口管制、投资审查、限制人员往来和产业链合作等方式阻碍国际科技合作，未来新兴经济体在芯片、发动机等关键零部件、核心原材料等方面可能面临断供，供需存在结构性失衡风险。

四是低碳和绿色经济发展将进一步抬高企业生产成本。环保和减排成本将进入企业预算约束，外在成本将内在化。欧盟酝酿征收碳边境调节税，全球绿色发展和传统行业生产替代技术转换将导致成本上升。世界银行和国际能源署认为，低碳排放技术将比基于化石燃料的技术需要更多的金属，在净零排放情景下，铜、镍、锂、钴等金属的消耗量将大幅增加。然而，上述金属的短期供给弹性相对较低，未来10年价格将大幅攀升，将推动全球制造业成本上行。

五是中国产业结构转型减少全球低端产品供应。中国作为"世界工厂"，占全球制造业增加值的份额接近30%，出口份额超过17%，供给侧结构性改革和产业低碳转型将缓解传统产业产能过剩局面，出口产品中的劳动密集型消费品比重逐渐降低，对全球通货膨胀的抑制作用将有所减弱。

四、启示

中国作为全球最大的大宗商品进口国和工业品出口国，面临日益严峻的全球通货膨胀趋势，应关注背后的驱动因素和相关产品价格走势，从容应对相关外溢影响。

第一，关注输入型通货膨胀风险。如果国内PPI持续走高，通货膨胀预期可能将进一步向CPI传导，增大国内物价稳定和企业盈利压力。对此，应合理增加国内重要原材料生产，积极扩大国内紧缺、对外依存度高的大宗商品进口，加大粮食、肉类、工业金属储备，保障PPI和CPI走势稳定。在必要的时候，面向加工制造企业定量投放储备金属和大宗商品等战略物资，稳定国内产业链和供应链，帮助企业稳定生产、降低成本。

第二，关注海外货币政策加快调整可能引发的输入型金融风险。随着通货膨胀快速升温，各国货币政策操作重点逐渐由促经济转为防通胀。全球货币政策转向将给我国跨境资本流动、利率、汇率、企业融资等带来一定冲击，国内货币政策制定将面临更多挑战。对此，国内货币政策制定应坚持独立性，更加注重灵活精准、合理适度，确保货币、社会融资规模增量维持在一定规模，为稳企业、保就业和实体经济发展提供流动性支持。完善宏观审慎监管框架，强化跨境资本流动管理，结合形势发展，动态调整和更新远期售汇业务的外汇风险准备金率、跨境融资宏观审慎调节参数等工具，加强对跨境信贷、离岸人民币、中资美元债等高风险领域的风险监控与管理。

第三，关注绿色转型对物价的长期影响。化石能源使用减少可能导致能源缺口加大，推动能源价格上涨。碳排放成本将显性化，无论企业采取技术升级还是碳排放权交易来控制排放，均需要付出相应成本。我国制造业能够快速崛起，在全球产业价值链占据重要地位，重要支撑因素在于生产要素成本低廉和排放要求宽松。经济绿色转型和产业升级大势所趋，但在推进过程中应关注转型风险，避免出现能源供应缺口，影响工业生产和居民生活。对于高碳和棕色行业，应确保平稳转型，产能不应下降过快，避免由于短期供需失衡导致价格上涨，影响内循环和金融机构信贷资产质量。对于铜、镍、钴、锂等与低碳经济发展密切相关的战略性金属和原材料，应提前做好战略储备，避免出现供应瓶颈，影响转型经济推进。

26

后疫情时代的全球通胀前景
与中国应对[①]

一、工业品通胀具有全球属性，涨势可能接近尾声

除了水泥等少数受运输半径限制的原材料，绝大多数大宗商品都是在全球范围内贸易和定价的。因此，尽管不同经济体在经济周期的节奏上不尽相同，PPI 指数的范围和权重也有区别，但受到大宗商品价格高联动性的影响，各国 PPI 指数的变化趋势是高度一致的。

本轮大宗商品价格上涨主要有三个原因。一是新冠疫情发生后发达经济体，特别是美国采取了大规模的货币及财政刺激，社交隔离措施下海外实物消费占比上升、房地产成交火爆，提振了对大宗商品的总需求。如果拜登政府推出基建刺激计划，将进一

[①] 本文作者：王庆，CF40 成员，上海重阳投资管理股份有限公司董事长。本文发表于《北大金融评论》，2022 年第 8 期。

步推升对大宗商品的需求。二是疫情对大宗商品的生产、运输等供应链造成冲击，降低了短期供给。三是在中国国内实现碳中和的大背景下，高耗能行业限产预期较强，市场预期从中期来看，这些商品的供求矛盾将会持续。

不难发现，这些因素中有的是已经发生的，如大规模的政策刺激、疫情对供应链的扰动等；有的则是对未来的预期，如美国基建刺激、中国碳中和制约供给等。市场已经对现实因素进行了充分反应。2022年4月末CRB/BLS（美国商品调查局/劳工统计局）大宗商品现货价格指数同比上涨超过50%。从历史上看，当前CRB/BLS现货指数的涨幅是历史第三高水平，仅次于1951年初和1973年第一次石油危机两个时期，这两个时期的同比最高涨幅都在65%左右。其中，1951年初是二战后美国经济复苏期，二战期间巨量的财政及货币刺激尚未完全退出，政策背景与当前相似度较高。

现实因素还能进一步推高商品价格吗？很难，因为中美经济周期已经见顶，快速上涨的价格将进一步抑制需求。我们注意到，目前来看本轮10年期中国、美国国债利率的高点分别出现在2021年11月中期和2022年3月末，之后都与大宗商品价格走势出现了脱钩，只有10年期德国国债持续上行。债券市场发出的信号是中国和美国本轮经济复苏的高点分别出现在2021年第四季度和2022年第二季度。欧元区由于疫情复苏慢于中美，但我们预计也不会晚于2022年第三季度见顶。

预期因素呢？在我们看来，市场对大宗商品中期供求的预期夸大了美国基建刺激的影响，更错判了中国因素的影响。除了原油和天然气，中国几乎是各个主要大宗商品的最大消费国，中国在过去 20 年都是大宗商品定价的决定性力量。

首先，中国坚定实施高质量发展，不搞大规模刺激，基建投资增速近年来趋势性收敛。其次，美国基建刺激能够带来多少增量投资？2017 年，中国狭义口径基建投资为 14 万亿元人民币，而美国仅约为 3 万亿元人民币。拜登政府提出的美国就业计划，将在未来的 15 年中增加 2 万亿美元的投资，但其中可比的狭义口径基建投资仅为 7 320 亿美元，折算到每年不足 3 200 亿元人民币，大致相当于目前中国每年基建投资的 2%。如果考虑到美国高昂的工程建设成本，实际对应的中国基建投资规模更低。最后，中央已经在多个场合强调关注大宗商品价格上涨的影响，国务院常务会议也要求多措并举加强供需调节。如果认为碳中和背景下政府会机械性地执行限产，推高中游原材料价格，可能大大低估了中国政府的智慧。

二、消费品通胀中美分化

消费品价格篮子中尽管也包含了食品和生活资料等具有一定全球定价属性的商品，但服务价格具有高度的本地化特征。因此，各国核心 CPI 通货膨胀与本国的劳动力成本变化密切相关，不同国家的 CPI 涨幅，个性远大于共性，联动性也远小于 PPI。不同经济体的 CPI 涨幅的绝对水平、变化趋势出现分化是常态。

对于美国而言，疫情后普惠式的全民财政刺激理论上应该会加剧消费品通货膨胀风险。的确，2022 年 4 月美国 CPI 同比涨幅已达 4.2%，5 月 CPI 大概率进一步冲高，且后续回落的速度和幅度可能偏小。然而，魔鬼在细节之中，对美国 CPI 的短期跳升做更细致的剖析颇有必要。首先是低基数效应，正是由于 2021 年 CPI 暴跌，我们今天才看到了惊人的物价上涨速度；CPI 指数在 2021 年 5 月是最糟糕的，因此未来几个月通货膨胀数字将继续不好看，但这种增长是相对的。随着时间的推移，基数效应将减弱，通货膨胀率将会回落到其趋势，可能在 2% 左右。其次是二手车价格的大幅上涨占核心 CPI 月环比上涨 0.9% 中的 0.5%，这是典型的来自供给侧扰动对相对价格的冲击。究其原因，是全球半导体短缺导致汽车产量下降，这迫使人们购买二手车，从而推高其价格；未来，随着供应面恢复正常，需求复苏降温，价格波动不稳定情况将减弱。美国的消费品通货膨胀风险会传染到其他经济体吗？大概率不会。2022 年 4 月中国 CPI 同样回升，但同比只有 0.9%。经济结构、疫情暴发节奏与美国更接近的欧元区，4 月 CPI 同比涨幅也只有 1.6%。显然，不能把美国的 CPI 通货膨胀风险生搬硬套在其他经济体上。事实上，除美国外的其他经济体，在疫情发生后施行的财政和货币刺激都相对克制，当前更重要的问题是尽快恢复疫情中受损部门的就业和收入增长，而不是工资上涨带来的核心通货膨胀上升。中国和欧元区的政策当局也在多个场合表态，不存在持续通货膨胀的基础。

如果核心 CPI 涨幅持续高于 2% 导致美联储过早收紧货币政策，将对全球市场有何影响？资本市场最担心的情况是，重现 2022 年 2—3 月出现的美国长债利率和美元汇率双升，从而挤压全球流动性。在我们看来，2022 年 2—3 月美债利率与美元汇率的同时走强，主要反映了那个时期美国经济增长相对于全球其他经济体的强势。因为当时美国经济受益于疫苗接种强势复苏，同时中国经济增速的最高点已过，而欧元区和新兴市场还受到疫情的严重影响。但是，如果美国因为核心通货膨胀率过高而被迫收紧货币政策，情况将与 2022 年 2—3 月不同。美联储加息将推高美国短期利率，但美国长债利率未必会因此上升，因为美国长债利率是高度全球定价的，如果全球经济复苏触顶，美国加息未必会导致其长债利率上升。因此，当前美国加息不仅会抑制本国经济，还可能拉低美债的期限利差，从而更可能导致美元贬值而非升值。

三、美国的"免费午餐"？

跳出短期的通货膨胀风险，站在国家竞争力的角度，我们应该思考更大的问题。

新冠疫情暴发后，美国采用了二战后最为激进的财政与货币政策组合。美联储的印钞机开足马力，以财政收入转移和支出为通道，向实体经济注入资金，刺激经济复苏并实现增长。2020年美国联邦财政赤字达到 GDP 的 15%，而其中的大部分是由美联储通过资产购买来间接融资的。在此基础上，美国还计划通过加强基础设施等领域的投资重塑竞争力。

不难看出，美国正在利用美元的储备货币地位，向全球征收"铸币税"。如果大规模刺激后美国通货膨胀稳定、美元汇率依然坚挺，则意味着美国再一次享受了"免费午餐"。如果后续美国通货膨胀上升导致美元贬值，也可以起到稀释其存量债务的作用。

鉴于后疫情时代全球经济的新特征，要求中国从自身发展利益出发积极应对。小而言之，疫情后中国成为全球的制造中心，经常项目顺差再次扩大，被动积累的外汇面临贬值风险。大而言之，中国需要采取措施进一步增强国家竞争力，更好地应对内外部挑战。

具体政策建议包括三个方面。第一，抓住人口红利最后的时间窗口，通过"宽财政"（即容忍中央财政杠杆率的上升）和"紧信用"（控制私人部门的加杠杆行为）的组合，加大中央财政对科技、医疗、教育、新型基础设施等重点领域的直接支持力度。党的十九届五中全会指出，"我国发展仍处于重要战略机遇期"，但也面临"发展不平衡不充分问题"。在我们看来，在地方政府和私人部门稳杠杆、去杠杆的同时，中央政府加大对关键领域的投资，既是维持一定经济增速的需要，更可以对全社会的技术创新和转型升级形成引领和支撑作用。只有进一步做大"蛋糕"，才能更好地解决地区差距、城乡差距、收入差距等问题。

第二，通过"稳货币"（即货币政策保持中性），维护一个有利于人民币汇率稳定升值的正常利率环境。

第三，加大对外开放力度，对吸引外国直接投资和证券投资同等重视，为国际资本提供可替代美元资产的人民币资产，抓住当前的时间窗口，加快推进人民币国际化。

四、新发展格局对资本市场的深刻影响

2022年3月，时任中国证监会主席易会满对部分学者和分析师关注外部因素远远超过国内因素提出含蓄的批评，并建议大家对照新发展格局做些思考。在我们看来，这并非为了维稳市场"打官腔"，而是真知灼见。从业时间稍长的投资者都会对

2010—2013年A股市场的低迷走势记忆犹新。当时美国经济仍处于金融危机后的去杠杆之中，但美股已经开启了"长牛"进程，美国长债利率总体波动下行。金融危机后中国经济增长引领全球，为何中国A股市场一蹶不振？因为当时中国的经济增长以大规模投资为代价，影子银行体系快速膨胀，国债、理财产品等各种无风险利率波动上行。10年之后，在新冠疫情的冲击下，中美两国的角色似乎发生了互换。美国试图通过债务和基建的方式重塑竞争力，中国则以2015年和2018年为标志，坚定推动实体经济去杠杆、金融体系打破刚兑。不经意间，中国无风险利率波动的中枢已经下移。历史上看，中国10年期国债的周期均值为3.5%左右，但本轮经济复苏中高点不到3.4%。尽管国内货币政策自2021年5月起已经回归中性，但银行理财预期收益率在过去一年中持续下行。以史为鉴，中国资本市场投资者大可不必对当前的通货膨胀感到焦虑。在新发展格局下，如果"宽财政、紧信用、稳货币"能成为宏观政策的主基调，对外开放和人民币国际化迈上新台阶，助力人民币汇率趋势性升值，中国股票市场就有望迎来健康的"长牛"。

27

全球滞胀可能步入下半场[1]

回顾2022年，新冠疫情对全球经济的冲击进一步弱化，但滞胀却接踵而来。2022年初，俄乌冲突爆发导致能源价格蹿升，国际油价一度突破130美元/桶，加剧了欧美发达经济体的通货膨胀压力。在全球通货膨胀不断升温的背景下，经济增长前景却越发暗淡：在贸易逆差大增、库存超预期走低等因素的影响下，美国经济在2022年上半年陷入"技术性衰退"；而在能源供给紧张的局势下，欧洲经济表现更加疲软，英国经济或已陷入衰退。在"滞"与"胀"的十字路口，以美联储为代表的海外货币当局纷纷选择强力紧缩抗击通货膨胀，全球金融状况不断收紧。

展望2023年，预计全球经济增长将进一步放缓，通货膨胀有望明显缓和。当前货币政策紧缩已开始对需求产生明显的抑制

---

[1] 本文作者：钟正生，CF40特邀研究员，平安证券首席经济学家、研究所所长；范城恺，平安证券宏观分析师；李枭剑，平安证券宏观研究助理。本文发表于《中国外汇》，2023年第1期。

作用，未来一段时间内，全球经济增长将随着需求的走弱进一步放缓。尽管货币政策持续处于紧缩状态，但通货膨胀的回落速度可能相对有限，2023年全球通货膨胀水平或仍高于2%的目标水平。总的来看，2023年全球经济可能步入滞胀的下半场。

2023年全球通货膨胀将具备一定的黏性。

一是能源市场或依旧处于紧平衡状态。本轮冬季能源紧缺风险犹存，且2022年冬季天然气库存大量消耗后，2023年冬季欧元区的能源风险或将进一步加大。同时，能源转型长期性抬升成本，在新能源的稳定性与抗风险能力不足的背景下，短时间内对于旧能源的依赖度难以大幅下降。另外，石油输出国组织与非石油输出国组织产油国组成的"OPEC+"的决策逻辑变化、中国经济重启带来能源需求回升、地缘政治局势尚不明朗等因素，均是国际能源价格波动的潜在风险点。

二是疫情长期影响与就业恢复不足。新冠疫情暴发后，全球劳动力供给恢复迟缓。国际劳工组织的数据显示，截至2022年第三季度，全球工作时间较2019年底仍下降了1.4%。这背后可能的原因包括新冠疫情仍在压制居民实际工作时长、部分劳动力永久性退出就业市场等。劳动力市场吃紧，或将持续引发工资上涨压力，在加剧企业成本负担的同时，工资-通货膨胀螺旋风险也在上升。

三是国际供应链尚未完全修复。当前，国际航运价格仍明显高于疫情前水平。截至2022年11月，波罗的海货运指数（FBX）和上海出口集装箱运价指数（SCFI）较2019年同期分别高出136%和71%。同时，海外仓储环节的压力更甚。美国物流经理人指数（LMI）显示，截至2022年11月，库存成本和仓储价格指数持续高于70，仍处于快速攀升阶段。此外，新冠疫情暴发后，经济全球化进程进一步放缓，尤其是欧美发达国家对于产业链的安全性、稳定性和自主性有更高诉求，这也意味着国际分工的成本优势可能长期性下降。

四是海外货币紧缩在遏制通货膨胀方面存在局限性。一方面，欧美发达经济体加息过程中，大量资金回流本土，实质上填补了本币流动性，部分抵消了货币紧缩的效果。另一方面，在通货膨胀冲击、政治决策等因素的制约下，海外发达经济体大范围实行"紧财政"的难度较大，而在财政退坡不足的情况下，货币紧缩可能"独木难支"。综合来看，预计2023年大部分经济体的通货膨胀水平仍将明显高于2015—2019年的平均水平，也高于2%的普遍通货膨胀目标水平。

然而，全球货币政策保持紧缩立场，将削弱经济增长前景。截至2022年底，美联储已连续加息7次，至4.25%。有点阵图显示，2023年美国政策利率高点大概率超过5%，美联储主席鲍威尔强调加息还有"很长一段路要走"，更是较为明确地表示2023年可能不会降息。与此同时，欧洲央行释放了更加强烈的"鹰派"信号，称2023年的几次会议可能都维持50个基点的加息幅度，市场预期欧元区终端利率或达到3.5%以上。欧洲央行行长拉加德也强调，不会将利率抬至高点后立刻降息，而是会将利率维持在限制性水平上一段时间，直到确保通货膨胀能及时回到2%的中期目标。而2021年12月至2022年底，英格兰银行连续加息9次，将政策利率提高至3.5%。在2022年12月的议息会议上，英格兰银行在放缓单次加息幅度的同时，同样强调"未来可能还会进一步加息"。从美联储、欧洲央行、英格兰银行等的表态可以看出，尽管目前全球通货膨胀压力出现一定缓和，但海外发达经济体货币当局的政策重心仍是将通货膨胀压低至"可控"范围内，且不惜付出经济增长放缓甚至衰退的代价。因此，2023年全球货币政策转向宽松的希望不大，欧美发达经济体的政策利率仍将处于高位，对经济基本面的压制作用将持续显现。

一、发达经济体走向衰退

美国经济衰退风险不容低估。2022年以来，美国国内通货膨胀迅速升温，美联储不断加快加息步伐，市场对于美国经济衰退的预期亦不断发酵。美债收益率曲线不断平坦化，长短端美债利差倒挂程度加深，就是这一点最鲜明的体现：2022年12月15日，10年期与2年期、3个月期美债利差最大倒挂程度分别达到90个基点、84个基点，均创下了1982年以来的新高。尽管2022年以来对美国经济即将步入衰退的预期不断升温，但从实际经济数据来看，目前美国经济仍表现出一定的韧性，例如2022年第三季度美国实际GDP环比折年率出现反弹、劳动力市场紧张、失业率持续保持低位、通货膨胀下行缓慢等现象，均指向这一点。"强现实"与"弱预期"之间的巨大差距，或许意味着美国经济将会非线性地走弱。

一是新冠疫情过后美国居民的消费习惯发生变化，财政补贴后的消费缺乏理性，未来消费收缩或比预期更快。疫情暴发后，在政府大规模财政刺激的作用下，美国居民的消费行为、习惯发生改变，突出表现便是边际消费倾向明显上升：2022年4月开始，美国个人消费支出占可支配收入的比重持续保持在94%以上，明显高于疫情前90%左右的水平。但在美国居民消费持续旺盛、储蓄率持续下降的同时，消费者信心却不断走低，2022年12月密歇根大学消费者信心指数仅为59.1，与全球金融危机爆发后的水平相当。这一系列的现象表明，未来美国消费或出现超预期的收缩。

二是加息将持续抑制投资活动。当前美国政策利率正处于近十几年来的高位，而对利率环境较为敏感的投资需求已出现了明显的降温。一方面，加息已对房地产市场造成直接影响。2022年以来，随着美国房地产销售减弱，住宅投资开始出现放缓迹象。根据美国全国住宅建筑商协会的统计，近10年美国住宅投资占GDP的比重为3%~5%。笔者预计，美联储加息或使2023年美国住宅投资增速下滑15%左右，继而拖累GDP增速约0.6个百分点。另一方面，加息也将抑制企业的投资意愿。例如，美国中小企业乐观指数中资本支出计划分项指数持续下滑，预示着未来美国企业投资将进一步放缓。20世纪七八十年代的经验显示，加息的政策效果具有一定的滞后性。2022年第二、第三季度，美国私人投资对GDP环比折年率的贡献分别为-2.83个百分点、-1.71个百分点，投资开始成为美国经济的主要拖累之一，而2023年投资对美国经济的拖累或将更加明显。

三是库存与贸易逆差的"缓冲池"作用减弱。2022年下半年以来，美国库存与贸易逆差的"均值回归"成了美国经济的"缓冲池"：2022年第三季度，美国私人存货、净出口对实际GDP环比的拉动分别为-0.97%、2.93%，分别较第二季度增加了0.94个百分点、1.77个百分点。但往后看，两大"缓冲池"对美国经济的支撑或出现走弱。库存方面，目前美国库存处于历史最高水平，后续库存增速大概率将放缓，甚至出现总量回落现象。从库存总额来看，截至 2022 年 10 月，美国库存总额达到 2.47 万亿美元，不仅为历史最高位，也远超疫情前的趋势增长水平。从分经销商来看，位于上、中、下游的制造商、批发商、零售商库存总额自 2022 年以来均持续回升，且上、中游制造商和批发商向下游零售商的"库存再平衡"过程仍未结束。从同比增速来看，截至 2022 年 10 月，美国库存实际同比增速（库存总额同比减去通货膨胀同比）为 8.8%，较 8 月 10% 的增速高点已出现回落。贸易方面，目前美国贸易差额已从历史底部回升，贸易逆差缩窄已进入下半场，回升速度或将放缓，商品与服务净出口对于其经济的缓冲作用也将减弱。

相比美国，欧洲经济前景更不乐观。首先，欧洲目前通货膨胀率更高，对消费的压制更大。截至 2022 年 11 月，欧元区调和消费价格指数（HICP）同比仍达到 10.1%，高于同期美国 CPI 同比 3.0 个百分点。尤其是当前欧元区通货膨胀更受能源价格影响，货币紧缩效果不佳，短期难以明显降温。其次，欧洲经济基本面更为疲软。2022 年 7 月以来，欧元区制造业 PMI 率先跌入荣枯线以下，并持续至今；而英国经济已经率先进入衰退。最后，欧洲经济面临的风险更高，不确定性更强。目前，地缘政治的不确定性使欧洲面临的通货膨胀压力仍存变数，而欧元区成员的财政状况不同，碎片化风险更高。一旦通货膨胀再度失控、货币紧缩步伐过快，便可能引发经济金融风险，2022 年 6 月欧债市场的大幅波动便是一个例子。

日本经济或将延续温和增长。在能源价格飙升、货币持续宽松等因素的作用下，当前日本同样面临着一定的通货膨胀压力。截至 2022 年 10 月，日本 CPI 同比增速达到 3.7%，再度创下近 40 年来的高点，并有望在年内突破 4.0%。不过，受制于成本压力向消费端传导不畅、货币和财政刺激效率不足等因素，日本通货膨胀较欧美经济体更加可控，这也给予了日本银行继续宽松的"底气"。2022 年底，日本银行发布政策声明称，将允许日本 10 年期国债收益率提升至 0.5% 左右，高于此前 0.25% 的波动区间上限，但也宣布将中长期国债的买入额从每月约 7 万亿日元上调至 9 万亿日元。时任日本银行行长黑田东彦表示，绝对无意加息、收紧政策。因此，日本货币政策大幅转向的可能性不高。而根据 2022 年 10 月国际货币基金组织的最新预测，2023 年日本实际 GDP 增速有望达到 1.6%，在主要发达经济体中处于领先地位。

二、新兴经济体倚仗"内循环"

回顾 2022 年，新兴市场受到了一系列冲击，其内部也出现了明显分化。2022 年以来，欧美发达经济体货币政策紧缩步伐加快，对新兴市场的冲击更胜以往。一方面，美债利率和美元指数同时拉升，美元回流压力更甚。根据美国财政部的统计，2022 年前 10 个月美国国际资本净流入累计达到 1.37 万亿美元，为 2021 年同期的 1.45 倍。另一方面，欧美资产价格剧烈调整，市场风险偏好下降，更不利于资金流入新兴市场。种种冲击之下，新兴市场出现了明显的资本外流。国际金融协会的数据显示，2022 年 3—7 月新兴市场连续 5 个月遭遇投资组合资金净流出，创下了2005年以来新兴市场连续净流出时间最长的纪录。但与此同时，俄罗斯、巴西等资源国的资本市场表现较好，其汇率在美元指数上涨的背景下逆势走强，新兴市场投资环境的结构性差异凸显。

发达市场需求萎缩，使新兴市场处于不利环境。近几个月以来，发达市场的需求已出现明显下滑：2022年6月以来，被誉为全球经济"金丝雀"的韩国，出口同比增速降至个位数，10月开始更是陷入负增长。而发达经济体的外需萎缩，不仅对全球产业链中游的新兴市场国家（如东南亚国家）造成了负面影响，也使拉丁美洲新兴经济体的原材料出口竞争力出现明显回落。因此，2023年新兴经济体的经济表现，将更加有赖于内部经济的韧性。

展望2023年，海外经济衰退风险逐渐加大，国内外经济周期再度错位，中国经济在全球经济中将发挥"压舱石"的作用。不过，外需对中国经济的支撑力度将进一步减弱，中国经济将从"外循环"更多转向依赖"内循环"。一方面，2023年中国出口市场占有率的优势有望延续，但货币紧缩和去库存开启所带来的外需收缩，将成为我国出口面临的主要压力。另一方面，全球供应链重置的可能性，会给中国出口的持续增长带来潜在压力。尤其是防疫政策的演变、欧美发达经济体对产业链和供应链安全的诉求提升、关键领域大国博弈日益加剧等因素，均可能给国内供应链带来潜在压力。而随着"内循环"重要性的提升，以及海外发达经济体货币紧缩接近终点，国内财政和货币政策空间有望逐步打开。